# 小規模宅地特例 新版

実務で迷いがちな
複雑・難解事例の
適用判断

税理士 飯塚 美幸

清文社

## 改訂にあたって

　平成26年3月に本書「小規模宅地特例　実務で迷いがちな複雑・難解事例の適用判断」を出版してから，早や5年半が経ちました。

　この間に，民法相続法・相続税法・譲渡所得税制・財産評価基本通達のいずれも大きな改正が相次ぎ，時代は令和へと変わりました。"猫の目税制"といわれながら，猫が気を悪くするほど，法制は転変しています。

　1年を待たず，半年もすると陳腐化してしまうのが，税務書籍の宿命です。

　ここで，この数年の各制度改正を反映して改訂版を出版する運びとなりました。平成27年・30年・令和元年度の小規模宅地特例の改正点はもとより，改正民法の配偶者居住権や自筆証書遺言制度，法人版・個人版事業承継税制等小規模宅地特例に関連する関係制度にも触れながら，遺族間で混乱しがちな選択宅地の同意要件等も整理をしました。

　当初の出版から，書名に「複雑・難解事例」と付しましたので，「こんなの，ちっとも難解じゃないよ」と言われてしまわないか心配しながら事例を挙げ，また新たに3つの事例を盛り込んでいます。

　小規模宅地特例については，さらに税制調査会や会計検査院から適切な運用と法制の整備が指摘されています。今後も改正が続くと思われますが，読者の方々とともに考えつつ，研究を進めたいと思います。

　　令和元年11月

松木飯塚税理士法人　代表社員税理士

飯塚　美幸

# はしがき

　平成25年度税制改正により，平成27年1月1日開始相続から相続税の基礎控除引き下げ・税率改定により相続税の増税が決定されて以降，相続税への関心が大変に高まりました。特に基礎控除の引下げは，「相続税大衆課税」として，それまでは相続税に無縁だった資産規模の人々にまで影響を与えます。

　相続税の小規模宅地の課税価格の特例は，昭和バブル期の狂乱地価にかかる相続税から，親との同居や親の事業を承継をする子の居住や事業を守り，申告期限までの円満遺産分割を守る，いわば血の通った「親孝行，仲良し家族税制」として登場しました。

　くしくもこの大増税時代を迎えて，この特例は，相続資産の評価を減額し相続税負担を軽減することで多くの相続人様への救済となるはずであり，この特例をどのように適用するかは，今後の相続税申告においては，さらに大きな比重を占めていきます。

　一方，平成22年4月以降の制度改正により，貸付事業用宅地等を除けば8割減かゼロ減かのオール・オア・ナッシングの制度に変わり，また平成26年1月以降，二世帯住宅や老人ホーム入居を保護するためにさらに取扱いが複雑になったことを受けて，居住用や事業用という極めて身近な状況を扱う制度でありながら，複雑かつ難解な制度になってしまいました。

　今や，相続の悲しみの中で相続問題や税務問題の解決を強いられる遺族の方々を支える税務専門家の責任と負担は，かつてにも増して重くなっています。

　本書では，第1章では，平成22年から27年にかけて大改正された小規模宅地の特例についての最新制度をまとめ，第2章では，制度創設以来，審査請求や行政訴訟に上がった訴訟の事例をまとめ，ミスパターンとして解説を付しました。十数年にも及ぶ争訟が多数ある状況は，特例適用の理解の困難さと争訟の事態に陥った遺族の苦渋を忍ぶにあまりあります。

そこで，第3章では，税務実務家の小規模宅地特例の解決へのアプローチとブレーンストーミングの手法を，税理士事務所勤務1年生の職員君と所長税理士のかけあい漫才風に描きました。本章は月刊「税理」平成19年1月号から平成20年12月号まで連載された「ミユキ先生とヤマダ君の小規模宅地特例　落ちてはいけない落とし穴‼」を再構成し，さらに，多くの相続に影響する特定居住用特例を中心に最近のテーマを追加しています。月刊「税理」の掲載原稿の転載をご快諾いただいた株式会社ぎょうせいに，心より感謝を申し上げます。

　制度改変中のことであり，議論すべきことはまだまだ多いと考えます。浅学非才の身に研究不足の点が多く恥じ入るばかりですが，ご意見やご叱責を賜りながら，さらに実務として深耕していきたいと思います。

　本書が読者の皆様にとって実務のたたき台としてお役に立てれば，これに過ぎる喜びはありません。


　平成26年3月

松木飯塚税理士法人　代表社員税理士

飯塚　美幸

# CONTENTS●目次

## 第1章 小規模宅地特例の制度の概要

**Q1** 小規模宅地特例の概要 2

**Q2** 小規模宅地特例の制度の変遷 4

**Q3** 「小規模宅地等」の意義 9

**Q4** 特定事業用宅地等の適用ポイント 19

**Q5** 特定同族会社事業用宅地等の適用ポイント 27

**Q6** 貸付事業用宅地等の適用ポイント 31

**Q7** 特定居住用宅地等の適用ポイント 40

**Q8** 老人ホーム入所後の相続開始の場合の
自宅敷地への適用 46

**Q9** 配偶者が特定居住用宅地等を取得する場合 54

**Q10** 特定居住用宅地等の同居親族の意義 61

**Q11** 二世帯住宅の敷地となっている宅地等の取扱い 65

**Q12** 特定居住用宅地等特例の「持ち家がない親族」
とは 77

**Q13** 特定居住用宅地等の「生計一親族」要件とは 85

**Q14** 複数の特定居住用宅地等に対する特例の適用 88

**Q15** 複数の宅地に併用して適用する場合の
限度面積の計算 92

| **Q 16** | 建替え途中に相続が開始した場合の特例の適用 | 96 |
|---|---|---|
| **Q 17** | 特例適用のための手続 | 100 |
| **Q 18** | 特例適用により相続税が基礎控除額以下の場合の申告の要否 | 102 |
| **Q 19** | 承継者が決まらない場合の対応 | 104 |
| **Q 20** | 修正申告・更正の請求の際の特例の適用 | 107 |

## 第2章 裁決・判決にみる 小規模宅地特例のミスパターン

| 1 | 小規模宅地特例のミス要因10 | | 110 |
|---|---|---|---|
| 要因1 | 適用要件の複雑化に伴う理解不足 | 110 |
| 要因2 | 手続要件への理解不足 | 111 |
| 要因3 | 適用要件のあてはめ不足 | 111 |
| 要因4 | 度重なる制度の改正の消化不良 | 112 |
| 要因5 | 立法趣旨より要件主義を重視 | 113 |
| 要因6 | 法令だけでなく通達・質疑応答・情報・Q&A で補足 | 113 |
| 要因7 | 法律に定義がなく，他税法や民法から多くの援用 | 114 |
| 要因8 | 土地関連法への理解不足 | 115 |

CONTENTS

| 要因 9 | 過去の規定や他の法律と混同 | 115 |
|---|---|---|
| 要因10 | 特例適用は遺産分割次第だが，人の心は制御不能 | 116 |

### 2　裁決・判決にみる小規模宅地特例トラブル57　117

## 第3章　所長と職員の会話で理解する！複雑・難解事例へのアプローチ

| 事例 1 | 特例適用による減額と時価の乖離 | 160 |
|---|---|---|
| 事例 2 | 特例効果を高めるための宅地の交換 | 164 |
| 事例 3 | 1画地の分割による特例適用宅地の選択過誤 | 170 |
| 事例 4 | "争続"の後に～最後のラブレター | 174 |
| 事例 5 | 事業承継に伴う転業と事業継続要件 | 180 |
| 事例 6 | 自社株贈与に伴う納税猶予制度と特例適用 | 185 |
| 事例 7 | 特定居住用と特定事業用の限度面積計算 | 192 |
| 事例 8 | 事業承継に伴う事業主の判断 | 196 |
| 事例 9 | 所得区分と事業性の判断 | 200 |
| 事例10 | 特例適用に関する他税目規定の準用・非準用 | 204 |
| 事例11 | 個人・法人間の土地貸借関係と特例適用 | 209 |
| 事例12 | 資産買換え途中の相続の発生と特例適用 | 213 |

CONTENTS

| | | |
|---|---|---|
| 事例13 | 生前贈与物件に対する特例適用 | 217 |
| 事例14 | 貸駐車場への適用判断 | 222 |
| 事例15 | 過去の未分割財産に対する後フォロー | 226 |
| 事例16 | 未分割財産の二次相続と特例適用 | 230 |
| 事例17 | 老人ホーム入所と介護認定をめぐる特例適用 | 237 |
| 事例18 | 老人ホーム入所後の建替えと自宅敷地への特例適用 | 243 |
| 事例19 | 区分登記された二世帯住宅に対する特例適用 | 250 |
| 事例20 | 逆縁による相続放棄と特例適用 | 257 |
| 事例21 | 地積規模の大きな宅地の減額と小規模宅地特例のダブル適用 | 264 |
| 事例22 | 小規模宅地特例と譲渡特例の適用 | 269 |
| 事例23 | 使用貸借通達適用地と特例適用 | 280 |
| 事例24 | 配偶者への居住用財産贈与特例土地に対する特例適用 | 283 |
| 事例25 | 非居住無制限納税義務者の相続宅地への適用の可否 | 286 |
| 事例26 | 複数の居住用宅地に対する特例適用 | 292 |
| 事例27 | ３年以内取得準事業不動産の二次相続取得者による貸付事業用特例適用 | 297 |

# 凡　例

　　本書において，カッコ内における法令等については，次の略称を使用
しています。

【法令名略称】

相法……………………相続税法

相令……………………相続税法施行令

相規……………………相続税法施行規則

評基通…………………相続税財産評価基本通達

通則法…………………国税通則法

所法……………………所得税法

所令……………………所得税法施行令

所規……………………所得税法施行規則

所基通…………………所得税基本通達

措法……………………租税特別措置法

措令……………………租税特別措置法施行令

措規……………………租税特別措置法施行規則

措通……………………租税特別措置取扱通達

＜記載例＞

相法32②：相続税法第32条第2項

相基通9－6－1：相続税法基本通達9－6－1

措法69の4③二イ：租税特別措置法第69条の4第3項第2号イ

措通69の4－21：租税特別措置取扱通達69の4－21

※本書は，令和元年11月1日現在の法令等に基づいています。

# 第1章 小規模宅地特例の制度の概要

# 1 小規模宅地特例の概要

## Question

小規模宅地特例とは，どのような特例ですか？

## Answer

### 1 制度の趣旨

「小規模宅地等についての相続税の課税価格の計算の特例」（以下「小規模宅地特例」といいます）とは，被相続人亡き後の相続人の居住や事業の生活基盤保護のために，宅地の相続税の課税価格を減額するとして設けられた制度です（措法69の4）。

### 2 制度の概要

相続又は遺贈により取得した財産のうちに，相続の開始の直前において，被相続人等（被相続人及び被相続人と生計を一にしていた親族）の事業の用又は居住の用に供されていた建物又は構築物の敷地である

| 相続開始の直前における宅地等の利用区分 | | | 名称 | 限度面積 | | 減額割合 |
|---|---|---|---|---|---|---|
| | | | | 平成26年12月31日まで | 平成27年1月1日以後 | |
| 被相続人等の事業の用に供されていた宅地等 | 貸付事業以外の事業用の宅地等 | | 特定事業用宅地等 | 400㎡ | | 80% |
| | 貸付事業用の宅地等 | 同族会社に貸し付けられ，その法人の事業（貸付事業を除く）用の宅地等 | 特定同族会社事業用宅地等 | 400㎡ | | 80% |
| | | | 貸付事業用宅地等 | 200㎡ | | 50% |
| | | 同族会社に貸し付けられ，その法人の貸付事業用の宅地等 | 貸付事業用宅地等 | 200㎡ | | 50% |
| | | 被相続人等の貸付事業用の宅地等 | 貸付事業用宅地等 | 200㎡ | | 50% |
| 被相続人等の居住の用に供されていた宅地等 | | | 特定居住用宅地等 | 240㎡ | 330㎡ | 80% |

2　第1章　小規模宅地の特例制度の概要

宅地等がある場合に，その宅地等を相続税の申告期限までその事業，貸付事業，居住用に供したときは，選択した限度面積*までの部分について，前ページの表の区分に応じた割合を乗じて計算した金額を差し引いた金額を相続税の課税価格に算入すべき価額とする制度をいいます（措法69の4②）。

*複数の適用宅地等がある場合の限度面積計算は，それぞれの制度により算定します（92頁参照）。

---

＜参考＞

　旧租税特別措置法施行令40条3項（小規模宅地等についての相続税の課税価格の計算の特例）は，対象宅地等のうち，いずれが生活の基盤を維持するために最も必要であるかは当該相続人等本人が最もよく知るものであることにかんがみ，対象宅地等のうち，いずれを小規模宅地等とするかを当該相続人等本人の選択に委ねたものと解される（平成19年11月14日大阪地裁）。

---

## 3 特定計画山林についての相続税の課税価格の特例との選択

　被相続人の親族が被相続人から相続又は遺贈により取得した財産のうちに，特定計画山林相続人等が相続や遺贈又は相続時精算課税による受贈を受けた森林経営計画が定められた区域内に存する立木若しくは土地等がある場合には，課税価格を5％減額される特定計画山林の特例があります（措法69の5）。

　本制度と小規模宅地特例とは選択適用が認められています。詳しくは，95頁を参照してください。

1　小規模宅地特例の概要　3

# 2 小規模宅地特例の制度の変遷

## Question

小規模宅地特例は，何度か制度が改正されていますが，どう変わってきたのですか？

## Answer

小規模宅地の特例は，次のように，制度が創設されてからその時々の経済情勢や社会的状況に応じて，改正されています。

### 1 昭和50年個別通達

本制度は，個別通達（昭和50年6月20日直資5-17）により，被相続人の事業の用又は居住の用に供されていた宅地のうち，200㎡までの部分について，それが相続人等の生活基盤の維持のために不可欠なものであって，その処分に相当の制約を受けることが通常であることから，土地評価上の措置として20%の減額を行う斟酌規定として設けられました。

その後，昭和58年に租税特別措置法69条の3への昇格を受けて，本通達は昭和58年3月31日直評4，直資2-95により廃止されました。

### 2 昭和58年度税制改正…租税特別措置法に規定を創設

昭和58年度税制改正により，取引相場のない株式の評価についての改正と同時に，土地の処分についての制約面に配慮し，特に事業用土地については，事業が雇用の場であること等事業主以外の多くの者の社会的基盤として居住用土地にはない制約を受ける面があること等から，「個人が事業の用又は居住の用に供する小規模宅地等についても所要の措置を講ずることが適当である」（昭和57年12月「税制調査会昭和58年度の税制改正に関する答申」）として，上記の個別通達の取

4 第1章 小規模宅地の特例制度の概要

扱いが法律化されました。

　減額割合は，200㎡までの事業用宅地等は40％，居住用宅地等は30％，事業用宅地等と居住用宅地等の併用は20％とし，通達では対象外とされた貸付用宅地も対象として盛り込まれました。

## 3　昭和63年度改正…昭和63年1月1日以降開始相続に適用

　地価の高騰を受け，減額割合を事業用宅地等で60％，居住用宅地等で50％，事業用宅地等と居住用宅地等の併用の場合は40％とし，準事業用宅地を排除して，貸付用宅地については5棟10室の事業的規模基準を導入しました。

## 4　平成4年度改正…平成4年1月1日以降開始相続に適用

　公的土地評価一元化の方針のもと，相続税路線価を地価公示価格の80％水準へと引き上げたことに伴い，昭和バブルが最高期になるとの観測から，減額割合は事業用宅地等は70％，居住用宅地等は60％，事業用宅地等と居住用宅地等の併用は50％へと引き上げられました。

## 5　平成6年度改正…平成6年1月1日以降開始相続に適用

　昭和バブル崩壊の一方で，路線価引上げと当時の高率な相続税率（最高税率70％）により，相続税事故が続出することになりました。

　平成7年6月30日に判決が出されて納税者が勝訴した「二番町裁判」として名高い事業的規模論争を経て，小規模宅地特例は改組され，一棟の建物敷地や二世帯住宅等，路線価の高い都心部の宅地相続について配慮した内容となりました。

① 　適用対象宅地を申告期限までの取得保有を要件に特定居住用・特定事業用等特定宅地等とその他の宅地等に区分しました。とりわけ一棟の建物の敷地の一部が特定居住用宅地等に該当する場合には，その一棟の建物の敷地全体を特定居住用宅地等該当としました。

② 　減額割合は，特定居住用・特定事業用・特定同族会社事業用・国等事業用を80％，その他50％としました。準事業用もその他の宅地として対象に取り込まれました。

③ 申告期限での未分割宅地等への不適用，及び未分割から3年内を期限として特例適用が設けられました。

## 6 平成11年度改正…平成11年1月1日以降開始相続に適用

昭和バブル崩壊から続く不況の中で，適用限度面積が特定事業用宅地等についても，従前の200㎡から330㎡となりました。

「持ち家がない親族」特例の適用除外規定である被相続人とともに居住していた「親族」を「法定相続人」とする旨の改正がなされました。孫や被相続人の兄弟が住んでいた場合に適用を可としました。

## 7 平成13年度改正…平成13年1月1日以降開始相続に適用

適用限度面積が特定事業用宅地等は従前の330㎡から400㎡へ，特定居住用宅地等は200㎡から240㎡となりました。

## 8 平成14年度改正…平成14年1月1日以降開始相続に適用

特例対象宅地の選択の同意を，取得者本人のみでなく，他の取得者についても必要であることとされました。

また，宅地相続と非上場株式相続，山林相続との均衡の観点から，非上場株式等や特定山林の相続について，減額措置を図る特定事業用資産の課税価格の特例（措法69の5）を新設しました。

## 9 平成15年度改正…平成15年1月1日以降開始相続に適用

当時の商法との平仄を合わせて，特定同族会社事業用宅地等の対象法人の判定を，被相続人等の持株割合が10分の5超であることとしました。

また，相続時精算課税制度の導入と合わせて，特定事業用資産の課税価格の特例対象資産に，相続時精算課税による特定受贈株式等を追加し，小規模宅地特例との重複適用を認めました。

## 10 平成16年度改正…平成16年1月1日以降開始相続に適用

特定事業用資産特例の対象資産の上限を3億円から10億円に引き上

げました。

## 11 平成17年度改正…平成17年1月1日以降開始相続に適用

　郵政民営化に伴い，平成19年10月1日以降の国営事業用宅地等が除外されました。従前より特定郵便局については，経過措置により適用対象とされています。

## 12 平成18年度改正…平成18年1月1日以降開始相続に適用

　特定同族会社事業用宅地等の対象法人から清算中の法人を排除しました。

## 13 平成21年度改正…平成21年1月1日以降開始相続に適用

　非上場株式等についての相続税の納税猶予の特例創設に伴い，特定事業用資産の特例の適用対象資産から特定同族会社株式等が除外され，特定計画山林についての課税価格の特例に改組されました。

## 14 平成22年度改正…平成22年4月1日以降開始相続に適用

　特定事業用宅地等，特定居住用宅地等，特定同族会社事業用宅地等及び貸付事業用宅地等に再編され，それぞれ限度面積までの選択特例適用宅地等については，相続税の課税価格に算入すべき価額は，各一定地積まで，下表の区分に応じた割合を乗じて計算した金額とすることになり，相続開始直前の用途要件のみで100分の50を減額する制度は廃止されました（措法69の4②）。

| | 平成22年3月31日以前 | 平成22年4月1日以降 |
|---|---|---|
| 1 | 相続開始直前被相続人等の事業用・居住用宅地であれば，法定申告期限までの継続でなくても50/100 | 法定申告期限まで継続しなければ減額ゼロ |
| 2 | 特定事業用・居住用宅地等は共有者の取得分も20/100 | 適格者の取得分のみ |
| 3 | 特定居住用宅地等は他の用途を含め一棟の建物敷地の全体を20/100 | 特定居住用宅地等の敷地のみ |
| 4 | 複数居住用宅地等について適用 | 主として居住用に限る |

2　小規模宅地特例の制度の変遷　　7

また，同時に前頁の表のように取扱いが整備されました。

## 15 平成25年度改正①…平成26年1月1日以降開始相続に適用

① 区分登記建物でない場合の二世帯住宅の敷地の同居親族要件を緩和しました。

② 介護のための老人ホーム入所中の自宅の取扱いを緩和しました。

## 16 平成25年度改正②…平成27年1月1日以降開始相続に適用

① 特定居住用宅地等の選択限度面積を330㎡へ拡充しました。

② 特定事業用宅地等・特定同族会社事業用宅地等の限度面積と特定居住用宅地等の限度面積までの完全併用が可能になりました。

## 17 平成30年度改正…平成30年4月1日以降開始相続に適用

① 特定居住用宅地等の持ち家がない親族の居住家屋を制限しました。

② 貸付事業用宅地等から相続開始3年以内に新たに貸し付けられた宅地等の適用を除外しました。

## 18 令和元年度改正…平成31年4月1日以降開始相続に適用

① 特定事業用宅地等から相続開始前3年以内に新たに事業供用された宅地等の適用を除外しました。

② 事業用資産の贈与税又は相続税の納税猶予制度（個人版事業承継税制）の適用を受けた場合に特定事業用宅地等の適用を除外しました。

# 3 「小規模宅地等」の意義

## Question

「小規模宅地等」とは具体的に何を指すのでしょうか。
制度全体にかかわる共通要件を教えてください。

## Answer

　個人が，相続又は遺贈により取得した財産のうち，その相続の開始の直前において被相続人等の事業の用に供されていた宅地等又は被相続人等の居住の用に供されていた宅地等がある場合に，納税者の選択により，限度面積までの部分（以下「小規模宅地等」といいます）については，相続税の課税価格に算入すべき価額の計算上，80％又は50％（2頁の表参照）を減額します。この特例を「小規模宅地等についての相続税の課税価格の計算の特例」といいます（措法69の4①）。

　この小規模宅地等とされる要件には，次のいくつかの共通の要件と，特例対象宅地等の独自の要件があります。

　ここでは，その共通要件をまとめます。

## 1 取得原因と取得者要件

### 1 宅地の取得原因が相続又は遺贈に限り，贈与による取得は不可

　小規模宅地等は，相続又は遺贈により取得するものとされています。相続開始前3年以内に贈与により取得した宅地等や相続時精算課税に係る贈与により取得した宅地等については，相続税の申告では相続財産と合算して課税対象となったとしても，この特例の適用を受けることはできません。

3　「小規模宅地等」の意義　　9

## 2 取得者は被相続人の親族である個人に限られること

　小規模宅地等の取得者は，被相続人の親族に限ります。
　法律の条文では，「個人が，……相続又は遺贈により」とありますが，各利用宅地の要件では，共通して「親族」が相続又は遺贈により

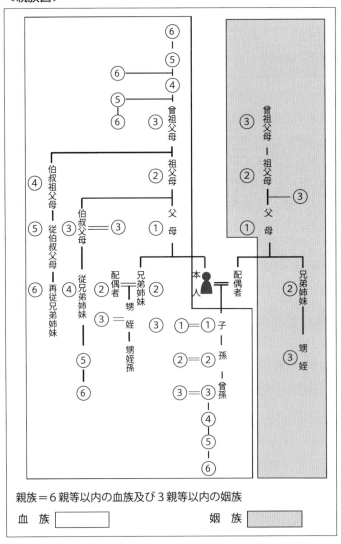

＜親族図＞

親族＝6親等以内の血族及び3親等以内の姻族

取得したものとされています（措法69の4③一～四）。そのため，被相続人が所有していた宅地が親族以外の人に遺贈されても，受遺した親族以外の人は本特例は適用できません。

　また，被相続人の特定事業用宅地と貸付事業用宅地については，その親族から相続又は遺贈により取得したその親族の相続人を含みます。つまり，被相続人の相続開始後に子が亡くなった場合には，その孫が被相続人の小規模宅地等を取得した場合にも特例は適用されるのです。

　なお，親族とは，前頁の親族図の配偶者と6親等の血族及び3親等の姻族をいいます（民法725，726）。

　さらに，この特例の適用者は，個人に限られています（措法69の4①）ので，人格のない社団が遺贈により宅地等を取得して，個人とみなされて相続税の納税義務を負ったとしても（相法66），小規模宅地特例は適用されません。

## 3 特例対象宅地等の相続開始直前の利用者は「被相続人等」

　適用対象となる特定事業用や特定居住用宅地等は，被相続人等が事業の用，又は居住の用に供していた宅地に限られます。

　被相続人等とは，被相続人又は被相続人と生計を一にしていた被相続人の親族をいいます。

　「生計を一にしていた親族」については，相続税法には特段の定めがないため，所得税基本通達2-47（生計を一にするの意義）を援用すると解されています。

---

**＜所得税基本通達2-47（生計を一にするの意義）＞**

　法に規定する「生計を一にする」とは，必ずしも同一の家屋に起居していることをいうものではないから，次のような場合には，それぞれ次による。

⑴　勤務，修学，療養等の都合上他の親族と日常の起居を共にしていない親族がいる場合であっても，次に掲げる場合に該当するときは，これらの親族は生計を一にするものとする。

---

3　「小規模宅地等」の意義　**11**

イ　当該他の親族と日常の起居を共にしていない親族が，勤務，修学等の余暇には当該他の親族のもとで起居を共にすることを常例としている場合

　ロ　これらの親族間において，常に生活費，学資金，療養費等の送金が行われている場合

(2)　親族が同一の家屋に起居している場合には，明らかに互いに独立した生活を営んでいると認められる場合を除き，これらの親族は生計を一にするものとする。

# 4 特例対象となる宅地等の定義

　宅地等とは，建物又は構築物の敷地の用に供されている土地及び土地の上に存する権利（＝借地権・地上権）で，次の建物・構築物以外のものをいいます（措規23の2①，措令40の2④）。

①　温室その他の建物で，その敷地が耕作の用に供されるもの。

②　暗渠（あんきょ）その他の構築物で，その敷地が耕作の用又は耕作若しくは養畜のための採草若しくは家畜の放牧の用に供されるもの。

　したがって，貸付事業用とされていても，工作の施されていない青空駐車場となっているような土地は対象外となります。

　ただし，棚卸資産やこれに準ずる資産に該当する土地等に該当しないものに限られます（措令40の2④）。棚卸資産に準ずる資産とは，所得税法上の雑所得の起因となる土地等をいいます（所法35①，措規23の2②）。

　棚卸資産に該当する場合は，課税時期においてこれを購入する場合の仕入価額に，その原材料の引取り等に要する運賃その他の経費の額を加算した金額によって評価（評基通133）することとなり，また小規模宅地特例の適用対象となりません。

　分譲マンションなどを販売用として取得すると，こうした取扱いを受ける可能性があります。

　また，宅地は，登記上の表記にかかわらず，建物・構築物の敷地で

あればよく，例えば雑種地と登記されている貸駐車場地も要件を満たしていれば適用対象地となります。

## 2 所有・利用継続要件の有無

適用対象となる特定事業用宅地等，特定居住用宅地等，貸付事業用宅地等は，取得者が，相続税の法定申告期限まで所有し，継続して利用することが要件となっているものがあります。

## 1 所有・利用継続が要件となっているもの

### ❶…特定事業用宅地等（措法69の4③一イ・ロ）

① その宅地等の上で営まれていた被相続人の事業を引き継ぎ，申告期限まで引き続き当該宅地等を有し，かつ，当該事業を営んでいること。
② 生計一親族が，引き続き当該宅地等を有し，かつ，相続開始前から申告期限まで引き続き当該宅地等を自己の事業の用に供していること。

### ❷…特定居住用宅地等（措法69の4③二イ・ハ）

① 同居親族が取得する場合は，相続開始時から申告期限まで引き続き当該宅地等を有し，かつ，当該建物に居住していること。
② 被相続人の生計一親族が取得する場合は，相続開始時から申告期限まで引き続き当該宅地等を有し，かつ，相続開始前から申告期限まで引き続き当該宅地等を自己の居住の用に供していること。

### ❸…特定同族会社事業用宅地等（措法69の4③三）

小規模宅地等を相続開始時から申告期限まで引き続き有し，かつ，申告期限まで引き続き当該法人の事業の用に供されていること。

### ❹…貸付事業用宅地等（措法69の4③四）

① 取得する親族が，相続開始時から申告期限までの間に当該宅地等

3　「小規模宅地等」の意義　13

に係る被相続人の貸付事業を引き継ぎ，申告期限まで引き続き当該宅地等を有し，かつ，その貸付事業の用に供していること。
② 被相続人と生計一親族が，相続開始時から申告期限まで引き続きその宅地等を有し，かつ，相続開始前から申告期限まで引き続きその宅地等を自己の貸付事業の用に供していること。

## 2 所有・利用継続が要件となっていないもの

① 配偶者が取得する特定居住用宅地等（措法69の4③二本文）。
② いわゆる「持ち家がない親族」（77頁参照）が取得する特定居住用宅地等は，所有継続要件のみ充足すればよく，居住要件はありません（措法69の4③二ロ）。

## 3 所有要件の判定

上記**1**については，相続開始時又は相続開始前から利用しており，取得後も引き続き所有し，法定申告期限まで所有・利用を継続していることが条件となっています。
① 利用継続の判定については，各小規模宅地について，利用・取得・転換・廃止・譲渡などの取扱いが定められています。詳しくは，各小規模宅地の項目を参照してください。
② 所有継続の判定は，非所有となる譲渡や贈与の時をどの時点で判定するかが重要です。

固定資産の譲渡の日は，その資産に係る支配の移転の事実に基づき，資産の引渡しがあった日によるのが原則です。所得税や法人税では，譲渡契約の効力発生日により申告をした場合も認められるとされてお

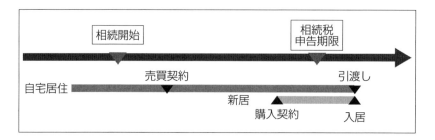

り，原則として譲渡代金の決済を了した日より後にはならないとされ
ています（所基通36-12，法基通2-1-14）。

本特例の「有している」ことの判定は，例えば，親族が取得した小
規模宅地等の譲渡について，法定申告期限前に売買契約を締結してい
たとしても，その宅地の引渡しが法定申告期限後であれば，取得者は，
法定申告期限まで所有・占有・使用収益できます。したがって，継続
所有の判断は，引渡日をもって行うべきでしょう。

例えば，前頁の図のように居住用宅地等を相続し，その後に自宅の
売買契約を行った場合にも小規模宅地の特例を適用した相続税の申告
を行った後，法定申告期限後に引渡しを行い，新居に転居し，居住用
財産の譲渡特例を適用するというスケジュールが可能となります（●
頁の第3章「事例21」参照）。

## 3 限度面積要件と遺産分割

小規模宅地特例の特徴の1つは，選択した特例対象宅地等によって
面積制限があることです（92頁参照）。

そのため，次の点から，選択適用の内容によって各相続人・受遺者
間に相続税上の有利・不利が生じます。

① 減額割合が，8割減か，5割減か，ゼロ減か，特例ごとに異なる
こと。

② 複数用途の宅地等がある場合に，併用計算を算定することになり，
併用計算での地積適用により，有利・不利が生じること。

③ 対象地積に制限があるため，小規模宅地等の単価の高いものから
限度面積まで適用した方が有利となりますが，適格対象者が取得し，
特例選択について合意がなければならないこと（2頁の表を参照）。

④ 特定居住用宅地等，特定同族会社事業用宅地等，貸付事業用宅地
等については，事業用資産の贈与税・相続税の納税猶予制度との一
部併用が可能となるために，面積計算が必要となります（92頁の表
を参照）。

3 「小規模宅地等」の意義 15

## 4 特例適用相続人だけに大きな減額

　適格対象者が小規模宅地等を取得する場合に，その者の相続税の減額効果が大きく，他の者の相続税も相対的には減額効果はあるものの，取得財産の時価とのバランスにより，不公平感が生じる恐れがあります。

　小規模宅地特例は，選択宅地として共同相続人間での合意が必要であるため，遺贈であれ分割協議であれ，選択宅地の決定に際しても，相続人・受遺者の合意を成立させなければなりません。

　遺産が未分割である場合には，法定申告期限までに「3年以内分割見込書」を提出し，その後3年以内，あるいは調停等にかかった場合には，その分割確定日から4月以内に更正の請求により特例の適用が可能となります。

　しかし，遺言により適用対象宅地の取得が確定していても，他の相続人が申告期限までに特例対象宅地として同意しない場合は特例適用ができないだけでなく，期限後に同意を取り付けたとしても更正の請求もできません。

　さらに，「選択特例対象宅地等の明細書」及び「特例適用の同意書」の添付が求められており，この書類が不提出であったことをもって，特例が否認された例もあります（平成21年11月4日関東信越不服審判所裁決，146頁参照）

### ＜小規模宅地特例判定順序1＞

> ☐　被相続人の所有財産か。
>
> ☐　相続・遺贈による取得財産か，贈与による取得ではないか。
>
> ☐　宅地等＝建物又は構築物の敷地か。
>
> ☞43頁へ進む

# 小規模宅地等の特例チェックシート（平成31年4月1日以後開始相続用）

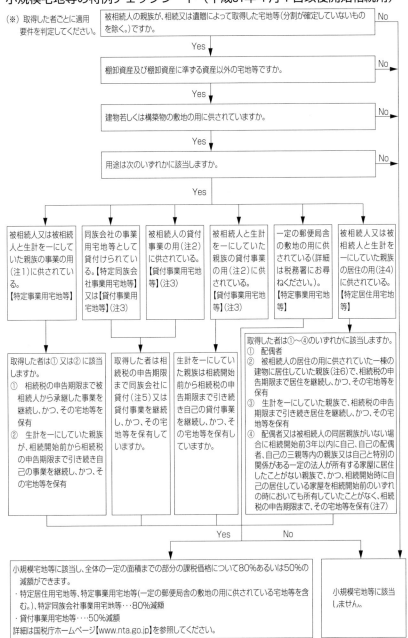

3 「小規模宅地等」の意義

> 　小規模宅地等の対象となる宅地等の遺産分割が確定していない場合、特例の適用を受けることができませんが、「申告期限後3年以内の分割見込書」を提出することによって、財産の分割が確定したときに特例の適用を受けることができます。

(注1) 貸付事業の用を除きます。

(注2) 相続開始前3年以内に新たに被相続人等の事業の用に供された宅地等を除きます（一定規模以上の事業を行っていた被相続人等の当該事業の用に供された土地等又は平成31年3月31日までに事業の用に供されている宅地等を除きます。）。

(注3) 不動産貸付業、駐車場業、自転車駐車場業及び準事業に限ります（準事業とは、事業と称するに至らない不動産貸付その他これに類する行為で相当の対価を得て継続的に行うものをいいます。）。

(注4) 相続開始前3年以内に新たに貸付事業の用に供された宅地等を除きます（相続開始の日まで3年を超えて引き続き特定貸付事業（貸付事業のうち準事業以外のものをいいます。）を行っていた者の貸付事業の用に供されていた宅地等及び平成30年3月31日までに貸付事業の用に供されている宅地等を除きます。）。

(注5) 次のような理由により、相続開始の直前において被相続人の居住の用に供されていなかった宅地等について、一定の要件を満たす場合には、特例の適用を受けることができます。

　　(1) 要介護認定又は要支援認定を受けていた被相続人が次の住居又は施設に入居又は入所していたこと
　　　認知症対応型老人共同生活援助事業が行われる住居、養護老人ホーム、特別養護老人ホーム、軽費老人ホーム、有料老人ホーム、介護老人保健施設、介護医療院又はサービス付き高齢者向け住宅

　　(2) 障害支援区分の認定を受けていた被相続人が障害者支援施設などに入所又は入居していたこと

(注6) 相続税の申告期限において、その法人の役員（法人税法第2条第15号に規定する役員（清算人を除く。））である者に限ります。

(注7) 次の(1)又は(2)のいずれに該当するかに応じ、それぞれの部分に居住していた親族のことをいいます。

　　(1) 被相続人の居住の用に供されていた一棟の建物が、「建物の区分所有等に関する法律第1条の規定に該当する建物」（区分所有建物である旨の登記がされている建物をいいます。）である場合……被相続人の居住の用に供されていた部分

　　(2) 上記(1)以外の建物である場合……被相続人又は被相続人の親族の居住の用に供されていた部分

(注8) 平成30年3月31日において相続等があったとした場合に平成30年度税制改正前の特定居住用宅地等の要件を満たすものがある場合は、特例の適用を受けられる場合があります。

　　詳しくは、「相続税の申告のしかた」をご確認ください。

（出典：国税庁資料）

## 4　特定事業用宅地等の適用ポイント

# Question

特定事業用宅地等の適用ポイントは何ですか。

# Answer

## 1　特定事業用宅地等

### 1　特定事業用宅地等とは（措法69の4③一）

　小規模宅地特例が適用される特定事業用宅地等とは，相続開始の直前において被相続人等の事業（不動産貸付業，駐車場業，自転車駐車場業及び準事業を除きます）の用に供されていた宅地等で，次の①又は②に掲げる要件のいずれかを充たす被相続人の親族が相続又は遺贈により取得した宅地等（その宅地等のうち①又は②に掲げる要件に該当する被相続人の親族が相続又は遺贈により取得した持分の割合に応ずる部分に限ります）で400㎡までの取得者が選択した部分をいいます（措法69の4③一）。この課税価格について，80%を減額します。特定居住用宅地等とは双方とも併用でき，貸付事業用宅地等とは限度計算内の地積について併用できます。

①　被相続人の事業の用に供されていた宅地等を取得した被相続人の親族（その親族が死亡した場合にはその親族の相続人を含みます）が，相続税の申告書の提出期限までの間にその宅地等の上で営まれていた被相続人の事業を引き継ぎ，申告期限まで引き続きその宅地等を有し，かつ，その事業を営んでいること。

②　被相続人と生計を一にしていた親族の事業の用に供されていた宅地等をその親族が取得した場合であって，その親族が相続開始時から申告期限（その親族が申告期限前に死亡した場合には，その死亡

4　特定事業用宅地等の適用ポイント　19

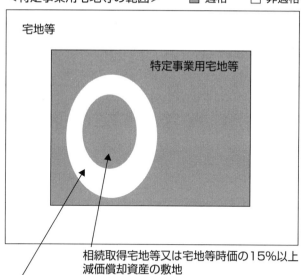

の日）まで引き続きその宅地等を有し，かつ，相続開始前から申告期限まで引き続きその宅地等を自己の事業の用に供していること。

## 2 相続開始前3年以内事業供用宅地等の除外

平成31年4月1日以後相続等により取得した宅地等で，相続開始前3年以内に新たに事業の用に供された宅地等は適用から除かれますが，次の①～②は除外されません（措法69の4③一，措令40の2⑥，⑨）。
① 建物・附属設備・構築物・宅地上の業務用減価償却資産の相続開始時の宅地の時価に対する割合が15％以上の規模以上の事業を行っていた被相続人等の当該事業の用に供されていたもの
② 被相続人の相続開始前3年以内に相続・遺贈により取得した資産で引き続き事業供用していた宅地等

## 3 個人版事業承継税制との併用不可

令和元年度税制改正では，個人版事業承継税制といわれる個人の事

業用資産についての贈与税・相続税の納税猶予及び免除制度が創設されました（措法70の6の8，70の6の10）が，特定事業用宅地等を選択宅地として小規模宅地特例を適用した場合は，納税猶予特例は適用できません（措法69の4⑥）。

## 2 特定事業用宅地等と事業の継続

### 1 事業とは

　特定事業用宅地等は，相続開始の直前において被相続人等の事業の用に供されていた宅地をいいますが，ここで事業とは不動産貸付業，駐車場業，自転車駐車場業及び準事業を除きます。

　準事業とは，事業と称するに至らない不動産の貸付けその他これに類する行為で相当の対価を得て継続的に行うものをいいます。

　したがって，特定事業用宅地等は，一般の製造，販売，役務提供サービス業などの「商売」を業とする場合をいいます。

　不動産貸付業，駐車場業，自転車駐車場業及び準事業に該当する事業の用に供されていた宅地等は，貸付事業用宅地等として50％減額の対象となります。

### 2 被相続人等の事業の用に供されていた宅地等の範囲

　事業用宅地等とは，次に掲げる宅地等をいうものとしています（措通69の4－4）。

① 他に貸し付けられていた宅地等（当該貸付けが上記1の事業に該当する場合に限ります）。

② ①に掲げる宅地等を除き，被相続人等の事業の用に供されていた建物等で，被相続人等が所有していたもの又は被相続人の親族（被相続人と生計を一にしていたその被相続人の親族を除きます）が所有していたもの（被相続人等が当該建物等を当該親族から無償（相当の対価に至らない程度の対価の授受がある場合を含みます）で借り受けていた場合における当該建物等に限ります）の敷地の用に供されていたもの。

4　特定事業用宅地等の適用ポイント　21

《特定事業用宅地等の減額要件》
① 特定事業用宅地等
　イ　被相続人の事業を承継するケース

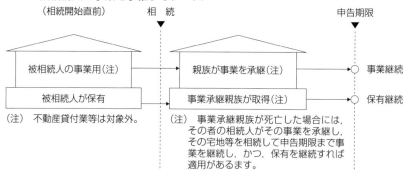

　ロ　被相続人と生計を一にする親族が事業を継続するケース

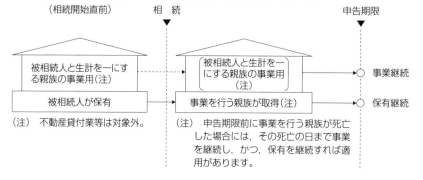

### ＜特定事業用宅地等の権利関係＞

| 宅地所有者 | 土地貸借 | 建物所有者 | 建物貸借 |
|---|---|---|---|
| 被相続人 | 自用 | 被相続人 | 自用 |
| | 自用 | | 使用貸借 |
| | | | 相場賃料 |
| | 使用貸借 | 生計一親族 | 借主使用 |
| | 賃貸借 | | |
| | 使用貸借 | | 使用貸借 |
| | 使用貸借 | 生計別親族 | 使用貸借 |
| | 相場賃料 | | 相場賃料 |
| | 使用貸借 | | 相場賃料 |

② 特定同族会社事業用宅地等

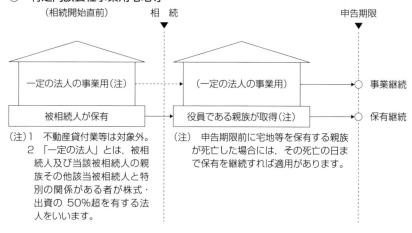

(注)1 不動産貸付業等は対象外。
   2 「一定の法人」とは，被相続人及び当該被相続人の親族その他該当被相続人と特別の関係がある者が株式・出資の50％超を有する法人をいいます。

(注) 申告期限前に宅地等を保有する親族が死亡した場合には，その死亡の日まで保有を継続すれば適用があります。

| 建物利用者 | 土地評価額 | 減額割合 |
|---|---|---|
| 被相続人 | 自用地 | 80％ |
| 生計一親族 | 自用地 | 80％ |
|  | 貸家建付地 | 50％（借地権課税） |
| 生計一親族 | 自用地 | 80％ |
|  | 自用地 | 適用なし |
| 被相続人 | 自用地 | 80％ |
| 生計別親族 | 自用地 | 適用なし |
|  | 貸宅地 | 50％（借地権課税） |
| 被相続人・生計一親族 | 自用地 | 適用なし |

## 3 事業用宅地等の相続又は遺贈による取得

　小規模宅地特例の適用を受ける場合には，その適用を受けようとする宅地等が相続税の申告期限までに分割され，あるいは遺言により取得者が特定され，事業の承継者が取得していることが必要です。

　ただし，その宅地等が申告期限までに分割されていない場合であっても，次のいずれかに該当することになったときは，この特例の適用を受けられます（措法69の4④）。

① 　相続税の申告期限から3年以内に分割された場合

② 　相続税の申告期限から3年を経過する日において分割できないやむを得ない事情があり，税務署長の承認を受けた場合で，その事情がなくなった日の翌日から4か月以内に分割されたとき

　遺産分割が行われた日の翌日から4か月以内に税務署長に対し，更正の請求書を提出することができます。

## 4 事業の承継と事業停止，廃業

　特定事業用宅地等であるためには，親族が申告期限までにその宅地等の上で営まれていた被相続人の事業を引き継ぎ，申告期限まで引き続きその宅地等を有し，かつ，その事業を営んでいることが要件です。

　遺産分割が揉めて，分割が確定しない場合には，上記3のように，3年間，そしてその後に分割が確定した場合の更正の請求制度がありますが，事業の承継には，この期限後の規定はありません。

　したがって，宅地等の取得者が決定していない状態でも，相続開始後事業を承継して，申告期限まで事業を継続していることが必須条件となります。申告期限までに事業を転業又は廃止した場合は，要件を満たさず適用はできません。"遺産争族"に陥って被相続人の事業店舗を閉鎖してしまい，申告期限後に遺産分割が確定して後継者が取得してから事業再開しても，特例の適用はできませんので注意してください。

　後継者が承継する際に個人事業を法人化する場合がありますが，法人成りは個人事業の廃止となることから留意が必要です。

法人成りをするなら，相続税の申告期限後にすることです。

## 5 申告期限までの一部転業又は廃業

　事業の一部を転業していても，それは被相続人の事業を営んでいるものとして取り扱われます（措通69の 4 － 16）。

　この点は，特定居住用宅地等を一部でも譲渡等した場合には特例の適用が不可となるのとは異なり，事業の実態に着目した柔軟な措置といえます。

## 6 被相続人の 2 以上の事業の一部廃業・転業

　被相続人が営む 2 以上の事業の用に供されていた土地の場合において，申告期限までに事業の一部を廃止したときには，残存事業部分については，特定事業用宅地等に当たるものとして扱います（措通69の 4 － 16なお書）。

## 7 事業の同一性判定

　特定事業用宅地等に該当する事業の引継ぎと事業の継続を判断するうえで，転業と判断される場合に，事業の同一性の判断基準が問題となります。

　その事業の同一性の判定に当たっては，「日本標準産業分類」の分類項目等を参考にして総合的に判断することが合理的であるとされています（近藤光夫編『相続税小規模宅地等の特例・特定事業用資産の特例の税務（平成18年版）』（大蔵財務協会））。

## 8 特定郵便局等の貸付用宅地の特例（措通69の 4 － 28）

　平成19年 9 月30日以前に被相続人又は被相続人の相続人と旧日本郵政公社との間の賃貸借契約に基づき郵便局の用に供するために貸し付けられていた建物の敷地の用に供されていた宅地等のうち，平成19年10月 1 日から相続の開始の直前までの間において，その賃貸借契約の契約事項に一定事項以外の事項の変更がない賃貸借契約に基づき，引き続き，平成19年10月 1 日から平成24年 9 月30日までの間にあっては

4　特定事業用宅地等の適用ポイント

郵便局の用に供するため郵便局株式会社に，平成24年10月1日から相続開始の直前までの間にあっては郵便局の用に供するため日本郵便株式会社に対し貸し付けられていた「郵便局舎」の敷地の用に供されていた宅地等で，その宅地等を取得した相続人から相続の開始の日以後5年以上その郵便局舎を日本郵便株式会社が引き継ぎ借り受けることにより，その宅地等を同日以後5年以上郵便局舎の敷地の用に供する見込みであることについて総務大臣の証明がなされた宅地等については，貸付事業用宅地等ではなく，特定事業用宅地等に該当するものとして，この特例の適用を受けることができます。

## 5 特定同族会社事業用宅地等の適用ポイント

**Question**

特定同族会社事業用宅地等の適用ポイントは何ですか。

**Answer**

### 1 特定同族会社事業用宅地等

　特定同族会社事業用宅地等とは，次の**1**に該当する特定の同族会社が不動産貸付業以外の事業の用に供していた宅地等で，**2**に該当する被相続人の親族が相続又は遺贈により取得し所有を継続する土地等をいいます（措法69の4③三）。

#### 1 特定同族会社の要件

① 申告期限において清算中でないこと（措令40の2⑱）。
② 被相続人の親族その他被相続人と特別の関係のある者\*の持株数（議決権制限株式を除きます（措令40の2⑰，措規23の2⑤））が発行済株数の50％を超えること（措法69の4③三，措令40の2⑮）。
　＊特別の関係のある者とは，㈠被相続人の内縁関係者，㈡被相続人の使用人，㈢上記以外の被相続人の資金による生計者，㈣上記と生計一親族，㈤上記の者が株主として50％超を有する法人，㈥被相続人と上記法人が株主として50％超を有する法人，㈦被相続人と上記の法人等が株主として50％超を有する法人をいいます（措令40の2⑯）。
③ 対象となる宅地等を，この特定の同族会社が相続開始の直前に事業の用に供していたこと。
　この場合の事業は，不動産貸付業，駐車場業，駐輪場業及び事業と称するに至らない不動産の貸付けを除きます（措法69の4③一）。
④ 申告期限まで引き続きこの法人が上記事業の用に供していること

（措法69の4③一）。

⑤　この同族会社が被相続人の土地又は建物を利用するうえで，有償の賃貸借であること（措法69の4①）（下記**3** **1**・**2**参照）。

## 2 取得者の要件

①　被相続人の親族であること（措法69の4③三）。

②　相続税の申告期限（その親族が申告期限前に死亡した場合は，その死亡の日）において**1**の同族会社の役員（清算人を除きます）であること（措令23の2⑤））。ただし，株主である必要はありません。

③　その宅地等を申告期限まで保有していること（措法69の4③三）。

## 2 減額割合と限度面積

①　減額割合……80%

②　適用限度面積……特定事業用宅地等と合わせて400㎡

## 3 宅地等の利用権利形態と減額割合

特定同族会社と土地所有者の貸借契約により，特例の適用判断は次のようになります（措通69の4-23）。

## 1 不動産貸付業以外の特定同族会社が建物所有する場合

下表のようになります。

| 宅地所有者 | 建物所有者 | 土地貸借 | 無償返還届 | 評価額 | 減額割合 |
|---|---|---|---|---|---|
| 被相続人 | 特定同族会社 | 相当の地代 | 無 | 20%減額 | 80% |
| | | 相場地代 | | 貸宅地 | |
| | | 使用貸借 | | 貸宅地 | 適用なし |
| | | 相当の地代 | 有 | 20%減額 | 80% |
| | | 相場地代 | | 20%減額 | |
| | | 使用貸借 | | 自用地 | 適用なし |

＊特定同族会社が不動産貸付業である場合の減額割合は50%

28　第1章　小規模宅地の特例制度の概要

## 2 特定同族会社以外が建物所有する場合

下表のようになります

| 宅地所有者 | 土地貸借 | 建物所有者 | 建物貸借 | 建物利用者 | 土地評価額 | 減額割合 |
|---|---|---|---|---|---|---|
| 被相続人 | 自用 | 被相続人 | 相場賃料 | 特定同族会社 | 貸家建付地 | 80% |
| | | | 使用貸借 | | 自用地 | 適用なし |
| | 使用貸借 | 生計一親族 | 相場賃料 | | 自用地 | 80% |
| | | | 使用貸借 | | 自用地 | 適用なし |
| 被相続人 | 相場賃料 | 生計別親族 | 相場賃料 | 特定同族会社 | 貸宅地 | 50% |
| | 使用貸借 | | 相場賃料 | | 自用地 | 適用なし |

## 4 事業供用3年以内宅地等の規制なし

平成31年4月1日以後に事業用宅地等に付され，3年以内に所有者に相続が開始した宅地等についての特定事業用宅地等の特例に係る規制（措法69の4③一かっこ書き）は，特定同族会社事業用宅地等については規定されていません。特定同族会社の事業供用宅地等は，そのまま事業の規模を満たすものと判断するのでしょう。

## 5 個人の事業用資産の相続税の納税猶予制度を適用する場合の面積計算

平成31年4月1日以後開始相続において個人の事業用資産についての贈与税・相続税の納税猶予及び免除制度（措法70の6の10）を適用する場合には，「400㎡－特定同族会社事業用宅地等の面積」を対象とすることとなります（措法69の4⑥）。

## 6 賃借法人が一般社団法人・一般財団法人等である場合

一般社団法人・一般財団法人は，持分の定めがないため特定同族会社にはならず，特定同族会社事業用宅地等にはなりません。公益社団法人，公益財団法人，持分の定めのない医療法人でも同様です。

ただし，一般社団法人・一般財団法人等が，被相続人の宅地の賃借

や，被相続人等の建物の賃借をしている場合は，その宅地は，貸付事業用宅地等に該当して50％減額を受けることができます（31頁参照）。

## 7 適用のための添付書類（措規23の2⑦）

特定同族会社事業用宅地等の特例を適用するためには，次の書類を申告書に添付します。ただし，⑧は法律上の義務規定ではありません。

① 小規模宅地等に係る相続税の課税価格の計算に関する明細書
② 取得者が選択をしようとする特例対象宅地等の区分を記載した書類
③ 当該特例対象宅地等取得者全員の限度面積要件充足を記載した書類
④ 取得者全員の選択についての同意を証する書類
⑤ 遺言書の写し，遺産分割協議書（全共同相続人の自署押印）の写し，印鑑証明書
⑥ 同族会社の定款（相続の開始の時に効力を有するものに限ります）の写し
⑦ 相続の開始の直前における同族会社の株主名簿（法人の証明したもの）
⑧ 取得者が申告期限までに同族会社の役員に就任している旨の登記簿謄本

# 6 貸付事業用宅地等の適用ポイント

## Question

貸付事業用宅地等の適用ポイントは何ですか。

## Answer

### 1 貸付事業用宅地等（措法69の4③四）とは

　貸付事業用宅地等とは，被相続人等の事業のうち，不動産貸付業その他駐車場業，自転車駐車場業及び準事業（事業と称するに至らない不動産の貸付けその他これに類する行為で相当の対価を得て継続的に行うものを含みます）等の貸付事業の用に供されていた宅地等で，次に掲げる要件のいずれかを満たす当該被相続人の親族が相続又は遺贈により取得したもの（特定同族会社事業用宅地等及び相続開始前3年以内に新たに貸付事業の用に供された宅地等を除き，要件に該当する持分の割合に応ずる部分に限ります）をいいます（措法69の4③四，措令40の2①，⑦，⑩，⑲）。

　ただし，相続開始の日まで3年を超えて準事業以外の貸付事業である特定貸付事業を行っていた被相続人等の当該貸付事業の用に供されたものは，除外対象となりません。

① 　当該親族が，相続開始時から申告期限までの間に当該宅地等に係る被相続人の貸付事業を引き継ぎ，申告期限まで引き続き当該宅地等を有し，かつ，当該貸付事業の用に供していること。

② 　当該被相続人の親族が当該被相続人と生計を一にしていた者であって，相続開始時から申告期限まで引き続き当該宅地等を有し，かつ，相続開始前から申告期限まで引き続き当該宅地等を自己の貸付事業の用に供していること。

## 2 貸付事業とは

　貸付事業とは，駐車場業，駐輪場業及び準事業（事業と称するに至らない不動産の貸付けその他これに類する行為で相当の対価を得て継続的に行うもの（措令40の2⑥））をいい，その規模，設備の状況及び営業形態等を問わずすべてを含みます（措通69の4-13《不動産貸付業等の範囲》）。

　その判定は，相続開始の時において現実に貸付事業の用に供されていたかどうかです。

　建替え中の場合を除き，新たに建築中，新築建物への賃借人の募集・貸付事業の準備行為中は該当しません（措通69の4-24の2）。

（注）　日本郵便株式会社に貸し付けられている一定の郵便局舎の敷地の用に供されている宅地等は特定事業用宅地等

　　　平成19年9月30日以前に被相続人又は被相続人の相続人と旧日本郵政公社との間の賃貸借契約に基づき郵便局の用に供するために貸し付けられていた建物の敷地の用に供されていた宅地等のうち，平成19年10月1日から相続の開始の直前までの間において，その賃貸借契約の契約事項に一定事項以外の事項の変更がない賃貸借契約に基づき，引き続き，平成19年10月1日から平成24年9月30日までの間にあっては郵便局の用に供するため郵便局株式会社に，平成24年10月1日から相続開始の直前までの間にあっては郵便局の用に供するため日本郵便株式会社に対し貸し付けられていた「郵便局舎」の敷地の用に供されていた宅地等で，その宅地等を取得した相続人から相続の開始の日以後5年以上その郵便局舎を日本郵便株式会社が引き継ぎ借り受けることにより，その宅地等を同日以後5年以上郵便局舎の敷地の用に供する見込みであることについて総務大臣の証明がなされた宅地等については，貸付事業用宅地等ではなく，特定事業用宅地等に該当するものとして，この特例の適用を受けることができます（25頁参照）。

## 3 貸付事業用宅地等から除外される貸付用宅地等

　貸付けが行われている宅地でも，次の宅地等は適用対象外となりま

す。

① 特定同族会社事業用宅地等

　要件に合致すれば，400㎡まで8割減額を受けられます（27頁参照）。

② 平成30年4月1日以後開始相続では，相続開始前3年以内に新たに貸付事業の用に供された宅地等

　　ただし，相続開始の日まで3年を超えて引き続き「特定貸付事業」を行っていた被相続人等の貸付事業の用に供されたものを除きます。

## 4　新たに貸付事業の用に供されたかどうかの判定

　上記**3**②の除外対象となる新たに貸付事業の用に供された宅地等とは，次の場合をいいます（措通69の4 −24の3）。

① 貸付事業の用以外の用に供されていた宅地等が貸付事業の用に供された場合（転用）。

② 宅地等・その上にある建物等が「何らの利用がされていない場合」に，当該宅地等が貸付事業の用に供された場合（再利用）。

　賃貸契約の更新，一時的空室，建替後の新たな募集賃貸，災害による休業と再開などに該当する場合は，新たな貸付事業になりません。

## 5　特定貸付事業

## 1　特定貸付事業の概要

### **1**…特定貸付事業とは

　特定貸付事業とは，貸付事業のうち準事業以外のものをいいます（措令40の2⑯）。

### **2**…準事業以外の貸付事業に当たるかどうかの判定

　被相続人等の貸付事業が準事業以外の貸付事業に当たるかどうかの判定については，社会通念上事業と称するに至る程度の規模で当該貸付事業が行われていたかどうかに照らし，次によります（措通69の4 −24の4）。

6　貸付事業用宅地等の適用ポイント　33

① 被相続人等が行う貸付事業が不動産の貸付けである場合に，その不動産の貸付けが不動産所得を生じる事業として行われているときは特定貸付事業に該当します。また，その不動産の貸付けが不動産所得を生じる事業以外のものとして行われているときは準事業に該当します。

② 被相続人等が行う貸付事業の対象が駐車場又は自転車駐車場であって自己の責任において他人の物を保管するものである場合に，その貸付事業が事業所得を生ずべきものとして行われているときは特定貸付事業に該当します。また，その貸付事業が雑所得を生ずべきものとして行われているときは準事業に該当します。

③ 上記の①・②の判定を行う場合は，所基通26―9《建物の貸付けが事業として行われているかどうかの判定》及び27―2《有料駐車場等の所得》の取扱いがあることを確認します。

---

**所基通26―9，27―2の概要**

① 次に掲げる事実のいずれか一に該当する場合又は賃貸料の収入の状況，貸付資産の管理の状況等からみてこれらの場合に準ずる事情があると認められる場合には，特に反証がない限り，事業として行われているものとする。

  a）貸間，アパート等については，貸与することができる独立した室数がおおむね10以上であること。

  b）独立家屋の貸付けについては，おおむね5棟以上であること。

② いわゆる有料駐車場，有料自転車置場等の所得については，自己の責任において他人の物を保管する場合の所得は事業所得又は雑所得に該当し，そうでない場合の所得は不動産所得に該当する。

---

④ 特定貸付事業は，各人別に判定します。被相続人の特定貸付事業と生計一親族特定貸付事業は分別判断です。

　ただし，特定貸付事業を行っていた被相続人が，その特定貸付事業の用に供する宅地等を前の相続により取得してから3年以内に死亡したときは，先代が特定貸付事業を行ってきた期間は，被相続人

が特定貸付事業の用に供していた期間と通算します(措令40の2⑰)。

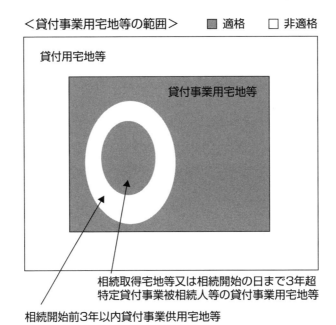

## 2 特定貸付事業の相続開始時までの非継続

相続開始前3年以内に新たに特定貸付事業の用に供したが、その後に事業規模が特定貸付事業に該当しなくなった場合は、相続開始前3年以内に新たに特定貸付事業の用に供した宅地等は特例の適用が不可となります（措通69の4－24の5）。

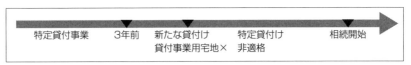

## 3 経過措置

平成30年3月31日以前から貸し付けている宅地等については、平成30年4月1日から平成33年3月31日までの間に相続又は遺贈により取得した場合は、相続開始3年以内に行った新規貸付宅地も適用対象と

なります。

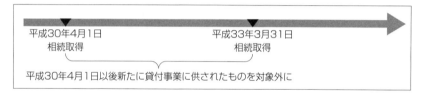

【例】平成30年2月1日　新たに貸付け　⇒　平成30年5月1日相続開始　新規貸付宅地等も特例の対象OK

## 6 宅地等の利用権利形態と減額割合

下表のようになります。

| 宅地所有者 | 土地貸借 | 建物所有者 | 建物貸借 | 建物利用者 | 土地評価額 | 減額割合 |
|---|---|---|---|---|---|---|
| 被相続人 | 自用 | 被相続人 | 相場賃料 | 賃借人・同族会社 | 貸家建付地 | 50% |
| | | | 使用貸借 | | 自用地 | 適用なし |
| | 使用貸借 | 生計一親族 | 相場賃料 | | 自用地*1 | 50% |
| | | | 使用貸借 | | 自用地 | 適用なし |
| | 相場賃料 | 生計別親族 | 相場賃料 | | 貸宅地*2 | 50% |
| | | | | 同族会社 | 貸宅地*3 | 50% |
| | 使用貸借 | | 使用貸借 | | 自用地 | 適用なし |
| | 相場賃料 | 駐車場・駐輪場・資材置場等利用者 | | | 自用地 | 50% |
| | 相場賃料 | 一括貸法人 | 相場賃料 | 駐車場等利用者 | 貸宅地 97.5% | 50% |

＊1　過去に生計一親族が被相続人から贈与を受けていた場合で，賃借人との契約が被相続人貸付時と同一のままであれば，貸家建付地として評価します。
＊2　土地の賃借権について譲渡・贈与が行われていることが前提です。
＊3　地代額と土地の無償返還届出書の提出の有無によります。

## 7 賃借法人が一般社団法人・一般財団法人である場合

　一般社団法人・一般財団法人や公益社団法人等，持分の定めのない医療法人等は，持分の定めがないため，特定同族会社にはならず，特

定同族会社事業用宅地等にはなりません。

　ただし，一般社団法人・一般財団法人等が，被相続人の宅地や被相続人等の建物を有償で賃借している場合は，その宅地は貸付事業用宅地等に該当し50％減額を受けることができます（27頁「Q5　特定同族会社事業用宅地等の適用ポイント」参照）。

## 8　共同住宅の一部が空室となっていた場合の貸付事業用宅地等の適否

### 1　財産評価における一時的空室の場合の判断

　財産評価では，一時的空室の場合の土地や家屋の評価において，財産評価上の借家権控除に係る賃貸割合の算定上，「継続的に賃貸されてきたもので，課税時期において，一時的に賃貸されていなかったと認められる各独立部分について次のように判定することとされています（国税庁HP照会要旨「貸家建付地等の評価における一時的な空室の範囲」）。

　「その判定にあたっては，その部分が，

① 　各独立部分が課税時期前に継続的に賃貸されてきたものかどうか，
② 　賃借人の退去後速やかに新たな賃借人の募集が行われたかどうか，
③ 　空室の期間，他の用途に供されていないかどうか，
④ 　空室の期間が課税時期の前後の例えば1か月程度であるなど一時的な期間であったかどうか，
⑤ 　課税時期後の賃貸が一時的なものではないかどうか，
などの事実関係から総合的に判断します。」

### 2　貸付事業用宅地等の判定における一時的空室

　小規模宅地特例における貸付事業用宅地等の判定では，財産評価上の取扱いとは若干異なり，次のように判断します。本特例では，「一時的」の判断に当たって，財産評価上の1か月程度などの判断とは一線を画しています。

6　貸付事業用宅地等の適用ポイント　　37

## ❶…相続開始時の被相続人の貸付事業用宅地等の判断

相続開始時において一時的に賃貸されていなかったと認められる部分も含まれます。

「措置法第69条の4第3項第4号に規定する被相続人等の貸付事業の用に供されていた宅地等には，当該貸付事業に係る建物等のうちに相続開始の時において一時的に賃貸されていなかったと認められる部分がある場合における当該部分に係る宅地等の部分が含まれることに留意する。」（措法69の4－24の2「被相続人等の貸付事業の用に供されていた宅地等」）としています。

## ❷…相続開始直前の空室と申告期限での状況

さらに，相続開始直前から空室であった場合，また，申告期限までの貸付事業の継続については，次のように取り扱うこととされています。

「相続開始の直前に空室となったアパートの1室については，相続開始時において継続的に貸付事業の用に供していたものと取り扱うことができるか疑義が生ずるところであるが，空室となった直後から不動産業者を通じて新規の入居者を募集しているなど，いつでも入居可能な状態に空室を管理している場合は相続開始時においても被相続人の貸付事業の用に供されているものと認められ，また，申告期限においても相続開始時と同様の状況にあれば被相続人の貸付事業は継続されているものと認められる。

したがって，そのような場合は，空室部分に対応する敷地部分も含めて，アパートの敷地全部が貸付事業用宅地等に該当することとなる。」（国税庁資産課税課情報第18号　平成22年7月13日「小規模宅地等についての相続税の課税価格の計算の特例に係る相続税の申告書の記載例等について（情報）6　共同住宅の一部が空室となっていた場合（参考）」）。

## ❸…他用途・転用・自己使用・売却は貸付事業用宅地等の対象外

被相続人等の事業の用に供されていた宅地等とは，相続開始の直前において，被相続人等の事業の用に供されていた宅地等で，これらの宅地等のうち，被相続人等の事業の用に供されていた宅地等以外の用に供されていた部分があるときは，被相続人等の事業の用に供されていた部分に限られる（措令40の2②）ため，相続開始時から他用途であった，相続開始後申告期限までに他用途に転用した，自己使用した，譲渡した場合などは，適用の対象外となります。

　譲渡のために賃借人の退去後に募集を行わなかったような場合にも，当然，適用対象外となりますから注意が必要です。

## 7 特定居住用宅地等の適用ポイント

**Question**

特定居住用宅地等の適用ポイントは何ですか。

**Answer**

### 1 特定居住用宅地等とは

特定居住用宅地等（措法69の4③二）とは，相続開始の直前において，被相続人等の「居住の用に供されていた宅地等」で，下表の区分に応じ，それぞれに掲げる要件に該当する部分で，それぞれの要件に該当する被相続人の親族が相続又は遺贈により取得した持分の割合に応じる部分に限られます。

特定居住用宅地等に該当した選択特例対象宅地等について，330㎡までの部分について，課税価格を80%減額します。

＜特定居住用宅地等の要件＞

| 区分 | 特例の適用要件 ||
|---|---|---|
| | 取得者 | 取得者等ごとの要件 |
| 被相続人の居住の用に供されていた宅地等 | 被相続人の配偶者 | 「取得者ごと」の要件はありません。 |
| | 被相続人と同居していた親族 | 相続開始前から相続税の申告期限まで，引き続きその家屋に居住し，かつ，その宅地等を相続税の申告期限まで有していること |
| | 上記以外の親族 | (1) 平成30年3月31日以前の相続又は遺贈により取得した宅地等の場合<br><br>次の①から⑤の要件をすべて満たすこと<br>① 居住制限納税義務者又は非居住制限納税義務者のうち日本国籍を有しない者ではないこと<br>② 被相続人に配偶者がいないこと<br>③ 相続開始の直前において被相続人の居住の用に供さ |

| | | れていた家屋に居住していた被相続人の相続人（相続の放棄があった場合には，その放棄がなかったものとした場合の相続人）がいないこと |
|---|---|---|
| | | ④　相続開始前3年以内に日本国内にある取得者又は取得者の配偶者が所有する家屋（相続開始の直前において被相続人の居住の用に供されていた家屋を除きます。）に居住したことがないこと |
| | | ⑤　その宅地等を相続開始時から相続税の申告期限まで有していること |
| | | (2)　平成30年4月1日以後の相続又は遺贈により取得した宅地等の場合（一定の経過措置があります）。 |
| | | 次の①から③の要件を全て満たすこと<br>①　上記(1)①から③及び⑤の要件<br>②　相続開始前3年以内に日本国内にある取得者，取得者の配偶者，取得者の三親等内の親族又は取得者と特別の関係がある一定の法人が所有する家屋（相続開始の直前において被相続人の居住の用に供されていた家屋を除きます。）に居住したことがないこと<br>③　相続開始時に，取得者が居住している家屋を相続開始前のいずれの時においても所有していたことがないこと |
| 被相続人と生計を一にしていた被相続人の親族の居住の用に供されていた宅地等 | 被相続人の配偶者 | 「取得者ごと」の要件はありません。 |
| | 被相続人と生計を一にしていた親族 | 相続開始前から相続税の申告期限まで，引き続きその家屋に居住し，かつ，その宅地等を相続税の申告期限まで有していること |

（出典：国税庁ホームページ）

## 2　「居住の用に供していた宅地等」とは

　居住の用に供していた宅地等とは，被相続人等の居住の用に供されていた家屋で被相続人が所有していたもの，又は被相続人の親族が所有していたものの敷地の用に供されていた宅地等をいい，敷地と家屋の所有者が異なる場合は，それぞれの無償使用に限ります（措通69の4－7）。

　そして被相続人の居住の用に供していた宅地等とは，被相続人の居住の用に供されていた建物が区分所有建物でない場合は，一棟の建物の敷地うち，被相続人の親族の居住の用に供されていた部分を含みま

す（61頁「Q10　特定居住用宅地等の同居親族の意義」参照）。

　区分所有でなければ，構造上区分された1棟の建物の別室でも，親族が居住している部分も含めます。

　また，介護等の必要から老人ホーム等に入所したことにより，相続開始直前に被相続人の居住の用に供されていなかった入所直前の自宅敷地を含むこととされています。（46頁「Q8　老人ホーム入所後の相続開始の場合の自宅敷地への適用」参照）

---

＜参考＞措令40の2④の要点

　被相続人等の事業の用又は居住の用に供されていた宅地等は，相続の開始の直前において，被相続人等の事業の用又は居住の用に供されていた宅地等のうち，これらの宅地等のうちに被相続人等の事業の用及び居住の用以外の用に供されていた部分があるときは，被相続人等の事業の用又は居住の用に供されていた部分（当該居住の用に供されていた部分が被相続人の居住の用に供されていた一棟の建物（建物の区分所有等に関する法律第1条の規定に該当する建物を除く。）に係るものである場合には，当該一棟の建物の敷地の用に供されていた宅地等のうち当該被相続人の親族の居住の用に供されていた部分を含む。）に限るものとする。

---

## 3　「居住の用」とは

　建物が被相続人等の居住の用に供されていたかどうかは，基本的には，被相続人等が，その建物に生活の拠点を置いていたかどうか，すなわち，その者の日常生活の状況，その建物への入所目的，その建物の構造及び設備の状況，生活の拠点となるべき他の建物の有無その他の事実を総合勘案して判定されることとなります（『DHC コンメンタール相続税法』，措通31の3－2「居住用家屋の範囲」を援用）。

　また，平成26年1月1日以降開始相続については，被相続人が老人ホームに入所後相続が開始した場合の自宅の敷地についても，居住用宅地として扱われます（46頁参照）。

　ただし，次のようなものについては，被相続人等が居住していた事

実があったとしても，被相続人等の居住の用に供していた建物には該当しないことになります。

① 居住の用に供する建物の建築期間中だけの仮住まいであるもの。

② 他に生活の拠点と認められる建物がありながら，小規模宅地特例の適用を受けるためにのみの目的その他の一時的な目的で入所した建物。

③ 主として趣味，娯楽又は保養の用に供する目的で有する建物。

## 4 特定居住用宅地等に該当する宅地等が複数ある場合

特定居住用宅地等に該当する宅地等が複数ある場合には，主としてその居住の用に供していた一の宅地等に限りますが（措法69の4③二），生計を一にしていた親族の居住用宅地等である場合などについては複数選択が可能な場合もあります（86頁参照）。

＜小規模宅地特例判定順序2　特定居住用宅地等＞

□被相続人が居住の用に供していた一棟の建物はどれか。

□一棟の建物は，区分登記された区分所有建物か。

　○区分所有建物でない場合に…

　　□相続開始の直前に被相続人が居住の用に供していたか（老人ホーム入所時判定表（51頁参照））。

　　□被相続人の親族の居住の用に供していた宅地等か。

☞91頁へ進む

7　特定居住用宅地等の適用ポイント　43

《居住用宅地等》
① 被相続人の居住用宅地等を取得するケース
　イ　配偶者が取得

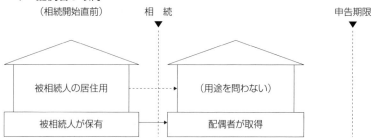

　ロ　同居親族が取得

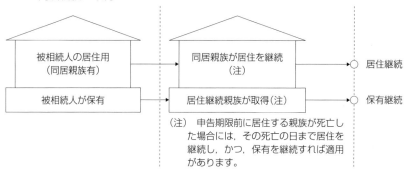

＜特定居住用の権利関係＞

| 宅地所有者 | 土地貸借 | 建物所有者 | 建物貸借 |
|---|---|---|---|
| 被相続人 | 自己使用 | 被相続人 | 自用 |
| | | | 自用 |
| | | | 使用貸借 |
| | | | 使用貸借 |
| | | | 賃貸借 |
| | 使用貸借 | 生計一親族 | 借主使用 |
| | 賃貸借 | | |
| | 使用貸借 | 生計別親族 | |
| | 賃貸借 | | |

### ハ 非同居親族が取得

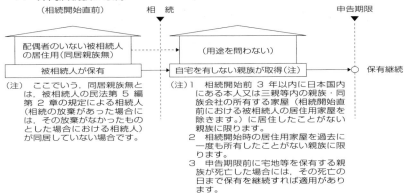

(注) ここでいう、同居親族無とは、被相続人の民法第5編第2章の規定による相続人（相続の放棄があった場合には、その放棄がなかったものとした場合における相続人）が同居していない場合です。

(注)1 相続開始前3年以内に日本国内にある本人又は三親等内の親族・同族会社の所有する家屋（相続開始直前における被相続人の居住用家屋を除きます。）に居住したことがない親族に限ります。
2 相続開始時の居住用家屋を過去に一度も所有したことがない親族に限ります。
3 申告期限前に宅地等を保有する親族が死亡した場合には、その死亡の日まで保有を継続すれば適用があります。

② 被相続人と生計を一にする親族の居住用宅地等を取得するケース
### イ 配偶者が取得

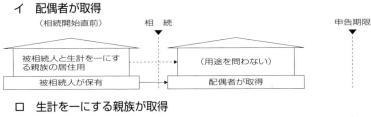

### ロ 生計を一にする親族が取得

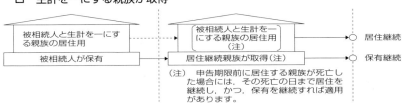

(注) 申告期限前に居住する親族が死亡した場合には、その死亡の日まで居住を継続し、かつ、保有を継続すれば適用があります。

| 相続開始直前居住者 | 宅地取得・居住継続者 | 減額割合 |
|---|---|---|
| 被相続人・配偶者 | 配偶者 | 80% |
| 被相続人・生計一親族 | 生計一親族 | 80% |
| 生計一親族 | | 80% |
| 生計別親族 | 生計別親族 | 適用なし |
| | | 50% |
| 生計一親族 | 生計一親族 | 80% |
| | | 50%（借地権課税） |
| 生計別親族 | 生計別親族 | 適用なし |
| | | 50%（借地権課税） |

7 特定居住用宅地等の適用ポイント

## 8 老人ホーム入所後の相続開始の場合の自宅敷地への適用

### Question

　被相続人が終身利用権付き老人ホームに入所後，相続が開始した場合，老人ホーム入所前の自宅の敷地は，居住用宅地といえるでしょうか。

　なお，自宅には，同居していた長男家族が引き続き居住しています。

### Answer

　平成26年 1 月 1 日以降開始した相続で，被相続人の相続開始直前において，被相続人が要介護又は要支援状態であれば，入居していた老人ホームが要件に適格な施設であることを前提に，自宅敷地は居住用宅地であったということができます。長男様が同居していたとのことですから，特定居住用宅地等にも該当するものと思われます。

### 1 平成26年 1 月 1 日以降に開始した相続の場合の取扱い

#### 1 改正の経緯

　近年，終身利用権付きホーム入所後の生活の本拠はホームであり，自宅の敷地は居住用宅地ではないとして小規模宅地特例を否定する裁決（平成20年10月 2 日裁決，東京地裁平成23年 8 月26日判決ほか）が続出し，ホームに入所したら自宅敷地に小規模宅地特例による減額が適用できないかもしれないとして，ホーム入所を躊躇する納税者も現れました。

46　第 1 章　小規模宅地の特例制度の概要

## 2 改正の内容

　こうした混乱を解消するため，平成26年1月1日以降開始相続については，居住の用に供することができない事由として次の事由により，相続の開始の直前において当該被相続人の居住の用に供されていなかった場合における当該事由により居住の用に供されなくなる直前の当該被相続人の居住の用に供されていた宅地を特例対象とする（措法69の4①）と規定しました。

　その事由には，介護保険法に規定する要介護認定又は要支援認定を受けていた被相続人が老人福祉法・介護保険法・高齢者居住安定確保法・障害者支援法の該当条項に認可する施設への入居又は入所が挙げられ，いわゆる老人ホームとして厚生労働省・国土交通省認可を受けた施設に入所している場合は特例に該当することとなります（措令40の2②一・二。49頁の表参照）。

　そして，老人ホーム等に入所した後の自宅については，事業の用又は同項に規定する被相続人等以外の者の居住の用とする場合は，この対象としないこととしました（措令40の2③）。

　財務省主税局による税制改正の解説「平成26年度改正税法のすべて」では，「被相続人が老人ホームに入居している場合には，一般的にその老人ホームがその被相続人の相続開始直前の居住場所と考えられることから，老人ホーム入居前に被相続人の居住の用に供されていた宅地等はこの特例の適用対象外とされていました」が，「諸事情を総合勘案すれば，一律に生活の拠点を移転したものとして特例を適用しないことは実情にそぐわない面もあったことから」，所有権・終身利用権が取得された老人ホームでなければ，特例を認めていたと明記したうえで，「特別養護老人ホームへの入居を希望しつつも入居できなかったため，やむを得ず終身利用権を取得し有料老人ホームに入居した場合には，この特例を適用できなくなるといった問題も指摘されていたことから」改正に至ったとしました。

　そして，「要介護認定若しくは要支援認定又は障害支援区分の認定を受けていたかどうかは，相続開始時点で判定することとされている

ため，入居又は入所前にこれらの認定を受けている必要はありません」と明示され，さらに改正租税特別措置取扱通達69の4－7の2（要介護認定等の判定時期）で，「認定を受けていたかどうかは，当該被相続人が，当該被相続人の相続開始の直前において当該認定を受けていたかどうかにより判定する」としたのです。

## 2 取扱いと実務

### 1 認定と証明

　老人ホームへ入所している状態で相続となり，自宅に不在であったとしても，平成26年1月1日以降のホーム入所中に相続が発生した次の場合には，自宅敷地を被相続人の居住用と認め，特定居住用宅地等に該当することとなります（下表参照）。

① 　入居又は入所施設が，老人福祉法・介護保険法・高齢者居住安定確保法・障害者支援法該当条項認可施設であること……入所時に入居候補施設が適格認定施設かどうかのチェックが重要です。

② 　相続開始の直前において要介護又は要支援又は障害支援区分の認定を受けていたこと。

　　　この証明のために介護保険者証の写し添付する必要がありますが，被相続人の死亡後は証明書は発行自治体へ返還することになってい

|  | 平成25年末以前相続 | 平成26年以降相続 |
|---|---|---|
| 介護等認定 | 介護等のため入所 | 相続開始直前介護認定 |
| 自宅の状態 | 被相続人の部屋はそのまま維持 | 廃止 |
|  | 新たに他の者の居住用その他用に供しない | 事業用や新たに被相続人等以外の者の居住の用に供しない＝被相続人の部屋に生計一親族が住んでも可 |
| 老人ホーム | 所有権・終身利用権がないこと | 廃止 |
|  | 特養ならよし | 終身利用権有料老人ホーム・高齢者住宅等OK |

ます。写しがない場合には後日の再発行はできず，死亡者の個人情報に関する新たな証明書の発行には相続人全員合意の請求が必要となります。

　ホーム入所時に，必ず写しを取っておきましょう。

③　自宅は貸付け等がされておらず，被相続人等，すなわち被相続人と生計を一にしていた親族以外の者の居住の用とされていないこと。

　改正前においては，自宅を被相続人の居住用と判定する場合に，被相続人がいつでも生活できるよう，その建物の維持管理が行われていたことが要件でしたが，この改正により，例えば被相続人の長男の子，すなわち被相続人が老人ホームに入居している間，その孫が被相続人

**＜居住の用に供することができない事由として認められる施設（措令40の2②）＞**

| | | |
|---|---|---|
| 一 | | 介護保険法（平成９年法律第123号）第19条第１項に規定する要介護認定又は同条第21項に規定する要支援認定を受けていた被相続人が次に掲げる住居又は施設に入居又は入所していたこと。 |
| | イ | 老人福祉法（昭和38年法律第133号）第５条の２第６項に規定する認知症対応型老人共同生活援助事業が行われる住居， |
| | | 同法第20条の４に規定する養護老人ホーム， |
| | | 同法第20条の５に規定する特別養護老人ホーム， |
| | | 同法第20条の６に規定する軽費老人ホーム |
| | | 同法第29条第１項に規定する有料老人ホーム |
| | ロ | 介護保険法第８条第28項に規定する介護老人保健施設又は同条第29項に規定する介護医療院（平成30年度改正） |
| | ハ | 高齢者の居住の安定確保に関する法律第５条第１項に規定するサービス付き高齢者向け住宅（イに規定する有料老人ホームを除く。） |
| 二 | | 障害者の日常生活及び社会生活を総合的に支援するための法律第21条第１項に規定する障害支援区分の認定を受けていた被相続人が下記の施設に入所又は入居していたこと。 |
| | | 上記の同法第５条第11項に規定する障害者支援施設（同条第10項に規定する施設入所支援が行われるものに限る。） |
| | | 上記の同条第17項に規定する共同生活援助を行う住居 |

8　老人ホーム入所後の相続開始の場合の自宅敷地への適用　49

の部屋を自分の勉強部屋に使用することなども可能となります。これは，きわめて自然なことです。

　以上の要件を証明し特例を適用するためには，次の書類を相続税申告書に添付しなければなりません（措規23の２）。

①　相続開始後に作成された被相続人の戸籍の附票の写し

②　被相続人の介護保険の被保険者証・障害者福祉サービス受給証など要介護等の認定を受けていたことを証する書類

③　入居施設の名称・所在地や認可施設であることを証する書類

　老人福祉法29条認可の老人ホームの入居契約書や重要事項説明書や，施設から認可証の写しの提示を受けることなどが必要です。

　介護保険証等の写しがない場合に市町村から証明書を取得するには，相続人全員の同意書が必要になります。

　介護保険証等は，施設入所時に施設に預けるのが一般的ですので，入所時に忘れずに写しをとっておくようにすることです。

## 2 自宅が空家のケース

　老人ホーム入所後に空家となった自宅で特定居住用宅地の減額が適用できるのは，次の２つのケースに限られます。

①　配偶者もホーム入所などし，配偶者が相続したケース

②　自分か３親等内の親族等の所有住宅に３年間居住していない親族，「持ち家がない親族」が取得したケース

　多くの場合，同居親族等が相続する必要があるので，注意が必要です。

## 3 老人ホーム入所時前後の適用判定

　老人ホーム入所時前後の状況により，被相続人の居住用宅地等であったかどうかは，次頁の表により判定します。

## 4 老人ホーム入所後に自宅を建て替える場合

　老人ホームに入所する予定の親の自宅が老朽化しており，親族が居住継続するには建替えをせざるを得ないケースがあります。しかし，

50　第1章　小規模宅地の特例制度の概要

## ＜老人ホーム入所前後の被相続人居住用宅地等の判定（措通69の4－7）＞

| 居住者 | 例示 | 入所前から居住 | 入所後，新たに居住 |
|---|---|---|---|
| 生計一法定相続人 | 生計一の子 | 被相続人の居住用宅地 | 被相続人の居住用宅地 |
| 生計別法定相続人 | 生計別の子 | 被相続人の居住用宅地 | 非該当 |
| 法定相続人以外の生計一親族 | 生計一の孫 | 被相続人の居住用宅地 | 被相続人の居住用宅地 |
| 法定相続人以外の生計別親族 | 生計別の孫 | 被相続人の居住用宅地 | 非該当 |
| 親族以外 | 里子 | 被相続人の居住用宅地 | 非該当 |
| 事業用（賃借人居住）・商売用 | 賃借人 | 非該当 | |

建替えをすることによりその自宅は親が相続開始直前に居住していた家屋ではなくなるという考えもあります。将来，特定居住用宅地等が認められないことを理由に，建替えを躊躇し老朽家屋に住み続けることを余儀なくされるのでは不合理です。

　しかし，こうした場合に，特例の適用が可能とする文書は，国税当局から未だ発出されていません。

　ところで，建築中の家屋についても，建替え後の家屋と同様に，新家屋は被相続人の居住の用に供されることがなく，また承継親族も，その家屋に居住する実態がない状態で相続を迎えることになるのは，建替えの場合も同様です。

　むしろ，建築中の場合は将来的に本当に居住するかの予測に過ぎないのに対し，建替えの場合は，相続開始の直前時点で承継親族が居住継続の実態を備えていることでしょう。

　建築中等の場合の家屋の取扱いについては，『平成30年2月改訂版相続税・贈与税関係租税特別措置法通達逐条解説』（野原誠著，大蔵財務協会）では，次のように解説しています。

> 　特例の適用がある居住用宅地等は，相続開始の直前において被相続人等が居住の用に供していた宅地等をいうものであるから，居住用建

物の建築中又は居住用建物の取得後，現に被相続人等が居住の用に供する前に相続が開始した場合には，その建築中の建物又は取得に係る建物の敷地の用に供されている宅地等については，特例の適用がある居住用宅地等に該当しないことになる。

　しかし，居住用宅地等の場合には，それが全ての者に共通して必要とされる生活基盤であることからすれば，居住の継続という観点では，建築中等の建物の敷地の用に供されていた宅地等についても，現に居住の用に供されている建物の敷地の用に供されていた宅地等と同様の必要性が認められるので，被相続人等の居住用宅地等であるかどうかの判定を相続開始の直前の一時点で行うのは，この特例が設けられている趣旨から見て実情に即したものとはいえないこととなる。

　そこで，69の4−8は，建築中等の居住用建物の敷地の取扱いについて，69の4−7による居住用宅地等の範囲の取扱いを踏まえて，整備を図ったものである。その具体的な判定要件を示すと，次のとおりである。

(1)　建築中等の建物は，被相続人又は被相続人の親族の所有に係るものであり，かつ，被相続人等の居住の用に供されると認められるものであること。

(2)　原則として，相続税の申告期限までに，被相続人又は被相続人の親族の所有に係る建築中等の建物を次に掲げる被相続人の親族が居住の用に供していること。
　①　当該建物又は当該建物の敷地を取得した親族
　②　生計を一にしていた親族

　この趣旨は，本条文を逐字解釈すると適用対象とはいえないが，制度の趣旨から，特定居住用宅地等に該当するものとして取り扱う，としています。

　つまり，建築中の相続で，被相続人が一度も居住の用に供したことのない建物（新居）でも，その後の居住用とすることが見込めれば，その新居の敷地も居住用建物の敷地として認めるということです。

　それであれば，被相続人が適格な老人ホームに入所する，すなわち

居住の用に供することができない事由で相続開始の直前において居住の用に供されていなかった場合も，その事由で居住の用に供されなくなる直前の被相続人の居住用の宅地等を含む（措法69の4①柱書）わけですから，建替後の新居の敷地も，居住用建物の敷地として認めるべきといえます。

## 9 配偶者が特定居住用宅地等を取得する場合

## Question

特定居住用宅地等を配偶者が取得する場合のポイントは何ですか。

## Answer

### 1 配偶者は無条件で特例適用

被相続人の配偶者が被相続人の居住用宅地等を相続した場合は，必ず特定居住用宅地として選択することができます。

相続開始直前に居住している必要もなければ，その後の申告期限まで有し居住を継続する必要もありません。

### 2 二次相続で再課税に注意

ただし，配偶者が相続し特定居住用宅地等として特例を適用した場合，その配偶者の相続（二次相続）の際には，その取得土地がまた相続財産として配偶者に係る相続税の課税対象となります。

そのため，二次相続の税負担が多額となるような場合は，どのように自宅の相続をするかについて，よく試算したうえで検討するべきでしょう。

二次相続の負担軽減のために，例えば，広い自宅敷地を同居している子が限度面積まで相続して小規模宅地特例の8割減額をフルに適用し，次いで二次相続で特定居住用宅地等の特例の8割減額を残面積に適用することで，最大は660㎡（平成26年12月31日以前開始相続の場合は480㎡）まで特定居住用宅地等の特例が適用できることになります。

54 第1章 小規模宅地の特例制度の概要

## 3 自宅は配偶者の生活基盤

とはいえ，遺された配偶者にとって，自宅は人生と生活の一番大切なよりどころです。自宅が全部子どもの所有となれば，精神的につらいことにもなりかねません。したがって，二次相続を考えて特例を適用するにせよ，敷地は子が取得しても，家屋は配偶者が取得するなどの配慮が必要です。そうすれば，嫁や孫にも，おばあちゃんの家に住まわせてもらっているという感謝も沸くものです。

また，平成30年の民法改正により創設された配偶者居住権（次頁**5**を参照）を活用することも一考に値します。

## 4 贈与税の配偶者控除特例で，店舗兼住宅等の敷地の持分の贈与を受けていた場合

租税特別措置取扱通達69の４－９（店舗兼住宅等の敷地の持分の贈与について贈与税の配偶者控除等の適用を受けたものの居住の用に供されていた部分の範囲）では，租税特別措置法69条の４第１項の規定の適用がある店舗兼住宅等の敷地の用に供されていた宅地等で相続の開始の年の前年以前に，被相続人からのその持分の贈与につき相続税法21条の６第１項（贈与税の配偶者控除）の規定による贈与税の配偶者控除の適用を受けたもので，相続税法基本通達21の６－３のただし書の取扱いを適用して贈与税の申告があった場合，又は相続の開始の年に被相続人からのその持分の贈与につき特定贈与財産として贈与を受けて，相続税法基本通達19－10の後段の取扱いを適用して相続税の申告があった場合であっても，被相続人等の居住の用に供されていた部分の判定は，当該相続の開始の直前における現況によって行うのであるから留意する，とされています。

つまり，贈与特例適用の際は，居住用敷地を優先して適用する，いわば「いいとこどり」をしていたとしても，贈与者であった被相続人の相続時は，店舗と住まいの相続開始時の現況で利用割合を算定し，小規模宅地特例を適用することになります。

9　配偶者が特定居住用宅地等を取得する場合　55

## 5 配偶者居住権を設定した敷地に対する 小規模宅地特例の適用

## 1 配偶者居住権の創設

　民法及び家事事件手続法の一部を改正する法律（平成30年法律第72号）により，配偶者の居住権保護のための方策として，配偶者が相続開始時に居住していた被相続人の所有建物を対象に，終身又は一定期間，配偶者にその使用又は収益を認めることを内容とする法定の権利が新設されました（民法1028～1036）。

　令和2年4月1日以後に開始する相続から遺産分割により配偶者が配偶者居住権を取得したり，被相続人が遺贈等によって配偶者に配偶者居住権を取得させることができるようになりました（民法及び家事事件手続法の一部を改正する法律附則1，2）。

## 2 配偶者居住権の評価

　配偶者居住権の評価については，財産評価基本通達によらず，相続税法で法定評価として定められました。これについて，次のように解説されています。

「イ　相続税法の『時価』とは，それぞれの財産の現況に応じ，不特定多数の当事者間で自由な取引が行われる場合に通常成立すると認められる価額，すなわち，客観的な交換価値をいうものと解されており，取引可能な財産を前提としているが，配偶者居住権は譲渡することが禁止されているため，この『時価』の解釈を前提とする限り，解釈に委ねるには馴染まないと考えられること（以下略）」から，「相続税法第22条の"時価"によるのではなく，相続税法で別途評価方法を規定することとされました（相法23の2）。」（財務省「令和元年度税制改正の解説　相続税法の改正」496頁）

　具体的な評価方法は，以下のとおりです（相法23の2）。

① 配偶者居住権

　建物の時価－建物の時価×｛(残存耐用年数＊－存続年数)／残存

耐用年数｜×存続年数に応じた民法の法定利率による複利現価率

＊残存耐用年数＝耐用年数－経過年数，以下同じ。

② 配偶者居住権が設定された建物（以下「居住建物」という。）の所有権建物の時価－配偶者居住権の価額

③ 配偶者居住権に基づく居住建物の敷地の利用に関する権利

土地等の時価－土地等の時価×存続年数に応じた民法の法定利率による複利現価率

④ 居住建物の敷地の所有権等

土地等の時価－敷地の利用に関する権利の価額

（注１） 上記の「建物の時価」及び「土地等の時価」は，それぞれ配偶者居住権が設定されていない場合の建物の時価又は土地等の時価とする。

（注２） 上記の「残存耐用年数」とは，居住建物の所得税法に基づいて定められている耐用年数（住宅用）に1.5を乗じて計算した年数から居住建物の築後経過年数を控除した年数をいいます。

（注３） 上記の「存続年数」とは，次に掲げる場合の区分に応じそれぞれ次に定める年数をいいます。

① 配偶者居住権の存続期間が配偶者の終身の間である場合

配偶者の平均余命年数

② ①以外の場合

遺産分割協議等により定められた配偶者居住権の存続期間の年数（配偶者の平均余命年数を上限とします。）

（注４） 残存耐用年数又は残存耐用年数から存続年数を控除した年数が零以下となる場合には，上記イの「（残存耐用年数－存続年数）／残存耐用年数」は，零とします。

## 3 配偶者居住権設定地への小規模宅地特例の適用

配偶者居住権は，借家権類似の建物についての権利とされていることから，配偶者居住権自体が小規模宅地特例の対象となることはありません。

しかし，配偶者居住権が設定されている建物の敷地を利用する権利

（敷地利用権）は，「土地の上に存する権利」に該当するため，小規模宅地特例の対象となります（財務省「令和元年度改正税法の解説　租税特別措置法等の改正」）。

　また，小規模宅地特例を受けるものとしてその全部又は一部の選択をしようとする宅地等が配偶者居住権の目的となっている建物の敷地の用に供される宅地等又は配偶者居住権に基づく敷地利用権の全部又は一部である場合には，その宅地等の面積は，その面積に，それぞれその敷地の用に供される宅地等の価額又はその敷地利用権の価額がこれらの価額の合計額のうちに占める割合を乗じて得た面積であるものとみなして計算をし，限度面積要件を判定することとされています（措令40の2⑥）。

# 4 配偶者居住権の設定された宅地等の相続

【設　例】

　下記の設例で，配偶者居住権の相続の場合の税額を試算してみましょう。

　相続人は配偶者と被相続人の弟，被相続人筋である弟に資産を承継するために配偶者居住権を設定するとします。

① 遺産内容　自宅敷地200㎡　相続税評価額　　　　　　5,000万円

　　　　　　　自宅家屋固定資産税評価額　　　　　　　　100万円

　　　　　　　（非事業木骨モルタル造耐用年数20年，非事業用30年，10年経過）

　　　　　　　金融資産　　　　　　　　　　　　　　4,900万円

　　　　　　　配偶者75歳，平均余命（存続年数）15年，複利現価率0.642

② 相続人　　配偶者　自宅配偶者居住権・金融資産　4,400万円取得

　　　　　　　弟　　　自宅家屋・自宅敷地・金融資産　200万円取得

　　　　　　　　　　　被相続人の本家実家に居住し，配偶者とは別居。

第1章　小規模宅地の特例制度の概要

【計　算】

(1)　各人の課税価格と相続税額

①　配偶者

(イ)　配偶者居住権の設定された家屋に対する権利

耐用年数＝非事業木骨モルタル造20年×1.5倍＝30年

家屋の価額100万円－100万円×｛耐用年数（30－経過年数10－存続年数15）／（耐用年数30－経過年数10）｝×複利現価率0.642＝83.95万円

(ロ)　敷地の権利　5,000万円－5,000万円×0.642＝1,790万円

(ハ)　金融資産　4,400万円

(ニ)　合計　62,739,500円

②　弟

(イ)　家屋　家屋の価額100万円－①(イ)83.95万円＝16.05万円

(ロ)　敷地　5,000万円－①(ロ)1,790万円＝3,210万円

(ハ)　金融資産　500万円

(ニ)　合計　37,260,500円

③　相続税額

(イ)　（①＋②－基礎控除4,200万円）×（3／4×0.2－200万円＋1／4×0.15－50万円）＝8,375,000円

(ロ)　配偶者の税額軽減　ⅰ）＜1.6億円　∴配偶者税額　0円

(ハ)　弟　③(イ)×②(ニ)／①＋②＝3,120,566円

(ニ)　2割加算　3,120,566円×1.2＝3,744,600円（百円未満切捨て）

(2)　配偶者が特定居住用宅地等を取得したとして特例を適用した場合

配偶者居住権設定敷地の課税価格　1,790万円×0.2＝358万円

課税価格の合計額8,568万円，相続税の総額569万円，税額：配偶者0円，弟2,969,100円

## 5 二次相続における配偶者居住権の取扱い

配偶者居住権は，配偶者が死亡した場合には消滅することになりますが，配偶者居住権が設定された家屋や敷地の所有者はそれを贈与により取得したものとはみなされず，贈与税の課税対象とはなりません

（相基通 9 −13の 2 （注））。

　したがって，配偶者居住権を設定した自宅家屋敷地については，相続税が軽減されたままで承継される可能性があります。この点については，必要性に乏しく「節税」目的のみで設定される配偶者居住権の評価についての取扱いについては，将来何らかの規制が行われることも想定されます。

## 10 特定居住用宅地等の同居親族の意義

## Question

　特定居住用宅地等の特例でいう同居親族とは何ですか。また，同居親族が特定居住用宅地等の小規模宅地特例を適用する場合のポイントは何ですか。

## Answer

### 1 「同居親族」とは

　同居親族という用語は，法律上はありません。正しくは「被相続人の親族が相続開始の直前において当該宅地等の上に存する当該被相続人の居住の用に供されていた一棟の建物に居住していた者であって，相続開始時から申告期限まで引き続き当該宅地等を有し，かつ，当該建物に居住している親族」をいい（措法69の4③二イ），以下の要件のすべてを満たす親族をいいます。
① 相続開始直前に被相続人が居住していた同一登記の建物に居住していた相続開始前居住要件
② 相続開始後から申告期限まで居住を継続していた居住継続要件
③ 相続開始時から申告期限まで所有を継続していた所有継続要件

### 2 「同居」とは

　相続人の親族が相続開始の直前において同居していたかどうかは，
① その親族の日常生活の状況，
② その建物への入居目的，
③ その建物の構造及び設備，
④ 生活の拠点となるべき他の建物の有無，その他の状況を総合勘案して，

10　特定居住用宅地等の同居親族の意義　61

その建物にその者の生活の拠点を置いていたかどうかによって判断することとなります。

したがって，例えば被相続人の嫁いだ娘が相続開始の直前に被相続人と一棟の建物に共に起居していたからといって，それが娘一家の家の建替えのための半年だけの仮住まいや，実家の被相続人を介護するためだけの一時的居住ということであれば，同居とはいえません。

※　生活の拠点について，法律では次のように考えます。

配偶者については「夫婦は同居し，互いに協力し扶助しなければならない。」（民法752）とされているところから，夫が勤務や親の介護のために別居していても，その本拠地は配偶者の居住地とみられます。

また未成熟子についても，配偶者と同様に生活保持義務という自らを犠牲にしても扶養しなければならない義務があるため，やはり同居とみなされます。

しかし，同様に扶養義務があるとされる親子や兄弟（民法877）は，親族が生活困窮している場合に余裕があれば助け合う生活扶助義務があるに過ぎないとされているために，配偶者を差し置いて親と同居しても，それは一時的なものであると解されてしまうことになります。

これらの法律上の考えを踏まえて生活の本拠地を判定する必要があります。

もしも，この法律の考え方と異なる実態がある場合には，そうせざるを得なかったという個別の事情について，説明が求められるでしょう。

## 3 「一棟の建物」とは

一棟の建物とは，当該被相続人，当該被相続人の配偶者又は当該親族の居住の用に供されていた建物をいいます。

当該被相続人等の居住の用に供されていた部分が，被相続人の居住の用に供されていた一棟の建物（区分所有建物を除きます）に係るものである場合には，その一棟の建物の敷地の用に供されていた宅地等

のうちその被相続人の親族の居住の用に供されていた部分が含まれます（措通69の4－7）。

　これにより，区分所有建物でない建物で，構造上区分された建物に被相続人が居住していた場合，構造上別区分に親族が居住している部分も対象となります。

## 4　同居親族の単身赴任などの場合の申告期限まで居住要件の判断

　被相続人と同居していた相続人が，被相続人の居住の用に供されていた宅地を相続した際に，相続税の申告期限前に海外支店に転勤し，その相続人の配偶者及び子が相続開始前から相続税の申告期限まで引き続き当該宅地の上に存する家屋に居住している場合には，当該宅地は特定居住用宅地等である小規模宅地等に該当するでしょうか。

　その場合は，相続人の配偶者及び子の日常生活の状況，その家屋への入居目的，その家屋の構造及び設備の状況からみて，当該家屋が相続人の生活の拠点として利用されている家屋といえる場合，すなわち，転勤という特殊事情が解消したときは，家族と起居を共にすることになると認められる家屋といえる場合については，甲に係る相続開始の直前から申告書の提出期限まで相続人の居住の用に供していた家屋に該当するものとみるのが相当ですから，相続人の取得した宅地は特定居住用宅地等である小規模宅地等に該当します（措法69の4③二イ）。

　ただし，相続人の配偶者及び子が，相続税の申告期限前に当該宅地の上に存する家屋に居住しないこととなった場合には，当該宅地は特定居住用宅地等である小規模宅地等に該当しない（国税庁HP質疑応答事例：特定居住用宅地等の要件の1つである「相続開始時から申告期限まで引き続き当該家屋に居住していること」の意義）とされています。

## 5　同居親族であったことの証明

　一般的には，相続税の申告書に次の証憑を添付します。

①　被相続人の住民票

10　特定居住用宅地等の同居親族の意義　　63

② 同居親族の住民票

③ 同居親族の戸籍の附票

④ 住民票と実態が異なっている場合は，その異なる事由の説明と，立証する書類

　例えば，上記**4**の海外への転勤のケースでは，相続人本人の居住地は現地国の在留証明を提出しますが，被相続人自宅の家族の住民票や家族が自宅に居住している事実を証明する書類を合わせて提出します。

　自宅に居住している事実の証明には，家族の学校の在籍証明や源泉徴収票，通勤・通学定期券等などにより証明しているケースがあります。

## 6 特定居住用の権利関係

下表のようになります。

| 宅地所有者 | 土地貸借 | 建物所有者 | 建物貸借 | 相続開始直前居住者 | 宅地取得・居住継続者 | 減額割合 |
|---|---|---|---|---|---|---|
| 被相続人 | 自己使用 | 被相続人 | 自用 | 被相続人・配偶者 | 配偶者 | 80% |
| | | | 自用 | 被相続人・生計一親族 | 生計一親族 | 80% |
| | | | 使用貸借 | 生計一親族 | | 80% |
| | | | 使用貸借 | 生計別親族 | 生計別親族 | 適用なし |
| | | | 賃貸借 | | | 50% |
| | 使用貸借 | 生計一親族 | 借主使用 | 生計一親族 | 生計一親族 | 80% |
| | 賃貸借 | | | | | 50%（借地権課税） |
| | 使用貸借 | 生計別親族 | | 生計別親族 | 生計別親族 | 適用なし |
| | 賃貸借 | | | | | 50%（借地権課税） |

**64** 第1章　小規模宅地の特例制度の概要

# 11 二世帯住宅の敷地となっている宅地等の取扱い

## Question

　私は20年前に父が所有する土地の上に，父と二世帯住宅を建てました。その際，自分の居住部分には，住宅ローンと父からの住宅取得資金の贈与特例を受けるために，父母の住まい部分と自分達家族の住まい部分は，区分登記せざるを得ませんでした。共有で上下階の別玄関で二世帯住宅とすると，共同住宅となり，住宅ローンが借りられなかったからです。

　母は２年前に亡くなり，父は１階に一人暮らしです。父の相続の際，小規模宅地特例の適用はどうなるのでしょうか。

## Answer

　現状ですと，あなたが父上と生計一であればあなたの住まい部分に対応する宅地については特定居住用等となりますが，父上の住まい部分については対象外となります。住宅ローンの状況によっては，共有登記への変更を検討してみてはいかがでしょうか。

### 1 二世帯住宅敷地である宅地等についての同居親族の要件

　一棟の二世帯住宅で構造上区分のあるものについて，被相続人及びその親族が各独立部分に別々に居住していた場合には，その親族が相続又は遺贈により取得した宅地等のうち，被相続人又はその親族が居住していた部分に対応する部分が特例の対象となります（措法69の4③二イ，措令40の2⑩）。

　ただし，その二世帯住宅の登記の態様によって次のように区別します。

① 区分所有登記された建物である場合（措令40の2⑩）……被相続人の居住の用に供されていた部分のみ。

11　二世帯住宅の敷地となっている宅地等の取扱い　65

## ＜二世帯住宅と老人ホーム入所後居住用宅地等＞

| 二世帯住宅 | ケース | 土地所有者 | 1階所有 | 2階所有 | 1階居住者 | 2階居住者 | 土地取得者 |
|---|---|---|---|---|---|---|---|
| 区分登記でない | 1 | 被相続人 | 被相続人 | 被相続人 | 被相続人のみ | 生計一長男 | 生計一長男 |
| | 2 | 被相続人 | 被相続人 | 被相続人 | 配偶者 | 生計一長男 | 配偶者 |
| | 3 | 被相続人 | 被相続人 | 被相続人 | 配偶者 | 生計一長男 | 生計一長男 |
| | 4 | 被相続人 | 被相続人 | 被相続人 | 配偶者 | 生計一長男 | 配・長1/2ずつ |
| | 5 | 被相続人 | 被相続人 | 被相続人 | 配偶者 | 生計一長男 | 家なき次男 |
| | 6 | 被相続人 | 被相続人 | 被相続人 | 空家（ホーム） | 生計一長男 | 生計一長男 |
| | 7 | 被相続人 | 被相続人 | 被相続人 | 空家（ホーム） | 生計一長男 | 家なき次男 |
| | 8 | 被相続人 | 被相続人 | 被相続人 | 空家（ホーム） | 生計一長男 | 長・次1/2ずつ |
| | 9 | 被相続人 | 被相続人 | 被相続人 | 配偶者 | 生計別長男 | 配偶者 |
| | 10 | 被相続人 | 被相続人 | 被相続人 | 配偶者 | 生計別長男 | 生計別長男 |
| | 11 | 被相続人 | 被相続人 | 被相続人 | 配偶者 | 生計別長男 | 配・長1/2ずつ |
| | 12 | 被相続人 | 被相続人 | 被相続人 | 配偶者 | 生計別長男 | 家なき次男 |
| | 13 | 被相続人 | 被相続人 | 被相続人 | 空家（ホーム） | 生計別長男 | 生計別長男 |
| | 14 | 被相続人 | 被相続人 | 被相続人 | 空家（ホーム） | 生計別長男 | 家なき次男 |
| | 15 | 被相続人 | 被相続人 | 被相続人 | 孫（ホーム） | 生計一長男 | 生計一長男 |
| | 16 | 被相続人 | 被相続人 | 被相続人 | 孫（ホーム） | 生計一長男 | 家なき次男 |
| 区分登記 | 17 | 被相続人 | 被相続人 | 生計一長男 | 配偶者 | 生計一長男 | 配偶者 |
| | 18 | 被相続人 | 被相続人 | 生計一長男 | 配偶者 | 生計一長男 | 生計一長男 |
| | 19 | 被相続人 | 被相続人 | 生計一長男 | 配偶者 | 生計一長男 | 配・長1/2ずつ |
| | 20 | 被相続人 | 被相続人 | 生計一長男 | 配偶者 | 生計一長男 | 家なき次男 |
| | 21 | 被相続人 | 被相続人 | 生計別長男 | 配偶者 | 生計別長男 | 生計別長男 |
| | 22 | 被相続人 | 被相続人 | 生計別長男 | 配偶者 | 生計別長男 | 配偶者 |
| | 23 | 被相続人 | 被相続人 | 生計別長男 | 配偶者 | 生計別長男 | 配・長各対応 |
| | 24 | 被相続人 | 被相続人 | 生計別長男 | 空家（ホーム） | 生計別長男 | 生計別長男 |
| | 25 | 被相続人 | 被相続人 | 被相続人 | 空家（ホーム） | 生計別長男 | 生計別長男 |
| | 26 | 被相続人 | 被相続人 | 生計別長男 | 空家（ホーム） | 生計別長男 | 家なき次男 |
| | 27 | 被相続人 | 被相続人 | 生計一長男 | 空家（ホーム） | 生計一長男 | 長・次各対応 |
| | 28 | 被相続人 | 被相続人 | 被相続人 | 生計一孫（ホーム） | 生計一長男 | 生計一長男 |
| | 29 | 被相続人 | 被相続人 | 生計一長男 | 生計一孫（ホーム） | 生計一長男 | 家なき次男 |
| | 30 | 被相続人 | 被相続人 | 生計一長男 | 新たに生計別孫(ホーム) | 生計一長男 | 生計一長男 |
| | 31 | 被相続人 | 被相続人 | 生計別長男 | 新たに生計別孫(ホーム) | 生計別長男 | 生計別長男 |

※家なき次男＝相続開始から3年以内に自己又は自己の配偶者の所有家屋に居住したことがない者

※「孫」は，被相続人等＝生計一親族である場合は，老人ホーム入所前から共に起居していた場合も，入所後新たに起居

※「新たに生計別孫」とは，老人ホーム入所後，新たに入所した場合の生計一親族以外の者をいいます。

※「関連」の情報事例とは，59頁以降の事例を指します。

| 特例該当宅地等 | 1階根拠 | 2階根拠 | 関連 |
|---|---|---|---|
| 1・2階対応部分 | 措法69の4③二イ，措令40の2④，措通69の4－7 | | |
| 1・2階対応部分 | 措法69の4③二柱書き | | |
| 1・2階対応部分 | 措法69の4③二イ | | |
| 1・2階対応部分 | 措法69の4③二柱書き | 措法69の4③二イ | |
| 非該当 | 配偶者がいるため，措法69の4③二ロ非該当 | | |
| 1・2階対応部分 | 措法69の4③二イ | | |
| 1・2階対応部分 | 被相続人等居住用宅地取得，構造上区分ある部分に法定相続人起居なし | | |
| 1・2階対応部分 | 被相続人等居住用宅地取得，構造上区分ある部分に法定相続人起居なし | | 情報事例3 |
| 1・2階対応部分 | 措法69の4③二柱書き | | |
| 1・2階対応部分 | 措令40の2④，措法69の4③二イ | | 情報事例1 |
| 1・2階対応部分 | 措法69の4③二柱書き | 措法69の4③二イ | |
| 非該当 | 配偶者がいるため，措法69の4③二ロ非該当 | | |
| 1・2階対応部分 | 措令40の2④，措法69の4③二イ | | |
| 1・2階対応部分 | 措令40の2④，措法69の4③二ロ | | |
| 1・2階対応部分 | 措令40の2④，措法69の4③二イ | | |
| 1・2階対応部分 | 措令40の2④，措法69の4③二ロ | | |
| 1・2階対応部分 | 措法69の4③二柱書き | | |
| 2階対応部分 | 適用根拠なし | 措法69の4③二ハ | |
| 1階対応部分・2階1/2部分 | 措法69の4③二柱書きと措法69の4③二ハ | | |
| 非該当 | 被相続人の配偶者がいるため措法69の4③二ロ非該当 | | |
| 非該当 | 適用根拠なし | 適用根拠なし | 情報事例2 |
| 1階対応部分 | 措法69の4③二柱書き | 適用根拠なし | |
| 1階対応部分 | 措法69の4③二柱書き | 適用根拠なし | |
| 非該当 | 措法69の4③二ロ非該当 | 適用根拠なし | |
| 1階対応部分 | 措法69の4③二ロ | 適用根拠なし | |
| 1階対応部分 | 措法69の4③二ロ | 適用根拠なし | |
| 1・2階対応部分 | 措法69の4③二ロ | 措法69の4③二ハ | |
| 1・2階対応部分 | 措法69の4③二ロ | 措法69の4③二ハ | |
| 1階対応部分 | 措法69の4③二ロ | 適用根拠なし | |
| 2階対応部分 | 措法69の4③二ロ該当なし | 措法69の4③二ハ | |
| 非該当 | 措通69の4－7 | 適用根拠なし | |

した場合も含みます

区分所有登記建物の場合は，別家屋と考えます。
② 区分所有登記された建物でない場合……被相続人又は被相続人の親族の居住の用に供されていた部分

## 2 実務上の適用判断

想定されるパターンを一覧としました（66〜67頁参照）。
特徴的なものを挙げてみましょう。

### 1 区分登記ではない二世帯住宅

#### ❶…二世帯住宅居住相続人が敷地を相続

二世帯住宅が共有の場合等，区分所有でない場合には，その二世帯住宅の敷地が被相続人の所有であり，配偶者又は別区分居住親族が相続した場合は，特定居住用宅地等として特例適用が可能です（ケース1・2）。

＜ケース1＞

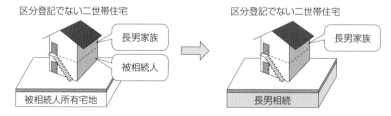

#### ❷…措法69の4③二ロ「持ち家がない親族」が相続

区分所有でない二世帯住宅で，被相続人が居住していた一棟の建物に親族が居住している場合は，被相続人の居住用宅地等となります。
被相続人が居住していた1階部分を，次にその宅地の1階対応部分を「持ち家がない親族」が取得した場合には，他の要件を満たす限り，特定居住用宅地等となります。
そして2階に居住していた生計一の長男が2階対応部分を取得した場合に，2階対応部分は，特定居住用宅地等となります。

ここで，従来なら取得持分×特定居住用部分が適用対象でしたが，いずれも被相続人の特定居住用宅地等であるために，それぞれの取得部分が特定居住用宅地等となります（ケース8）。

## 2 区分登記をした二世帯住宅

外階段による上下階の二世帯住宅は登記上「共同住宅」とされ住宅ローンが受けられないため，また住宅取得資金贈与特例や固定資産税の特例等の適用を受けるために，二世帯住宅をあえて区分登記で建築したケースが散見されます。

### ❶…被相続人と取得親族が生計別

被相続人が独居で相続人家族が生計別で二世帯住宅に居住していた場合，被相続人居住用敷地は対象外，相続人居住用敷地も対象外となり，特定居住用宅地には該当しないこととなります（ケース24）。旧措通69の4-21の「なお書」で救済されていたパターンです。

ただし，建物が全部被相続人所有の場合は，生計を別にする長男は措置法69条の4第3項2号ロの「持ち家がない親族」となるので，被相続人の居住部分に対応する敷地は特例に該当します（ケース25）。

＜ケース24＞

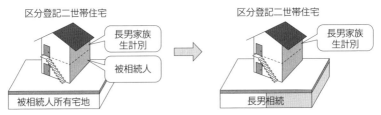

### ❷…被相続人と取得親族が生計一

#### ① 居住親族が敷地を相続

被相続人が独立部分に独居でも別区分居住親族が同一生計であり，敷地を取得した場合，2階の生計一長男の居住部分に対応する敷地は，措置法69条の4第3項2号ハに該当する生計一親族の居住用宅地等と

して特定居住用宅地等となります。

そしてその生計一である長男は、自分の所有家屋に居住したことがない「持ち家がない親族」として取得すれば、被相続人居住部分に対応する敷地も、特定居住用宅地等となります。結果的に全部が特定居住用宅地等となります（ケース28）。

＜ケース28＞

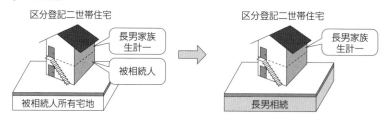

被相続人の配偶者が存命で敷地を相続した場合は、被相続人の居住用対応部分の敷地だけでなく、生計一親族の居住用宅地部分も特定居住用宅地等に該当することとなり、結果的に全部が該当となります（ケース17）。

＜ケース17＞

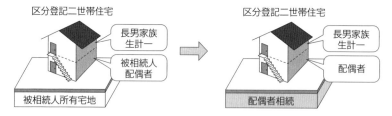

## ② 「持ち家がない親族」が敷地を相続

被相続人の居住部分に対応する敷地については，特定居住用宅地等となります（ケース27）。敷地権の登記まで行えば良い分割となるでしょう。

＜ケース27＞

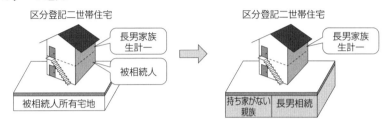

## ③ 区分登記から共有登記への変更可能性

区分登記をしている二世帯住宅の場合は，その居住の態様によっては特定居住用の小規模宅地等には該当せず，相続税負担が重くなることもあります。

その場合，住宅ローンの要件との離齬が問題なければ，区分登記から共有登記等へと表示登記の変更を検討するという選択肢もあるでしょう。いったん家屋の合併登記から変更を行うこととなりますが，図面等が揃っていれば大きな経済負担なく変更が可能です。

＜参考＞国税庁資産課税課情報第1号（平成26年1月15日）より抜粋

【設例】
（事例1　区分所有建物の登記がされていない1棟の建物の敷地の場合）
問　被相続人甲は，自己の所有する宅地の上に一棟の建物を所有し，甲とその配偶者乙及び生計を別にする子丙の居住の用に供していた（建物は，区分所有建物である旨の登記がなく，甲単独の名義である。）。
　配偶者乙，子丙は，当該宅地の2分の1の持分を各々相続により取得し，申告期限まで引き続き所有し，かつ居住の用に供している。
　甲の所有していた宅地は，特定居住用宅地等に該当するか。

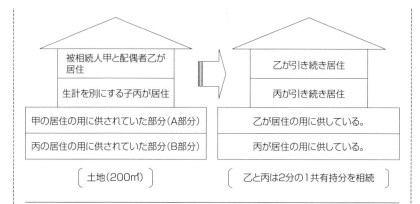

答
1 被相続人等の居住の用に供されていた宅地等の判定
　甲の居住の用に供されていた一棟の建物の敷地には，被相続人甲の居住の用に供されていた部分（以下「A部分」という。）と，生計を別にする親族丙の居住の用に供されていた部分（以下「B部分」という。）がある。
　当該一棟の建物は，区分所有建物である旨の登記がされていないことから，生計を別にしていた親族丙の居住の用に供されていた部分についても，被相続人等の居住の用に供されていた宅地等の部分に含まれることとなる（措置法令40条の2④）。
　したがって，敷地の全体が，措置法第69条の4第1項に規定する被相続人等の居住の用に供されていた宅地等に該当することとなる。
2 特定居住用宅地等の判定
　敷地全体が，被相続人等の居住の用に供されていた宅地等に該当することから，配偶者である乙が取得した，A部分（100㎡）及びB部分（100㎡）の持分の割合（2分の1）に応ずる部分（100㎡）は，特定居住用宅地等に該当する（措置法69条の4③二柱書，措置法令40条の2⑨）。
　丙は，甲の居住の用に供されていた一棟の建物（区分所有建物である旨の登記がされていない建物）の措置法令第40条の2第10項第2号に規定する「当該被相続人の親族の居住の用に供されていた部分」に居住していた者であって，相続開始から申告期限まで，被相続人等の居住の用に供されていた宅地等を有し，かつ，当該建物に居住していることから，措置法第69条の4第3項第2号イの親族に該当する。
　したがって，丙が取得したA部分（100㎡）及びB部分（100㎡）の持分の割合（2分の1）に応ずる部分（100㎡）は，特定居住用宅地等に該当する（措置法69条の4③二イ，措置法令40条の2⑨）

（事例2　区分所有建物の登記がされている1棟の建物の敷地の場合）
問　被相続人甲は，自己の所有する宅地の上に子丙と一棟の建物を所有し，甲とその配偶者乙及び生計を別にする子丙の居住の用に供していた（建物は，区分所有建物である旨の登記があり，甲及び丙はそれぞれの専有部分について，区分所有権を登記し，居住の用に供している）。

配偶者乙，子丙は，当該宅地の2分の1の持分を各々相続により取得し，申告期限まで引き続き所有し，かつ居住の用に供している。

甲の所有していた宅地は，特定居住用宅地等に該当するか。

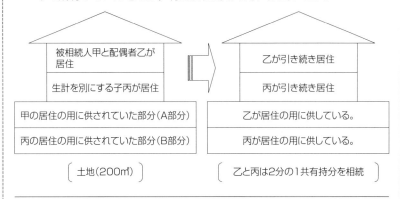

答
1　被相続人等の居住の用に供されていた宅地等の判定

甲の居住の用に供されていた一棟の建物の敷地には，被相続人甲の居住の用に供されていた部分（以下「A部分」という。）と，生計を別にする親族丙の居住の用に供されていた部分（以下「B部分」という。）がある。

甲の居住の用に供されていた一棟の建物は，区分所有建物である旨の登記がされていることから，生計を別にする丙の居住の用に供されていた部分（B部分）は，措置法第69条の4第1項に規定する被相続人等の居住の用に供されていた宅地等の部分に含まれないこととなる（措置法令40条の2④）。

したがって，一棟の建物の敷地のうち，A部分だけが，措置法第69条の4第1項に規定する被相続人等の居住の用に供されていた宅地等に該当することとなる。

2　特定居住用宅地等の判定

乙は，A部分及びB部分の持分（2分の1）を相続により取得しているが，被相続人等の居住の用に供されていた部分は，A部分のみである。したがって，配偶者である乙が取得したA部分（100㎡）の持分の割合（2分の1）に応ずる部分（50㎡）は，特定居住用宅地等に該当することとなる（措置法69条の4③二柱書，措置法令40条の2⑨）。

なお，B部分（100㎡）の持分の割合（2分の1）に応ずる部分（50㎡）は，B部分が措置法第69条の4第1項に規定する被相続人等の居住の用に供されていた宅地等に該当しないことから，特定居住用宅地等には該当しないこととなる。
　丙は，甲の居住の用に供されていた一棟の建物（区分所有建物である旨の登記がされている建物）の措置法令第40条の2第10項第1号に規定する「当該被相続人の居住の用に供されていた部分」に居住していた者には該当しないことから，措置法第69条の4第3項第2号イの親族に該当しない。また，丙は，自らの所有する家屋に居住し，かつ，被相続人と生計を一にしていないことから，措置法第69条の4第3項第2号ロ及びハの親族にも該当しない。
　したがって，丙が取得したA部分（100㎡）及びB部分（100㎡）の持分の割合（2分の1）に応ずる部分（100㎡）は，特定居住用宅地等に該当しない。

（事例3　区分所有建物の登記がされていない1棟の建物の敷地を措置法69条の4③二ロの親族が取得した場合）
問　被相続人甲は，自己の所有する宅地の上に一棟の建物を所有し，甲及び生計を別にする子乙の居住の用に供していた（建物は，区分所有建物である旨の登記がなく，甲単独で所有している。）。
　相続人である子乙及び子丙は，当該宅地の2分の1の持分を各々相続により取得し，申告期限まで引き続き所有し，かつ，当該宅地を居住の用に供している。
　なお，丙は，相続開始前3年以内に，丙又はその配偶者の所有する家屋に居住したことがない。
　甲の所有していた宅地は，特定居住用宅地等に該当するか。

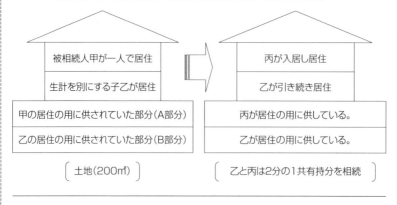

答

1　被相続人等の居住の用に供されていた宅地等の判定

　　被相続人甲の居住の用に供されていた一棟の建物の敷地には，甲の居住の用に供されていた部分（以下「A部分」という。）と，生計を別にする親族乙の居住の用に供されていた部分（以下「B部分」という。）がある。

　　当該一棟の建物は，区分所有建物である旨の登記がされていないことから，生計を別にしていた乙の居住の用に供されていた部分についても，被相続人等の居住の用に供されていた宅地等の部分に含まれることとなる（措置法令40条の2④）。

　　したがって，敷地の全体が，措置法第69条の4第1項に規定する被相続人等の居住の用に供されていた宅地等に該当することとなる。

2　特定居住用宅地等の判定

(1)　乙が相続により取得した部分

　　乙は，甲の居住の用に供されていた一棟の建物（区分所有建物である旨の登記がされていない建物）の措置法令第40条の2第10項第2号に規定する「当該被相続人の親族の居住の用に供されていた部分」に居住していた者であって，相続開始から申告期限まで被相続人等の居住の用に供されていた宅地等を有し，かつ，当該建物に居住していることから，措置法第69条の4第3項第2号イの親族に該当する。

　　したがって，乙が取得したA部分（100㎡）及びB部分（100㎡）の持分の割合（2分の1）に応ずる部分（100㎡）は，特定居住用宅地等に該当する（措置法69条の4③二イ，措置法令40条の2⑨）。

(2)　丙が相続により取得した部分

　　措置法第69条の4第3項第2号ロに掲げる親族は，被相続人の居住の用に供されていた宅地等を取得した者に限るとされている。

　　丙が取得したA部分（100㎡）の持分の割合（2分の1）に応ずる部分（50㎡）は，被相続人の居住の用に供されていた宅地である。

　　次に，B部分は，被相続人の生計を別にする親族の居住の用に供されていた宅地であるが，措置法令第40条の2第4項の規定により被相続人等の居住の用に供されていた部分に含まれることから，被相続人の居住の用に供されていた宅地等に該当するものとして取り扱うことができ，丙は，措置法第69条の4第3項第2号ロに掲げる被相続人の居住の用に供されていた宅地等を取得した者に該当することとなる。

　　また，被相続人甲の居住の用に供されていた一棟の建物のうち，甲の居住の用に供されていた部分に甲と共に起居していた親族はいない。

　　以上のことから，丙は，措置法第69条の4第3項第2号ロに規定する他の要件を満たせば，同号ロに規定する親族に該当し，丙が取得したA部分（100㎡）及びB部分（100㎡）の持分の割合（2分の1）に応ずる部分（100㎡）は，特定居住用宅地等に該当することとなる（措置法69条の4③二ロ，措置法令40条の2⑨）。

11　二世帯住宅の敷地となっている宅地等の取扱い

【参考】

　本事例において，相続人である子乙が被相続人甲と生計を一にする親族である場合にも，丙が取得した乙の居住の用に供されていたＢ部分は，措置法令第40条の２第４項の規定により被相続人等の居住の用に供されていた部分に含まれることから，被相続人の居住の用に供されていた宅地等に該当するものとして取り扱うことができる。

　したがって，乙が甲と生計を一にする親族である場合にも，丙が取得した乙の居住の用に供されていたＢ部分は，上記「⑵丙が相続により取得した部分」と同様に特定居住用宅地等に該当することとなる。

# 12 特定居住用宅地等特例の「持ち家がない親族」とは

## Question

特定居住用宅地等の特例でいう，「持ち家がない親族」とは何を指すのですか。

## Answer

### 1 「持ち家がない親族」とは

「持ち家がない親族」とは，特定居住用宅地等の特例適用対象となる租税特別措置法69条の4第3項2号ロに該当する次の親族をいいます。

① 親族であること。

② 相続人又は受遺者であること。

③ 制限納税義務者（相法1の3三）のうち日本国籍を有しない者（措規23の2③）でないこと。

④ 被相続人の居住の用に供されていた宅地等を取得した者であること。

⑤ 相続開始前3年以内に国内にあるその親族，その親族の配偶者，その親族の三親等内の親族又はその親族と特別の関係がある法人が所有する家屋（相続開始の直前におけるその被相続人の居住用家屋を除きます）に居住したことがないこと

⑥ 被相続人の相続開始時にその親族が居住している家屋を相続開始前のいずれの時においても所有していたことがないこと

⑦ 相続開始時から申告期限まで引き続き当該宅地等を有していること。

⑧ 当該被相続人の配偶者がいないこと。

⑨ 相続開始の直前において被相続人の居住の用に供されていた家屋

12 特定居住用宅地等特例の「持ち家がない親族」とは 77

に居住していた親族で法定相続人がいないこと（措令40の2⑪）。

なお，⑤，⑥については経過措置があります（下記83頁**4**に詳説）。

例えば，社宅住まいの子や，他家に嫁いで舅の家に住む子などが該当します。

## 2 被相続人と同居していた法定相続人とは

### 1 法定相続人とは

上記**1**⑧の法定相続人とは，相続の放棄があった場合には，その放棄がなかったものとした場合における相続人をいいます。例えば，被相続人の親が法定相続人であっても，親が相続放棄した場合は本来相続権がなかった兄弟姉妹が相続人となります。相続人と法定相続人は放棄により異なりますが，相続を放棄した法定相続人が被相続人と同居していた場合は，取得する「持ち家がない親族」は特例の適用ができません。

### 2 なぜ法定相続人が同居していたら除外するのか

平成11年度の税制改正で，それまでの「親族」要件が法定相続人に限定されました。それにより，例えば孫が被相続人と同居していたとしても，法定相続人でないため，除外要件に該当せず，「持ち家がない親族」がその宅地を取得しても特例が適用できることになります。

被相続人が孫や，身よりのない自分の兄弟を住まわせるケースがあり得るので，そのケースを排除しないという血の通った規定です。

### 3 共に起居する家屋の範囲

また，この被相続人の居住用家屋に居住していた親族の範囲については，租税特別措置取扱通達69の4－21で，「措置法第69条の4第3項第2号ロに規定する当該被相続人の居住の用に供されていた家屋に居住していた親族とは，当該被相続人に係る相続の開始の直前において当該家屋で被相続人と共に起居していたものをいうのであるから留意する。この場合において，当該被相続人の居住の用に供されていた

78　第1章　小規模宅地の特例制度の概要

家屋については，当該被相続人が1棟の建物でその構造上区分された数個の部分の各部分（以下69の4－21において「独立部分」という。）を独立して住居その他の用途に供することができるものの独立部分の一に居住していたときは，当該独立部分をいうものとする」としています。

さらに，平成26年1月15日付資産課税課情報第1号では，同通達（被相続人の居住用家屋に居住していた親族の範囲）について，次のように説明しています。

---

被相続人の居住用宅地等が措置法第69条の4第3項第2号ロにより特定居住用宅地等に該当するためには，相続開始の直前において被相続人の居住の用に供されていた家屋に居住していた親族（被相続人の相続人（相続の放棄があった場合には，その放棄がなかったものとした場合における相続人を含む。）に限る。）がいない場合が要件の一つとされている。

この場合，「被相続人の居住の用に供されていた家屋に居住していた親族」とは，被相続人と「同居」していた親族を指すものと解されることから69の4－21は，この親族についてその家屋で被相続人と共に起居していた親族をいうものであることを留意的に明らかにしたものである。

また，同様の考え方から，一棟の建物が各独立部分に区分されるものであり，被相続人がその独立部分の一つに居住していた場合には，被相続人が居住の用に供していた独立部分において被相続人と共に起居していた親族が「同居」していた親族であることを留意的に示したものである。

---

例えば，構造上各独立部分に区分されていても，区分登記されていない二世帯住宅のような建物の場合には，被相続人が居住していた同じ独立部分に親族＝法定相続人が共に起居していた場合は，適用除外となりますが，別な独立部分で親族が居住していても，「持ち家がない親族」の要件には抵触しないとみることができます。

12　特定居住用宅地等特例の「持ち家がない親族」とは

さらに被相続人が老人ホームに入所している場合もあるでしょう。その場合には，下記のように判定していくことになります。

＜老人ホーム入所前後の被相続人居住用宅地等の判定（措通69の４－７）と持ち家がない親族の適格判定（措法69の４③二ロ）＞

| 居住者 | 例示 | 入所前から居住※1 | 判定※2 | 入所後，新たに居住※1 | 判定※2 |
|---|---|---|---|---|---|
| 生計一法定相続人 | 生計一の子 | 被相続人の居住用宅地 | 非該当 | 被相続人の居住用宅地 | 非該当 |
| 生計別法定相続人 | 生計別の子 | 被相続人の居住用宅地 | 非該当 | 非該当 | 非該当 |
| 法定相続人以外の生計一親族 | 生計一の孫 | 被相続人の居住用宅地 | 該当 | 被相続人の居住用宅地 | 該当 |
| 法定相続人以外の生計別親族 | 生計別の孫 | 被相続人の居住用宅地 | 該当 | 非該当 | 非該当 |
| 親族以外 | 里子 | 被相続人の居住用宅地 | 該当 | 非該当 | 非該当 |
| 事業用（賃借人居住）・商売用 | 賃借人 | 非該当 | | | |

※１ 被相続人の居住用宅地等に該当するかどうかの判定
※２ 左欄の相続開始の直前の状況により取得者が措法69の４③二ロに該当するかどうかの判定

## 3 非持ち家居住要件

### 1 平成30年３月31日以前に開始した相続の取扱い

相続開始３年以内に自己又は配偶者の所有家屋に居住していないことが要件でした。

つまり，持ち家を持たない親族が，現時点は同居できず別家屋に居住していても，いずれは戻る家として実家を確保してあげよう，という生活基盤保護の立法趣旨に基づいた規定でした。

ところが，下記のように税調審議で「相続税節税スキーム」が取り上げられました。

平成29年11月1日，日本税理士会連合会神津信一会長は政府税制調査会において，相続税の節税スキームについて，意見申述を行いました。

「富裕層について，最近トピックスとなっているような節税策について2点，提案申し上げて，（中略）もう一つ，これも相続税対策に若干関係するわけですが，小規模宅地等の特例を利用するスキームです。税制改正で小規模宅地等の特例，住んでいるところは80パーセント評価額を減額するという特例を使える者が限られ，配偶者，同居親族，過去3年間にその居住用資産を持っていない者，持ち家がない者について適用するという制度に変わりました。

　そこで，今まで自分で持ち家等を持っていて，ご親族，お父様，お母様等が資産家であって，良いところに居住用資産を持っているという方は，まず自宅の資産を子供に贈与する，それも建物だけを贈与して，贈与税は非常に少ない金額で贈与できるわけですが，そういうことをする。または資産管理法人を作って，そこに譲渡して，自分はそこの社宅として住む。それで3年間の利用をして，また親族，自分の父，母の相続が発生したときに，小規模宅地等の特例を使うというスキームです。

　小規模宅地の課税価格の減額の特例は，いわゆる自宅を相続した場合に相続税負担が軽減されるという措置であり，本スキームは趣旨から逸脱した行為であるということを指摘したいと思います。」（平成29年11月1日政府税制調査会（第14回総会）議事録）

　この発言は，例えば，持ち家を賃貸不動産管理の同族法人に売却し，その家に社宅として住むことで持ち家を持たない「家なき子」として実家の敷地について小規模宅地の特例を適用できる，との税理士の助言の記事等を下敷きにしたものと思われます。（平成26年12月14日日本経済新聞「相続するなら……『家なき子』だからできる節税」）

## 2 制度趣旨から逸脱した行為とされたケース

12　特定居住用宅地等特例の「持ち家がない親族」とは　81

## ■1…非持ち家としたケース

　例えば，同族法人に売却して社宅とするスキームだけではなく，被相続人の孫に持ち家を贈与し，相続人自身は非持ち家居住者となり特例を利用するケースがあったようです。

## ■2…評価差額を利用したケース

　子が親からの贈与資金によって取得した持ち家を，親に売却します。その後の親の相続時には，家屋を固定資産税評価により行い，子に対する未払分を債務として計上します。子は親の家に使用貸借により居住することで「持ち家がない親族」となり，①家屋評価と，②債務控除の差額利用に加え，③小規模宅地特例を重用するといったケースがあったようです。

　いずれも，既に持ち家を有し生活基盤を有するのであれば，保護する必要がないケースと判断されるでしょう。

## 3 平成30年4月1日以後に開始した相続の取扱い

　次の①，②に該当する場合には，特例の対象から除外されます。

① 特例の対象者が，相続開始前3年以内に国内にあるその親族，その親族の配偶者，その親族の三親等内の親族又はその親族と特別の関係がある法人(注)が所有する家屋に居住したことがない人に限られます。これにより上記2■1のケースが規制されます。

（注）その親族と特別の関係がある法人とは

　― この規定の親族及び次に掲げる者（以下「親族等」という。）が法人の発行済株式又は出資（自己株式を除く。）の総数又は総額（以下「発行済株式総数等」という。）の10分の5を超える数又は金額の株式又は出資を有する場合における当該法人

　　イ　その親族の配偶者

　　ロ　その親族の三親等内の親族

　　ハ　その親族と婚姻の届出をしていないが事実上婚姻関係と同様の事情にある者

82　第1章　小規模宅地の特例制度の概要

二　その親族の使用人

　　ホ　イからニまでに掲げる者以外の者で当該親族から受けた金銭その他の資産によって生計を維持しているもの

　　ヘ　ハからホまでに掲げる者と生計を一にするこれらの者の配偶者又は三親等内の親族

　二　親族等及びこれと一の関係がある法人が他の法人の発行済株式総数等の10分の5を超える数又は金額の株式又は出資を有する場合における他の法人

　三　親族等及びこれと一及び二の関係がある法人が他の法人の発行済株式総数等の10分の5を超える数又は金額の株式又は出資を有する場合におけるその法人

　四　親族等が理事，監事，評議員その他これらの者に準ずるものとなっている持分の定めのない法人

② 特例の対象者が，被相続人の相続開始時にその親族が居住している家屋を相続開始前のいずれの時においても所有していたことがない人に限られます。これにより **2** **1** **2** のケースが規制されます。

## 4 経過措置

### **1** …平成30年3月31日時点で改正前の要件を満たす場合の措置

　平成30年4月1日から令和2年3月31日までの相続について，平成30年3月31日時点で改正前の要件を満たす宅地等（これを「経過措置対象宅地等」といいます）は特例の適用が可能です（平30改正法附則118②）。

### **2** …令和2年4月1日以後の相続の場合の措置

　取得財産に経過措置対象宅地等がある場合に，令和2年3月31日時点でその宅地上で建物工事が行われ，工事完了前にその相続や遺贈があり，相続税の申告期限までに経過措置対象宅地等を取得した個人が，その建物を自己の居住用とすることを要件に，その経過措置対象宅地

12　特定居住用宅地等特例の「持ち家がない親族」とは　83

等に特例を適用できます（平30改正法附則118③）。

## 5 制度趣旨からの離反

　上記3のいわゆる「節税規制」により，これまでは特例適用が可能とされていた下記の相続人は，適用の対象外とされる可能性があります。

① 嫁いできて舅・姑の所有する家屋に，夫と居住していた相続人。

② 転勤や進学のために，会社や学校の近くの叔父の家に下宿していた相続人。

　いずれも，トバッチリともいえるケースです。

　①では，嫁いでも将来的に夫と離婚したなどの場合に，実家へと戻れるようにとの温情ある規定でしたが，このケースは，認められないことになります。

　②のケースは，叔父の家が一時的居住であり，実家が相続人の生活の本拠であることが証明できれば，同居親族として適用の可能性がありますが，そうでない場合には叔父の家に将来も住まわせてもらえるかどうかは疑問が残ります。

　かつての大家族時代とは異なり核家族化が進む現在，三親等内だからといって同居を許してくれる家庭ばかりではないでしょう。

　「節税規制」のためとはいえ，制度の趣旨を離れた酷な制度改変といえます。

84　第1章　小規模宅地の特例制度の概要

## 13 特定居住用宅地等の「生計一親族」要件とは

# Question

特定居住用宅地等の特例の適用対象となる「生計一親族」とは何を指しますか。

# Answer

## 1 「生計一親族」の居住用宅地

小規模宅地特例の特定居住用宅地等となる宅地等のうち，その親族が被相続人と生計を一にしていた者であって，相続開始時から申告期限まで引き続き当該宅地等を有し，かつ，相続開始前から申告期限まで引き続き当該宅地等を自己の居住の用に供している場合には，その宅地等は特定居住用宅地等として特例適用の対象となります（措法69の4③二ハ）。

すなわち，次の要件を満たしている場合です。

① 被相続人と生計を一にしていた親族の居住の用に供されていた宅地等であること。

② その親族が相続開始時から申告期限まで引き続きその宅地等を有していること。

③ 相続開始前から申告期限まで引き続き，その宅地等をその親族の居住の用に供していること。

保有継続要件は「相続開始時」からですが，居住継続要件は「相続開始前」からとされていることに注意しましょう。

## 2 「生計を一にしている」とは

相続税法では，特段定義を定めておらず，所得税法での通達の定義を援用しています（所基通2-47）。

13 特定居住用宅地等の「生計一親族」要件とは　**85**

① 勤務，修学，療養等の都合上，他の親族と日常の起居を共にしていない親族がいる場合であっても，次に掲げる場合に該当するときは，これらの親族は生計を一にしているものとされます。

　㈦　他の親族のもとで起居を共にしていない親族が，勤務，修学等の余暇にはその他の親族のもとで起居を共にすることを常例としている場合。

　㈥　これらの親族間において，常に生活費，学資金，療養費等の送金が行われている場合。

② 親族が同一の家屋に起居している場合には，明らかに独立した生活を営んでいると認められる場合を除き，これらの親族は生計を一にしているものとされます。

③ ただし，所得税法では扶養者は1人と限定されますが，相続税法での取扱いは，そのような限定をしていません。

## 3　「生計一親族」の居住用宅地等が2つある場合

　生計一親族の居住用宅地等が2つある場合は，その親族が主として居住の用に供していた宅地等が特定居住用宅地等に該当します。

　ただし，生計一親族が2人以上いる場合には，親族ごとにそれぞれ主として居住の用に供していた宅地がそれぞれ特定居住用宅地等に該当します（措令40の2⑤二，90頁参照）。

　生計一要件について否認を受けた象徴的な裁決があります。

　「別居していた親族が『生計を一にしていた』ものとされるためには，その親族が被相続人と日常生活の資を共通にしていたことを要し，その判断は社会通念に照らして個々になされるところ，少なくとも居住費，食費，光熱費その他日常の生活に係る費用の全部又は主要な部分を共通にしていた関係にあったことを要すると解される。

　被相続人の入院中，毎日のように植木の面倒，郵便物の確認等，本件被相続人居宅の管理を行っていたのであるから，生活は一体であった旨主張するが，請求人が主張する事実は，生活の場を別にしている親子間の通常の助け合いであって，必ずしも生計を一にしているかどうかの判断に直接結びつく行為とは認められないから，このことだけ

をもって請求人が本件被相続人の『生計を一にしていた』親族と認めることはできない。」（平成20年6月26日裁決）

　3年間の入院中の被相続人の財布やキャッシュカードを預かり，被相続人の生活周りの世話をしながら，被相続人の資金を自分が使ってはいけないと，責任感厚く面倒見ていた子が，別居かつ資金共有がないことから否認を受けたケースです。いつまでも親のスネをかじるパラサイトならよく，責任感が厚い場合は特例が受けられないという判定になります。

　別居での生計一について，示唆的な事例です。

## 14 複数の特定居住用宅地等に対する特例の適用

## Question

特定居住用宅地等は，1つしか選択できないのですか。

## Answer

居住用宅地等は主として居住の用に供していた1か所に限られますが，要件が適格であれば，被相続人や生計一親族が2人以上でそれぞれが主として居住用とする宅地等があれば，それぞれの宅地が特定居住用宅地等となり，複数の宅地に適用することが可能となります。

### 1 被相続人の居住の用に供されていた宅地等は1つ

特定居住用宅地等は，被相続人等の居住の用に供されていた宅地等をいいますが，その宅地等が2以上ある場合には次の**2**のように取り扱います。

平成22年3月以前は，「居住の用に供されていた宅地等は，『主として居住の用に供されていた宅地等』に限られないものと判断する」とされてきました（福岡高裁平成21年2月4日判決）。

この高裁判決では，昭和50年6月20日付「事業又は居住の用に供されていた宅地の評価について」（個別通達）において「相続開始時において被相続人が主として居住の用に供していた宅地をいうものとする」という"主として"という文言が昭和58年度での措置法特例では削除されているということは，文字どおり，「本件個別通達の『主として』の制限を本件特例で解除したものにほかなら」ず，「面積要件さえ満たせば，複数存在することも許容されていると解するのが相当」とするとの判断をしました。

明文化されていない「主として」要件を主張した国が実質的に敗訴（最高裁平成22年2月5日上告不受理（福岡高裁判決確定））したた

88　第1章　小規模宅地の特例制度の概要

め，平成22年度税制改正では，平成22年4月1日開始以後相続について，「居住用宅地等は原則として1つ」の方針のもと「主として居住の用に供されていた一の宅地等に限る（措法69の4①二柱書かっこ書）と，租税特別措置法とその施行令を再組成したのです。

## 2 複数宅地がある場合の居住用の判定

被相続人や生計を一にする親族のその宅地の居住の状況により，次のように取り扱います（措令40の2⑧）。

### 1 被相続人の居住用宅地等が2以上ある場合（措令40の2⑧一）

■…被相続人が主としてその居住の用に供していた一の宅地等

| A地　被相続人甲の主として居住の用 | 適用可能 |
|---|---|
| B地　被相続人甲の従たる居住の用 | 不可 |

### 2 生計一親族の居住用宅地等が2以上ある場合（3を除きます）（措令40の2⑧二）

■…生計一親族が主としてその居住の用に供していた一の宅地等

| C地　生計一親族乙の主として居住の用 | 適用可能 |
|---|---|
| D地　生計一親族乙の従たる居住の用 | 不可 |

14　複数の特定居住用宅地等に対する特例の適用　89

**❷**…生計一親族が 2 人以上の場合は，親族ごとにそれぞれ主
として居住の用に供していたそれぞれ一の宅地等

| E 地 | 生計一親族乙の主として居住の用 | 適用可能 |
|---|---|---|
| F 地 | 生計一親族乙の従たる居住の用 | 不可 |
| G 地 | 生計一親族丙の主として居住の用 | 適用可能 |
| H 地 | 生計一親族丙の従たる居住の用 | 不可 |

## 3 被相続人と生計一親族の居住用宅地等が 2 以上ある場合（措令40の 2 ⑧三）

次に掲げる場合の区分に応じそれぞれ次に定める宅地等になります。

**❶**…被相続人の主として居住用宅地等と生計一親族が主とし
て居住用宅地等が同一である場合

その一の宅地等（措令40の 2 ⑧三イ）。

| A地 | 被相続人甲の主として居住の用<br>生計一親族乙の主として居住の用 | 適用可能 |
|---|---|---|
| B地 | 被相続人甲の従たる居住の用<br>生計一親族乙の従たる居住の用 | 不可 |

**❷**…**❶**に掲げる場合以外の場合

被相続人の主として居住用としていた一の宅地等と，生計一親族が
主として居住用としていた一の宅地等（措令40の 2 ⑧三ロ）。

| A地 | 被相続人甲の主として居住用宅地等 | 適用可能 |
|---|---|---|
| B地 | 生計一親族乙の主として居住用宅地等 | 適用可能 |

生計一親族が複数となる場合には，どのような生計の状態だったの
かが問われるでしょう。その点は，よく事実を確認しながら判断する
ことが望まれます（86頁参照）。

90　第1章　小規模宅地の特例制度の概要

## ＜小規模宅地特例判定順序3　特定居住用宅地等②＞

□取得者は適格か。

　①配偶者か。

　②同居親族か。

　　○被相続人が居住していた一棟の家屋は区分所有建物か。

　　○区分所有建物の場合，構造上区分された建物に被相続人と共に起居していたか。

　　○区分所有建物でない場合…被相続人の居住の用に供されていた建物に居住の用に供していた親族か。

　③持ち家がない親族か

　　○日本国籍者か。

　　○被相続人の配偶者がいたか。

　　○相続開始前3年以内に自己又は自己の配偶者所有家屋に居住していなかったか。

　　○被相続人は構造上区分された建物に法定相続人と共に起居していなかったか（老人ホーム入所時判定表（51頁））。

　④生計一親族か。

□①・②・③・④申告期限までに取得し所有権を有するか。

□②・④申告期限まで引き続き居住の用に供しているか。

# 15 複数の宅地に併用して適用する場合の限度面積の計算

## Question

複数の宅地に特例を適用する場合の計算のポイントは何ですか。

## Answer

### 1 限度面積要件

小規模宅地特例は，下記のように選択宅地の適用特例ごとに，限度面積が定められています（措法69の4②）。

<小規模宅地特例の減額割合>

| 相続開始の直前における宅地等の利用区分 ||| 名称 || 算式記号 | 限度面積 || 減額割合 |
||||||| 平成26年12月31日以前 | 平成27年1月1日以降 ||
|---|---|---|---|---|---|---|---|---|
| 被相続人等の事業の用に供されていた宅地等 | 貸付事業用以外の事業用の宅地等 || ① | 特定事業用宅地等 | A | 400㎡ | 400㎡ | 80% |
|| 貸付事業用宅地等 | 同族会社に貸し付けられ，その法人の事業（貸付事業を除く）用の宅地等 | ② | 特定同族会社事業用宅地等 | A | 400㎡ | 400㎡ | 80% |
||| 同族会社に貸し付けられ，その法人の貸付事業用の宅地等 | ③ | 貸付事業用宅地等 | C | 200㎡ | 200㎡ | 50% |
||| | ④ | 貸付事業用宅地等 | C | 200㎡ | 200㎡ | 50% |
||| 被相続人等の貸付事業用の宅地等 | ⑤ | 貸付事業用宅地等 | C | 200㎡ | 200㎡ | 50% |
| 被相続人等の居住の用に供されていた宅地等 ||| ⑥ | 特定居住用宅地等 | B | 240㎡ | 330㎡ | 80% |

① 選択特例対象宅地等のすべてが特定事業用宅地等又は特定同族会社事業用宅地等（以下「特定事業用等宅地等」といいます）……400㎡以下

② 選択特例対象宅地等のすべてが特定居住用宅地等……330㎡以下(注)

（注） 平成26年12月31日以前開始相続では240㎡以下，平成27年1月1日以後開始相続では330㎡以下

③ 選択特例対象宅地等のすべてが貸付事業用宅地等……200㎡以下

④ 選択対象宅地等のすべてが特定事業用宅地等・特定同族会社事業用宅地等・特定居住用宅地等である場合（平成27年1月1日以後開始相続）……730㎡以下

特定事業用宅地等＋特定同族会社事業用宅地等≦400㎡以下
特定居住用宅地等≦330㎡以下

⑤ 上記①～③までのうち，いずれか2以上について特例の適用を受ける場合は，次の算式を満たす面積が限度となります。

㈤ 平成26年12月31日まで開始相続

$$A＋B×\frac{5}{3}＋C×2 ≦400㎡$$

（注） A・B・Cの記号は前頁の表によります。

この算式は，トータルで特定事業用等宅地等の限度面積400㎡以下とするためのものです。

㈩ 平成27年1月1日以後開始相続

$$A×\frac{200}{400}＋B×\frac{200}{330}＋C ≦200㎡$$

特定事業用等宅地等と特定居住用宅地等については併用適用が可能ですが，貸付事業用宅地等は，他の宅地等の限度面積との併用計算が必要であるための算式です。

## 2 複数の適格宅地等がある場合の面積選択の方法

① 適用対象宅地等の選定……宅地等を各特例ごとの要件を具備した宅地等を選定します。

② ①で判定した適格宅地等の1㎡当たりの相続税評価額を算定します。

③ 「適格宅地等の1㎡当たり評価額×減額割合」に比率調整を乗じて比率単価を算定します。

④ ③の上位順から，A・B・Cの各面積を定めます。

⑤ 算式により，適用面積を把握します。

⑥ 対象宅地等の面積と取得者要件及び適用対象者と面積について合意形成を勘案しながら，A・B・Cを決定します。

## 3 複数の適格宅地等がある場合の面積選択の例

【事 例】

相続人甲取得予定，特定同族会社事業用宅地等　300㎡，600千円／㎡

相続人乙取得予定，特定居住用宅地等適格宅地　200㎡，500千円／㎡

相続人丙取得予定，貸付事業用宅地等　100㎡，900千円／㎡

【計 算】

① 特定同族会社事業用宅地等A…

600千円×80％＝480千円

480千円×400/200＝960千円

特定居住用宅地等適格宅地B…

500千円×80％＝400千円

400千円×330/200＝660千円

貸付事業用宅地等C…………900千円×50％＝450千円

② A＞B＞C

③ 貸付事業用宅地等Cの算定

A×200/400＋B×200/330＋C≦200

A300×200/400＋B200×200/330＋C100＝371㎡＞200㎡

∴C＝0 ㎡

④ 特例適用減額

600千円×0.8×300㎡＋500千円×0.8×200㎡＝<u>224,000千円</u>

貸付事業用との併用を行って最も有利に特例を適用するには，貸付事業用宅地等の評価単価が特定事業用宅地等・特定居住用宅地等の等の5.84倍超であることが必要です。

94　第1章　小規模宅地の特例制度の概要

＜参考＞

丙が，下記のように特例適用を主張し，全員で同意した場合。

① 適用面積……A200㎡，B60㎡，C50㎡

$$A200㎡×200/400＋B82.5㎡×200/330＋C50㎡＝286.36㎡＝200㎡$$

$$∴C＝50㎡$$

② 特例適用減額

$$600千円×80\%×200㎡＋500千円×80\%×82.5㎡$$

$$＋900千円×50\%×50㎡＝\underline{151,500千円}$$

特例適用減額が下がり，税額が増額しても，特例を平等に適用することで全員の同意を得られることもあるでしょう。

# 1 特定計画山林についての相続税の課税価格の特例との選択

## ❶…特定計画山林の特例とは選択適用

被相続人の親族が被相続人から相続又は遺贈により取得した財産のうちに，特定計画山林相続人等が相続や遺贈又は相続時精算課税による受贈を受けた森林経営計画が定められた区域内に存する立木若しくは土地等がある場合には，課税価格を5％減額される特定計画山林の特例があります（措法69の5）。

ただし，小規模宅地特例（措法69の4）を受けた相続については，原則として，特定計画山林の特例は適用されません。

## ❷…特定居住用宅地等が400㎡の面積未満の場合は，限度まで併用可能

しかし，小規模宅地等の特例の適用を受ける特例選択宅地等の面積が400㎡未満である場合には，特定計画山林特例をその限度面積に対応する価額までは，併用して適用することができます（措法69の5⑤）。

特定計画山林の価額×（400㎡－選択小規模宅地等の面積）÷400㎡

15 複数の宅地に併用して適用する場合の限度面積の計算 95

## 16 建替え途中に相続が開始した場合の特例の適用

## Question

　相続開始時に建替え中の場合は，その土地に小規模宅地特例は適用されるのでしょうか。

## Answer

### 1 事業用建物の建替え建築中や，建替え後の事業開始前に相続が開始した場合

　特定事業用宅地等の適用を受けるためには，被相続人等の事業の用に供されていた宅地等について，次の2つの要件を満たしている必要があります。

① 　相続又は遺贈により取得した親族が，被相続人の事業を引き継ぎ，申告期限まで引き続き当該宅地等を有し，かつ，当該事業を営んでいること。

② 　相続又は遺贈により取得した生計一親族が相続開始時から申告期限までその宅地等を引き続き有し，かつ相続開始前から申告期限まで引き続き当該宅地等を自己の事業の用に供していること（措法69の4③一イ・ロ）。

### 1 相続開始時の事業用宅地等の判定

#### ❶…被相続人の事業用宅地の相続開始時点での確実性の判定

　建替え建築中に相続が開始した場合又は建替え後の事業開始前に相続が開始した場合には，特定事業用宅地等の要件となる被相続人等の事業の引継ぎ，所有の継続，事業の継続が中断されることになります。

96　第1章　小規模宅地の特例制度の概要

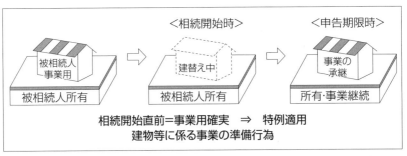

しかし,「相続開始直前において当該被相続人等の当該建物等に係る事業の準備行為の状況からみて当該建物等を速やかにその事業の用に供することが確実であったと認められるときは,建物等の敷地の用に供されていた宅地等は,事業用宅地等に該当するものとして取り扱う」こととされています(措通69の4－5「事業用建物等の建築中等に相続が開始した場合」)。

## 2 …被相続人や生計一親族の事業用宅地の申告期限点での確実性の判定

また,生計一親族や取得相続人がその宅地等や建物を相続税の申告期限までに事業の用に供しているとき(申告期限において当該建物等を事業の用に供していない場合であっても,それが当該建物等の規模等からみて建築に相当の期間を要することによるものであるときは,当該建物等の完成後速やかに事業の用に供することが確実であると認められるときを含みます。)は,当該相続開始直前において当該被相続人等が当該建物等を速やかにその事業の用に供することが確実であったものとして差し支えない」ともされています(措通69の4－5なお書)。

したがって,相続開始時において被相続人の事業用宅地等に該当していたかどうかの判定は,申告期限までの状況によって判定してよいのです。

旧租税特別措置法69条の3の時代に,貸家用の家屋を建替え中に発生した相続について,当時の事業的規模を満たす事業の継続が認められて納税者が勝訴した事案もありましたが,この判断は継続されてい

ます（平成2年7月6日裁決）。

## 2 申告期限における事業供用の判定

　特定事業用宅地等において，親族が申告期限までに事業を引き継ぎ，営んでいるかどうか，あるいは生計一親族が引き続き事業の用に供しているかどうかの判定は，建物等が申告期限までに建替え工事が着手された場合には，親族により当該事業の用に供されると認められる部分については，申告期限においても当該親族の当該事業の用に供されているものとして取り扱うこととされています（措通69の4－19「申告期限までに事業用建物等を建て替えた場合」）。

　また，下記の宅地等についても，同様に判定します（措通69の4－19（注））。

① 特定居住用宅地等における同居親族居住用宅地等の建物
② 特定居住用宅地等における生計一親族居住用宅地等の建物
③ 特定同族会社事業宅地等の建物
④ 貸付事業用宅地等の被相続人貸付事業用宅地等の建物
⑤ 貸付事業用宅地等の生計一親族の相続開始前からの貸付用建物

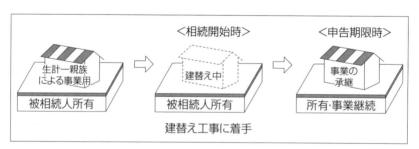

## 2 居住用建物の建替え建築中や建替え後の事業開始前に相続が開始した場合

　被相続人等の居住の用に供されると認められる建物（被相続人又は被相続人の親族の所有に係るものに限ります）の建築中に，又は建物の取得後被相続人等が居住の用に供する前に被相続人について相続が開始した場合には，その建物の敷地の用に供されていた宅地等が居住

用宅地等に当たるかどうか及び居住用宅地等の部分については，上記 **1** に準じて取り扱います（措通69の４－８「居住用建物等の建築中等に相続が開始した場合」）。

　ただし，この取扱いは，被相続人等の居住の用に供されると認められる建物の建築中等に限り一時的に居住の用に供していたにすぎないと認められる建物を除き，相続開始の直前において被相続人等が自己の居住の用に供している建物を所有していなかった場合に限り適用されることになっています（措通69の４－８注書）。

　したがって，他の居住用建物に居住していた場合は，その建物が居住用となり，建替え中の宅地等は対象となりません。

　なお，被相続人が老人ホーム入所後に自宅を建て替えた場合の取扱いについては46頁をご参照ください。

## 17 特例適用のための手続

### Question

小規模宅地特例を適用するための手続について教えてください。

### Answer

### 1 遺産分割を確定させる

相続税の申告期限までに共同相続人又は包括受遺者によって分割されていない特例対象宅地等については，適用できません（措法69の4④）。

ただし，未分割宅地等について，申告期限までに「3年以内分割見込書」を提出のうえ，申告期限から3年以内に分割された場合には，更正の請求が可能となります。

また，3年を経過するまでの間に当該特例対象宅地等が分割されなかったことにつき，当該相続又は遺贈に関し訴えの提起がされたことその他のやむを得ない事情がある場合において，納税地の所轄税務署長の承認を受けたときは，当該特例対象宅地等の分割ができることとなった日の翌日から4月以内に分割された場合にも，更正の請求が可能となります（詳しくは，104頁「Q19　承継者が決まらない場合の対応」参照）。

### 2 特例対象宅地等取得者の全員の選択の同意を証する書類の添付

適用対象宅地が複数ある場合は，相続税申告書付表に，特例対象宅地等を取得したすべての個人の選択特例対象宅地等の選択についての同意を証する書類の添付が必要です（措令40の2⑤）。

100　第1章　小規模宅地の特例制度の概要

## 3 計算明細書等付表及び資料の添付

相続税の申告書に，計算明細書その他の付表と遺産分割協議書等を添付していることが必要です（措法69の4⑦，措規23の2⑧⑨）。

## 4 個人版事業承継税制の不選択

特定事業用宅地等については，個人の事業用資産についての相続税の納税猶予及び免除の特例を選択していないことが必要です（措法69の4⑥，70の6の10）。

## 5 相続税の申告書を提出すること

相続税申告書に小規模宅地特例の適用を受けようとする旨の記載があることが必要です（措法69の4⑦）。

この場合の相続税申告書とは，期限内申告書，期限後申告書，修正申告書，更正の請求書をいいます（措法69の4①）。

したがって，期限内申告書を提出していない場合であっても，法定申告期限内に遺産分割が確定し，あるいは遺贈により取得者が特定され，選択特例対象宅地等の同意が得られているケースでは，期限後申告書によっても適用が可能です。

しかし，遺産が未分割で法定申告期限を徒過して無申告である場合は，「3年以内分割見込書」の提出がなければ，期限後申告では小規模宅地特例の適用ができないことになります。

相続開始 → 遺産分割 or 遺言 → 特例対象宅地 and 適格者の判定 → 選択特例対象宅地の同意 → 計算明細書の添付 → 相続税申告書の提出 → 特例適用！

17 特例適用のための手続 **101**

## 18 特例適用により相続税が基礎控除額以下の場合の申告の要否

# Question

小規模宅地特例を適用したら，相続税の基礎控除額以下になりました。この場合，申告する必要があるでしょうか。また，申告する場合，小規模宅地特例を適用するための添付書類はどうなりますか。

# Answer

## 1 小規模宅地特例の適用には，当初申告要件なし

小規模宅地等特例は，期限後申告又は修正申告においても適用することができます（措法69の4⑥かっこ書）。遺贈や法定申告期限までの遺産分割により，選択特例適用対象宅地等の取得者が確定している場合で，小規模宅地特例を適用した後の相続税の課税価格の合計額が，相続税の基礎控除額以下となるようであれば，相続税の当初申告は法的には不要です。

これは，すべての特例適用者に当初申告を要求しないという課税事務サイドの事情があるからでしょう。

仮に，相続税評価額の算定誤りなどにより，相続税の申告義務があったことが後日判明した場合は，期限後申告によっても小規模宅地特例を適用することができます。しかし，その場合，基礎控除を超え，税額が生じると，無申告加算税（税務調査後は15％）や延滞税（前年11月30日の特例基準割合＋1％）を負担しなければなりません。

小規模宅地特例は，物件要件・取得者要件・承継要件・所有要件・継続要件などの要件が複雑となっているため，税務専門家の意見を求め，慎重に対応すべきでしょう。

無申告として後日期限後申告する場合の無申告加算税と，相続税ゼ

ロと当初申告してその後に修正申告する場合の過少申告加算税と，無申告加算税の負担との差についてもよく理解しておきましょう。

## 2 申告書に添付する書類

　小規模宅地特例は，相続又は遺贈により宅地等を取得した親族が，相続税の申告期限までの引継要件や所有要件，継続要件を満たさねばなりません。そのためには，申告期限までに遺言や分割協議書により取得者が定まっていなければならず（措法69の4④），適用可能宅地等が複数ある場合などは，どの宅地等について誰の取得分について適用するか，選択特例対象宅地等として選択し合意していなければならず（措法69の4①），特例適用が可能な対象地の取得者が2人以上の場合には，そのすべての取得者の「同意」を得る必要があります（措令40の2③三）。

## 3 遺産が未分割の場合は，期限内申告が必須

　小規模宅地特例は期限後申告でも適用可能ですが，それは，あくまで法定申告期限までに選択対象宅地について，取得者が決定されている場合です。

　遺言書があれば，その遺言書に沿って申告を進めることができますが，遺言書がなく遺産分割と適用対象宅地の同意ができないことから遺産分割が未了の状態で，相続税申告書を提出せずに，3年以内分割見込書だけ提出するというのは非現実的でしょう。

　取得者が決定されていないときは，まずは未分割状態でも，3年以内分割見込書を添付していったん小規模宅地特例不適用の期限内申告書を申告期限までに提出し，分割確定後に，小規模宅地特例を適用した更正の請求を行って還付を受けることです（次項「Q19　承継者が決まらない場合の対応」参照）。

　小規模宅地特例を適用すれば税負担がない場合には，未分割申告した上で，延納申請を同時に行います。分割が確定して更正の請求の請求により税額がゼロと確定すれば，延納の利子税も課されないことになります。

18　特例適用により相続税が基礎控除額以下の場合の申告の要否　　**103**

# 19 承継者が決まらない場合の対応

## Question

宅地の承継者が申告期限までに決まらない場合には，どうしたらよいですか。

## Answer

宅地の承継者が申告期限までに決まらない場合には，小規模宅地特例は適用できません。

ただし，特例対象宅地等の取得者が定まり，承継要件や継続要件が満たされていれば，遺産全部の分割協議が成立していなくても，一部分割の状態でも特例の適用は可能ですから，注意してください。

もし特例対象宅地等について取得者が決まらず選択宅地等にできない場合は，特例を不適用として「3年以内分割見込書」を添付して当初申告を行い，その後，遺産分割が確定した日から4か月以内に特例を適用して更正の請求を行います。

申告期限から3年を過ぎても分割が決まらない場合は，3年を経過する日の翌日から2月を経過する日までに，「遺産が未分割であることについてやむを得ない事由がある旨の承認申請書」を税務署長に提出してその承認を受け，そのやむを得ない事情が解消し分割が確定してから4か月以内に更正の請求を行います。

やむを得ない事由がある場合に該当するとの承認を受けられない場合は，特例適用は停止となります。

なお，この3年以内分割見込等による延長規定は，取得確定に係る延長規定です。申告期限内に事業の承継や居住の継続を規定には，延長規定はありませんから，申告期限までに要件該当していない場合は，仮に後日に分割が確定しても，特例適用はありません。

104　第1章　小規模宅地の特例制度の概要

## 1　小規模宅地特例は取得者の確定と同意が要件

　小規模宅地特例は，相続又は遺贈により宅地等を取得した親族が，相続税の申告期限までの引継要件や所有要件，継続要件を満たさねばなりません。そのためには，申告期限までに遺言や分割協議書により取得者が定まっていること，適用可能宅地等が複数ある場合などはどの宅地等の誰の取得分について適用するかを選択し同意があることが必要です（措法69の4④）。

　仮に遺産分割協議は成立していたとしても，選択対象宅地等について合意ができない場合は，やはり特例適用はできないことになります（平成15年3月3日裁決）。

　その場合は，特例を不適用として「3年以内分割見込書」を添付して当初申告を行います（措規23の2⑦五）。

## 2　特例対象宅地等の取得者が未定のため当初申告では特例適用せず，申告期限後に決定した場合

### 1　3年以内に取得者が確定した場合

　申告期限から3年以内に遺産分割協議の成立又は一部分割協議の成立により取得者が確定した場合は，確定した日の翌日から4か月以内に更正の請求書を提出します（措法69の4④）。

### 2　3年を経過しても取得者が確定しない場合

　3年を経過しても取得者が確定しない場合には，3年を経過する日の翌日から2か月を経過する日までに，「遺産が未分割であることについてやむを得ない事由がある旨の承認申請書」を税務署長に提出してその承認を受ける必要があります（措法69の4④ただし書かっこ書）。

　その場合のやむを得ない事由と確定した日は，次のとおりです（措令40の2⑯，相令4の2①「配偶者の税額の軽減」の規定を援用）。

19　承継者が決まらない場合の対応　**105**

＜遺産が未分割であることについてやむを得ない事由＞

| | やむを得ない事由（相法4の2） | 確定した日（相基通19の2－9～14） |
|---|---|---|
| 一 | その相続に関して訴えの提起がされたこと | 判決の確定日，訴えの取下げ日，その他その訴訟完結の日 |
| 二 | その相続等に関する和解，調停又は審判の申立がされている場合 | 和解・調停の成立，審判の確定，これらの取下げの日，その他事件の終了の日 |
| 三 | 遺産の分割の禁止がされている（民法907③）場合 | 分割の禁止期間・慎重期間が経過した日 |
| 四 | その他税務署長においてやむを得ない事情があると認められる場合 | その事情の消滅の日 |

## 3 取得者が決定されない場合

取得者が決定されなければ特例の要件を満たすことができず，適用はできません。

## 3 延長手続は取得要件の不備の場合のみ

上記の3年以内分割見込等による延長規定は，取得確定に係る延長規定です。申告期限内における事業の承継や居住の継続の規定には，延長規定はありませんから，申告期限までに要件に該当していない場合は，仮に後日分割が確定しても，特例の適用はできません。取得者の合意が得られていない場合も，承継や利用は継続していく必要があります。

# 20 修正申告・更正の請求の際の特例の適用

## Question

修正申告や更正の請求を行う際に，小規模宅地特例は適用できますか。

## Answer

小規模宅地特例は，原則として期限内申告で適用しますが，期限後申告書や修正申告書においても適用することができます（措法69の4⑥）。

ただし，更正の請求において小規模宅地等の選択変更を行った場合には特例を適用することはできません。

### 1 期限後申告・修正申告における適用

上記のとおり，小規模宅地特例は，原則として期限内申告で適用しますが，期限後申告書や修正申告書においても適用することができます。

そのため，例えば期限内申告書において小規模宅地特例の適用を行わず，その後に修正申告を行うこととなった場合には，特例適用宅地等があれば，その選択により特例を適用して修正申告書を提出することができます。

### 2 更正の請求

期限内申告において，選択特例適用宅地等に適用要件の不備があるなどして適用ができないことが判明し，別の特例適用宅地等を選択することにより更正の請求をすることができます。

例えば，期限内申告では最も有利なA宅地を選択特例適用宅地等として申告していたケースで，税務調査において要件不備が判明した

場合には，別のB宅地を選択特例適用宅地等として選択し，修正申告書を提出することができます。これはA宅地の選択が過誤であり，「その申告書に記載した課税標準等若しくは税額等の計算が国税に関する法律の規定に従っていなかったこと又はその計算に誤りがあったことにより，その申告書の提出により納付すべき税額が過大である」という国税通則法の規定に該当するためです（通則法23①）。

ただし，A宅地が要件を充足していた場合に，別なB宅地の方が有利だと分かったケースで，B宅地を選択特例適用宅地等として申告し直す更正の請求は認められません。当初申告に過誤がなければ，宅地の差替えはできないのです。

## 3 遺産の再分割

遺産の再分割については，遺産分割の合意解除と再分割という手続が行われたとしても，税務上は，当初の分割により共同相続人又は包括受遺者に分属した財産を分割のやり直しとして再配分した場合には，その再配分により取得した財産は，同項に規定する分割により取得したものとはならないとされています（相基通19の2－8ただし書）。

したがって，再分割後の宅地等の取得が贈与による取得である場合には，小規模宅地特例の適用対象外となるのです。

ただし，株式の評価方式の誤りによる課税負担の錯誤は「やむを得ない事情により誤信の内容を是正する一回的なもの」として更正の請求期間内の遺産の再分割を認めた判決もあります（東京地裁平成21年2月27日判決（確定））。

遺産の分割において，小規模宅地特例を適用する宅地等の選択に当たっては慎重な対応が望まれます。

108　第1章　小規模宅地の特例制度の概要

# 第2章

## 裁決・判決にみる
## 小規模宅地特例のミスパターン

# 1 小規模宅地特例のミス要因10

　小規模宅地特例のメリットは，大きな評価減額にあります。しかし，その反面，適用ミスは大きなダメージとなります。

　小規模宅地特例の適用ミスはどこにあるのか，その要因を過去の事件を基にしてミスパターンを探ってみましょう。

## 要因1 適用要件の複雑化に伴う理解不足

　小規模宅地特例のミスパターンの第一は，要件不備です。それも，その要件の理解不足から，要件を充足しないことが多いようです。

　例えば，「宅地等」について，本法で「財務省令で定める建物又は構築物の敷地の用に供されているもののうち政令で定めるもの」と規定していますが，それを単純に「土地等」と誤解して，建物又は構築物の敷地の用に供されている宅地等に該当しない青空駐車場に適用してしまうケースです。法律で定義されている事項について独自の理解では主張は困難です。

　これを象徴するのが，平成21年11月27日の最高裁判決（上告棄却）です。

　「小規模宅地等の特例の適用を受けるためには，建物又は構築物の敷地の用に供されていることが当然の前提とされているものと解すべきは明らかであり，その他控訴人らの主張するような例外を定めた規定は設けられていないのであるから，控訴人らの主張（対象として，建物又は構築物の敷地の用に供されていることを必要とする実質的理由がなく，むしろ，建物又は構築物のない敷地のほうが，より小規模な準事業として，特例の適用を受けるべき必要性が高いとの主張を含む）は法律上の根拠を欠いた失当なものというほかない。」

　特に，平成22年4月以降は，貸付事業用宅地等以外は8割減かゼロ減かのオール・オア・ナッシングの規定へと再編されました。このために，小規模宅地特例は極めて身近な税制でありながら，課税庁のチ

ェックが厳しくなっていることも，要件の複雑化に拍車をかけている
のです。

## 要因2　手続要件への理解不足

　平成24年4月18日東京地裁判決では，手続要件の不足が理由となっ
て特例適用が否認されています。
① 　未分割であるにもかかわらず期限内申告で配偶者税額軽減や小規
　　模宅地特例を適用して，後日更正を受け，
② 　申告期限から3年経過後に遺産分割の調停にもつれ込みながら
　　「遺産が未分割であることについてやむを得ない事由がある旨の承
　　認申請書」が不提出であり，
③ 　調停不調後の高裁審判に即時抗告，抗告棄却，抗告許可申立て，
　　特別抗告不許可及び特別抗告が却下となって，その4か月後の更正
　　の請求は更正すべき理由はなし，として更正の請求が認められなか
　　ったものです。
　　「即時抗告に対する高等裁判所の決定がされた場合には，その告知
によって原裁判は即時に確定し，その後に特別抗告が提起された場合
又は抗告の許可の申立てがされた場合でも，このことに変わりはない
ものと解される」とし，最高裁の特別抗告却下の日ではなく高裁決定
書送達日が判決の確定の日とされました。「承認申請書の不提出」よ
りも判決の確定の日の判断からの敗訴です。
　　この事件は，本人訴訟であった状況や各時点での手続不足から，専
門家の関与が得られなかった様子がみてとれますが，手続要件の軽視
が命取りとなっています。

## 要因3　適用要件のあてはめ不足

　上記の要因1でみた平成21年11月27日最高裁の判決となった静岡事
件では，納税者サイドに「宅地等」＝建物又は構築物の敷地の用に供
されていることと，「準事業」の混同があったようです。
　税法での要件設定は，いずれかの要件に該当すれば適用が可能とい
うものと，すべての要件を満たして初めて適用が可能，というものが

1　小規模宅地特例のミス要因10　**111**

あります。

特定居住用宅地等が，

① まず被相続人等の居住用宅地等であるか。

② 次に，該当宅地が配偶者による取得，同居親族による取得，「持ち家がない親族」による取得，生計一親族による取得のいずれかに該当するか。

という要件適格を積み重ねていって初めて適用の判定ができます。これを裁判上も「あてはめ」といっています。

適用要件を漏らさずリストアップして，それぞれにあてはめて，あたかもハードル競争で，ハードルを一つ一つ越えてゴールに向かうように適用要件のチェックを進めなければなりません。

## 要因4 度重なる制度の改正の消化不良

要因1から3のトラブルには，頻繁に改正が行われるため常に制度理解をキャッチアップしなければならないという背景があります。

第1章Q2（4頁）で取り上げたように，小規模宅地特例は，これまで夥しく改正されています。従前の制度と混同すると，大変なことになります。

さらにその過程では，平成30年度税制改正による節税規制のあまり，婚家の舅所有の家に居住する相続人が従前は「持ち家のない親族」に該当していたものを排除したり，平成31年度改正創設の特定事業用宅地等の3年内規制の相続取得宅地を新たな取得としない措置を，平成30年度改正の貸付事業用宅地の同様規定に準用するといった，課税省庁サイドの法律作成の混乱が散見されます。こうした法文脈を適切に読み取る力が税務専門家に要求されることとなります。

したがって，制度を前提として遺言書を作成したり，相続対策をしたりした場合は，必ずフォローアップしなければなりません。

例えば平成6年度改正後の，一棟の建物の敷地の一部が特定居住用等宅地に該当している場合に，その宅地等全体を特定居住用宅地等として取り扱うこととしていた制度が，平成22年4月以降では，適格者が取得する部分についてのみ適用されるように改正されています。小

規模宅地特例の適用を念頭に，改正前の制度を前提として遺言書を書いたケースでは，当然に遺言書の見直しが求められるでしょう。

## 要因5　立法趣旨より要件主義を重視

　小規模宅地特例は，「相続又は遺贈により取得した財産のうち，被相続人等の事業の用又は居住の用に供されていた宅地等は，相続人等の生活の基盤の維持等に不可欠のものであり，処分等に相当の制約があると考えられ」「そこで，これらの事情に配慮して，昭和58年に制度化されたのが小規模宅地等の特例です」（平成6年度「改正税法のすべて」）と解説されています。

　制度そのものは，こうした立法趣旨に基づいて制定されていますが，しかし制定後は，租税法律主義に基づいて運用がなされます。

　とりわけ事業や居住という生活に身近な卑近な事情に対して適用するものでありながら，税務上の効果が絶大であるために，その要件が詳細に規定され，複雑化の一途を辿っています。

　近年では，被相続人の自宅に同居していた親族が居住しているのに，被相続人が老人ホームで亡くなったために自宅敷地に適用ができず，「遺族の生活基盤保護」という法律趣旨には反する取扱いも生じてきました。

　この問題は，平成25年度税制改正において平成26年1月1日以降相続については老人ホーム入居により被相続人が相続開始直前に当該被相続人の居住の用に供されていなかった場合も救済されることとなりましたが，法改正がない限り，立法趣旨による判断だけでは税務上の取扱いは受けられないのです。

## 要因6　法令だけでなく通達・質疑応答・情報・Q&Aで補足

　本特例の適用に関して，さまざまなケースに対応すべく，課税庁は従前から法令解釈通達（基本通達・個別通達）を発遣するだけでなく，審理事務内容を「法令解釈に関する情報」・「質疑応答事例」を解説や「Q&A」の形式で公表しています。

　通達は，行政機関内部の行政規則として，上級機関が下級機関に対

1　小規模宅地特例のミス要因10　113

して行う指揮監督の指針であり，情報や質疑応答事例も同様です。

　しかし，これら法律から下位にある通達その他の情報等に，法令で定めていない詳細な取扱いが規定され拘束を受けています。

　訴訟においても「原告の主張は，本件『質疑応答事例』につき今日の社会事情を受けた『実態論』として措置法69条の4第1項の文理からあえて離れた解釈を示したかのような理解を前提とするもので，独自の見解に立つものといわざるを得ず，採用することができない。」（平成23年8月26日東京地裁判決　棄却確定）とされているなど，裁判官自身が情報や質疑応答に依拠するケースもあります。

　また例えば，政令（措令40の2②一）では「要支援認定」を施設入所前としていますが，通達（措通69の4－7の2）では，「相続の開始の直前」により判定するとして，時点についてアローワンスを置いています。

　特例適用に当たって，こうした課税庁の取扱いのすべてに目を通していなければ税務の安全性や予測可能性が確保できないというのは，納税者にとって大変な負担を強いられるものです。

## 要因7　法律に定義がなく，他税法や民法から多くの援用

　「事業」や「居住」，「生計一」の意義については，小規模宅地特例においては根幹の問題でありながら，小規模宅地特例に独自の定義がないため，他税法や他の法律から援用してきていました。租税特別措置法に定められている特例ですが措置法だけを確認しても特例を適用させるためには不十分なのです。

　援用が不適切である場合もあれば，適切であると認容されているケースもあります。

　「請求人は，相続税法等に『生計を一にしていた』という用語の定義も準用規定も示されていないことは法の不備であって，法の不備による不利益は課税庁側が負うべきである旨主張するが，法令の適用に当たっては，当該法令の趣旨に従って解釈し適用すべきであって，『生計を一にしていた』との文言について，相続税法及び措置法に定義又は準用規定がないとしても，当該文言は上記イのとおり解することが

114　第2章　裁決・判決にみる小規模宅地特例のミスパターン

でき，『生計を一にしていた』親族に該当するか否かについては社会通念に照らして個々に判断できるので，この点に関する請求人の主張には理由がない。」（平成20年6月26日裁決）

　一方，準用することが適切でなかった場合（要因9，平成20年5月1日佐賀地裁判決）もあり，無批判的な準用については警戒しなければならないでしょう。

## 要因8　土地関連法への理解不足

　小規模宅地特例は，土地に対する相続税の課税価格の特例ですから，土地という不動産と相続に関する他の関連法（民法，会社法，借地借家法，建築基準法，都市計画法，登記法，老人福祉法等）への理解が求められます。

　いわば多くの法律を背景に動いていく資産について，調査し，判断し，決断して初めて特例適用を確実に進めていくことができるのです。

## 要因9　過去の規定や他の法律と混同

　以前の国税庁の質疑応答では，「特例の立法経緯，立法趣旨からすれば，被相続人が居住の用に供していた宅地等が2か所以上ある場合には（中略），被相続人が主として居住の用に供していた宅地等の部分に限って特例の適用があるものと考えられる。」（『平成15年版　小規模宅地等の特例・特定事業用資産の特例』（大蔵財務協会））とされていました。

　これは，小規模宅地特例の旧個別通達にあった「主として居住用」の理解の延長上で取り扱っていた（88頁参照）だけでなく，所得税に関して，「居住の用に供している（家屋）」について，「その者がその居住の用に供している家屋を二以上有する場合には，これらの家屋のうち，その者が主としてその居住の用に供していると認められる一の家屋に限るものとする。」（措法31の3②，措令20の3②）を課税庁が援用して考えていたことによります（平成20年5月1日佐賀地裁判決）。

　これに対し，納税者は，「相続税法には住所の規定はあっても，『居住の用に供する』ことの定義は記載されていない」と反論し，この問

1　小規模宅地特例のミス要因10　**115**

題は結果的に，「一つに限らない」という確定判決（平成22年2月5日最高裁上告不受理，平成21年2月4日福岡高裁判決で確定）に着地しました。

これを受けて，平成22年度税制改正で，「主としてその居住の用に供していた一の宅地等」（措法69の4③二柱書，措令40の2⑧）と改正されています。

いわば，法の欠缺（けんけつ＝欠陥）に該当する部分ですが，定義の曖昧なものが，曖昧なままに「質疑応答」により運用され，訴訟によって初めて俎上に載るというプロセスは，残念なことです。

### 要件10 特例適用は遺産分割次第だが，人の心は制御不能

小規模宅地特例は，特例適用対象宅地等を適格者が取得し事業や居住を継続した場合に適用され，かつ相続税全体に影響が及びます。また，遺言による指定や相続人全員の合意により適用対象宅地等の取得者が確定し，かつ取得者間で適用対象地積等に同意が得られないことには制度そのものが適用されません。こうした事実，実態や人の心に関する部分は，特例適用について有利に運べるとは限りません。いわば，アウト・オブ・コントロール（制御不能）なケースが多いのです。

人の心や気持ち，将来の互いの人生をどのように構築していくかは相続そのものの問題でもあります。多くの裁決・判決例にみるように，未分割相続からの相続人の間のせめぎ合いや和解，調停後の特例適用の不備等は，こうした姿を映し出しています（平成15年3月3日裁決，平成15年10月31日徳島地裁判決，平成19年5月15日裁決，平成19年11月14日大阪地裁判決，平成23年9月8日東京地裁判決，平成24年4月18日東京地裁判決，平成25年3月7日大阪不服審判所裁決）。

# 2 裁決・判決にみる 小規模宅地特例トラブル57

　「1　小規模宅地特例のミス要因10」でみたように，トラブルの要因は大別しても10の要因が見つかります。

　では，そのミスが具体的に，どのような状況で表れてくるのでしょうか。異議申立てを経て国税不服審判所で裁決が下された事件，そして，その判断が不服として税務訴訟に至った事例のうち代表的な事件を一覧としました。

　これらの事件の中には，第1章で述べた小規模宅地特例の制度の概要や，第3章の所長税理士と職員が複雑・難解事例を解き明かしていく中で参考としている事例が盛り込まれています。

　古くは昭和60年の国税不服審判所の裁決事例に遡りますので，その下敷きとなった当時の小規模宅地特例の要件は，当然ながら現行制度とは異なります。

　そのため，それぞれの裁決・判決の内容を無批判的にそのまま現在の税務に当てはめたとしたら，ミスを招く危険があります。こうしたことから，それぞれの裁決・判決の下に「留意点」として，現行制度との異同など現時点で特例を適用する場合に注意すべき点を記しています。

　また，個々の判決・裁決について，直接裁決文や判決文に当たって調べたいという方のために，日税連税法データベース（TAINS）のコードを付しています。

　これら54件のトラブル事例について，なぜトラブルとなったかご認識いただくことで，ミスを回避するためのご参考としてください。

| | 争　点 | 不服審判所<br>年月日<br>判　断<br>(TAINS コード) | 地　裁<br>年月日<br>地裁名／判決<br>(TAINS コード) | 高　裁<br>年月日<br>高裁名／判決<br>(TAINS コード) | 最高裁<br>年月日<br>判決等<br>(TAINS コード) |
|---|---|---|---|---|---|
| 1 | 仮換地に対する<br>特定居住用宅地<br>の適用面積 | 昭60.6.18<br>一部取消し<br>（F0－3<br>－037） | | | |
| 2 | 貸家建替え中の<br>貸家建付地への<br>適用 | 平2.7.6<br>全部取消し<br>（J40－6<br>－04） | | | |
| 3 | 貸家建替え中の<br>貸家建付地への<br>適用 | 平4.12.9<br>棄　却（J44<br>－4－03） | | | |
| 4 | 賃貸開始前の信<br>託土地への適用 | 平5.5.24<br>棄　却（J45<br>－6－04） | 平6.7.22<br>東 京 地 裁<br>（Z205－<br>7370） | 平6.12.22<br>東京高裁／<br>棄 却 確 定<br>（Z206－<br>7436） | |

|判断・判決要旨|
|---|

○居住用小規模宅地の減額の規定が適用される200㎡は，従前の土地の面積ではなく実際の面積である仮換地の土地の面積に対して適用されるものであることが認められる。したがって，昭和57年度の土地課税台帳に登録された固定資産税評価額に2.3の倍率を乗じて計算した原処分に誤りはなく請求人の主張には理由はないが，一部，居住用小規模宅地の減額の規定が適用される面積について実際の面積である仮換地の土地の面積によって計算せず，従前の土地の面積によって計算した原処分には誤りが認められる。

○貸家用の家屋を建替え中の敷地について，事業の用に供されているものとして事業用の小規模宅地特例が適用される。

○貸家を建替え中の敷地について相続が開始した場合，旧建物の賃借人との賃貸借契約が解除された部分に相当する宅地については，貸家建付地に当たらないとし，小規模宅地特例の適用は，貸家建付地部分のみ認められる。

○相続人等の生活基盤の維持のために不可欠のものであること，特に事業用宅地については，雇人，取引先等事業者以外の多くの者の社会的基盤にもなり，事業を継続させる必要性が高いことなどから，その処分について相当の制約を受けるであろうことにかんがみ，必要最小限度の部分について，相続税の課税価格の計算上減額を認めたものであると解される。

○事業用宅地に該当するか否かは，相続の開始の直前において，現実に事業の用に供されていたか否かにより判断すべきである。

○措通69の3－7（居住用建物の建築中等に相続が開始した場合）は，居住用宅地の場合には，それがすべての者に共通して必要とされる生活基盤であって，建築中の建物の敷地の用に供されている宅地の場合でも，居住の継続性を確保するという点では，現に居住している建物の敷地の用に供されている場合と同様の必要性が認められることなどから，特に本件特例の適用を認めたものと解される。

2 裁決・判決にみる小規模宅地特例トラブル57 **119**

|  | 争 点 | 不服審判所 年月日 判 断 (TAINSコード) | 地 裁 年月日 地裁名／判決 (TAINSコード) | 高 裁 年月日 高裁名／判決 (TAINSコード) | 最高裁 年月日 判決等 (TAINSコード) |
|---|---|---|---|---|---|
| 5 | 更正の請求による選択宅地の変更 | 平5.12.13 棄 却（J46 － 1 －01） | | | |
| 6 | 青空駐車場への適用 | 平7.1.25 棄 却（J49 － 4 －25） | | | |
| 7 | 事業の意義（二番町事件） | | 平7.6.30 東京地裁／ 棄 却 確 定 （Z 209 － 7545） | | |
| 8 | 賃貸開始前マンションへの適用 | | 平7.7.19 横浜地裁／ 棄却（Z213 －7552） | 平8.4.18 東京高裁／ 棄却（Z216 －7714） | 平10.2.26 最高裁／棄 却確定（Z 230－8097） |

<table>
<tr><td>判断・判決要旨</td></tr>
</table>

○適用を受けるために，いったん宅地を適法に選択した以上，後日，他の宅地への選択替えを求めて更正の請求をすることはできない。

○砂利を敷設したのは10年くらい前であると認められ，平成5年現在，砂利は地中に埋没して土地の一部とみられる状態になっており，相続開始直前においても当該砂利敷きは構築物とはいえない状態になっていたと推認されるところから，構築物若しくは建物の敷地の用に供されていないので，事業の用に供されていたかどうかを判断するまでもなく小規模宅地特例の対象となる宅地等には該当しない。

○措通69の3－1（平成元年5月8日付直資2－208）がいわゆる5棟10室という形式基準を満たすとき等には，その貸付けが事業として行われていたものとする旨規定するのも，課税実務上，比較的容易に認定し得る貸付けの規模という要素をもって，一定以上の規模を有することを形式的な基準として，これを満たせば，事業として行われていたものとするという十分条件を定めたものにすぎないというべきで，これをもって，専ら貸付規模の大小をもって，社会通念上の事業といえるか否かを判断しなければならないというべきではなく，また，5棟10室程度の規模に至らない不動産貸付けが直ちに社会通念上事業に当たらないということもできない。

●留意点

　平成5年以前の適用要件となっていた貸付事業用の5棟10室基準を廃し，特例改正の原因となった判決です。

○賃貸用マンションの評価において，相続開始時点で賃貸されていない部屋は，借家権の目的となっていないものとして評価すべきであるとされた。

○相続開始時において賃貸されていない部屋がある場合の賃貸マンションの敷地の課税価格の算定にあたり，措法69の3（小規模宅地等についての相続税の課税価格の計算の特例）の適用対象となる土地は，相続開始時において賃貸されていた部分に対応する敷地に限られるのではなく，本件マンションの全室に係る敷地全部である。

2　裁決・判決にみる小規模宅地特例トラブル57　　**121**

| 争　点 | 不服審判所　年月日　判　断　(TAINS コード) | 地　裁　年月日　地裁名／判決　(TAINS コード) | 高　裁　年月日　高裁名／判決　(TAINS コード) | 最高裁　年月日　判決等　(TAINS コード) |
|---|---|---|---|---|
| 9　建物の賃貸借予約契約中の宅地への適用 | 平7.11.14　棄　却（J50－4－17） | | | |
| 10　建築中の居住用建物の敷地への適用 | | 平8.3.22　東京地裁／棄却（Z215－7685） | 平9.2.26　東京高裁／棄却（Z222－7868） | 平10.06.25　最高／裁棄却確定（Z232－8191） |
| 11　宅地選択の錯誤 | | 平8.11.28　東京地裁／棄　却　確　定（Z 221－7822） | | |
| 12　建築計画中の宅地への適用 | | 平10.4.30　東京地裁／棄　却　確　定（Z 231－8156） | | |

| 判断・判決要旨 |
|---|

○本件宅地は，宅地上に建築中の本件建物が本件相続開始日現在，貸し付けられていたとは認められないし，その他の事業の用に供されていたとも認められず，また，請求人は，本件申告書に本件宅地について本件特例の適用を受ける旨の記載をしていない。

○本件特例のような例外的な処置として定められた規定の解釈は，租税負担公平の観点からも厳格に行われるべきであるところ，相続開始時においてその土地上に居住用建物の建築計画があることや建築請負契約を締結しているだけで，本件建物の建築工事に着手したのは相続開始の日から2か月以上経過した後であり，相続開始時点においては本件建物の建築確認の申請も建築工事の着手もされておらず本件宅地は更地の状態であり，未だ建物の建築工事すら着手されておらず更地のまま具体的に使用されていない土地についてまで本件特例の居住用宅地に足ると解することは，措法69の3の規定の文言に照らし困難であるといわざるを得ない。

○相続税の確定申告に際し本件土地につき措法69の3（小規模宅地等についての相続税の課税価格の計算の特例）の適用があると納税者は判断したが，課税庁により是正される危険を回避するために，結局，本件土地に右特例の適用をしないで申告した場合，右申告に錯誤があったとはいえない。

○事業用宅地に該当するか否かは，相続の開始の直前において，当該宅地等について事業の用に供されていたか否かという観点から判断されるべきであり，当該宅地以外の宅地が被相続人の事業の用に供されていることは，その判断の参考となることはあっても，あくまで参考にとどまるのであり，そのことをもって当該宅地が事業用宅地にあたるものとすることはできないというべきである。すなわち，当該宅地自体が被相続人の事業の用に直接供されている場合や，当該宅地が従業員の宿舎として利用されているなど，その利用状況が，被相続人の事業の用に客観的に役立っていると認められる場合には，当該宅地は，被相続人の事業の用に供されていたと評価できるが，被相続人が不動産賃貸業を営んでおり，当該宅地も賃貸されているというだけでは，

2　裁決・判決にみる小規模宅地特例トラブル57　**123**

| | 争　点 | 不服審判所 | 地　裁 | 高　裁 | 最高裁 |
|---|---|---|---|---|---|
| | | 年月日<br>判　断<br>(TAINS コード) | 年月日<br>地裁名／判決<br>(TAINS コード) | 年月日<br>高裁名／判決<br>(TAINS コード) | 年月日<br>判決等<br>(TAINS コード) |
| 13 | 駐車場・建築中の家屋への適用 | | 平10.10.26<br>千葉地裁／<br>棄却（Z238<br>－8265） | 平11.8.30<br>東京高裁／<br>棄却確定<br>（Z 244 －<br>8469） | |
| 14 | 立退料と相殺する賃貸料の有償性 | 平11.6.21<br>棄却（J57<br>－ 4 －31） | | | |

124　第 2 章　裁決・判決にみる小規模宅地特例のミスパターン

| 判断・判決要旨 |
|---|

被相続人の事業の用に供されているものとは直ちには評価できないものである。

○被相続人が行った本件土地の貸付けの契約期間は1年間の短期とされており，期間満了後に必要があれば契約を更新し，事実上本件賃貸借契約は継続されてはいたものの，当事者間ではいつでも明け渡さねばならない旨の認識があり，また，被相続人は本件土地の貸付けに際し必要最小限の設備をしたのみで，容易に撤去して原状回復が可能であり，その後の管理や補修は専ら借主が行っており，被相続人自身は特段管理のために労力を費やしていないのであって，被相続人の収入の多くがこのような駐車場の賃料収入であったとしても，本件土地の貸付けをもって社会通念上事業の用に供されていたということはできないから，措法69の3（小規模宅地等についての相続税の課税価格の計算の特例）に定める事業用宅地に当たらないとされた。

○本件土地は，その上に砂利が敷かれた程度で地面は露出しており，フェンス等の設備も簡素なものであって，その施設の維持管理についても専ら借主がその負担において行っているなど，特段の人的・物的な資本投下がされているとは認められず，必要なときにはいつでも容易に原状回復のうえ他に転用できるものであることなどからすれば，事業性を認識する程度に資本投下がされた構築物の敷地の用に供されているということはできないから，措法69の3の適用要件を満たさない。

●留意点

貸付事業用の準事業用を認めていなかった制度下での判決です。

○和解条項によれば，H社は，本件明渡し猶予期間中は本件建物を無償で使用できるとされており，本件明渡し猶予期間中の貸借は無償使用と認められる。

○なお，請求人らは，本件明渡し猶予期間中の賃料と立退料が相殺されているのであって無償使用ではない旨主張するが，①本件和解条項には，その旨の記載がないこと，②他に本件明渡し猶予期間中の貸借が有料であること並びにH社が本件建物を明け渡す際に立退料の支払いを要すること及びその金額について定めた証拠も認められないこと，さらに③貸主は借家人が建物を

2　裁決・判決にみる小規模宅地特例トラブル57　**125**

| | 争　点 | 不服審判所 年月日 判　断 (TAINS コード) | 地　裁 年月日 地裁名／判決 (TAINS コード) | 高　裁 年月日 高裁名／判決 (TAINS コード) | 最高裁 年月日 判決等 (TAINS コード) |
|---|---|---|---|---|---|
| 15 | 賃借人の募集の ない空き家 | 平12.12.22 棄　却（J60 － 4 －45) | | | |
| 16 | 遺産分割協議未 成立争いと同意 （更正決定の期 限徒過) | 平13.1.12 全部取消し （F0 － 3 －019) | | | |
| 17 | 建築直後の空室 のある賃貸用マ ンションの評価 | 平13.1.31 棄　却（F0 － 3 －075) | | | |

## 判断・判決要旨

明け渡す場合に常に立退料の支払いをしなければならないわけではないことからすれば，この点に関する請求人の主張は採用できない。

○本件明渡し猶予期間中における本件建物の貸借は無償使用と認めるのが相当であるから当該貸借に係る貸付けは，①営利性，有償性を欠いていることは明らかであり，事業ということができず，また，②相当の対価を得て継続的に行うものにも該当しないので事業に含まれることにもならないと認めるのが相当である。そうすると，本件宅地は小規模宅地特例が適用できる宅地等に該当しないこととなる。

○請求人は，本件宅地上の建物は相続開始の直前には賃貸されておらず，空き家であったが，賃借人の募集を行っており，空き家であったのは一時的なものであるから，本件宅地は，事業用宅地等として，措法69の3の適用は認められるべきであると主張する。

○しかしながら，賃借人を募集していた事実は認められず，本件建物は老朽化し，直ちに第三者に賃貸できるものではないと認められることなどから，建物が空き家であったのは一時的なものということはできない。

○相法32（更正の請求の特則）の規定に基づく相法35③（更正及び決定の特則）の規定による本件更正処分は，通則法70①（国等に対して相続財産を贈与した場合の相続税の非課税等）に規定する期間制限を徒過してなされたものであるとして，原処分の全部を取り消した。

○特例の趣旨は，相続人等の生活及び社会基盤の維持のために不可欠な宅地等のうち，その処分について相当の制約を受けると見込まれる小規模な宅地等については，担税力が減殺され，また，事業用土地については，雇用の場である等事業主以外の多くの者の社会基盤としての制約を受ける面がある。この点を考慮して，課税価格の計算上の減殺措置として設けられたものである。

○措通69の3-2の定めがあるからといって，新たに事業用建物を建築中である場合まで適用するものではない。また，貸家建付地の評価は，借家人が貸家の敷地に対し法的な権利を有するか否かは必ずしも明確ではないが，経済的実質からみると，土地の価格に影響を及ぼすと認められる支配的な権利を

|  | 争 点 | 不服審判所 | 地 裁 | 高 裁 | 最高裁 |
|---|---|---|---|---|---|
|  |  | 年月日<br>判 断<br>(TAINS コード) | 年月日<br>地裁名／判決<br>(TAINS コード) | 年月日<br>高裁名／判決<br>(TAINS コード) | 年月日<br>判決等<br>(TAINS コード) |
|  |  |  |  |  |  |
| 18 | 明渡し猶予期間中の事業の継続性 |  | 平13.01.31<br>東京地裁／<br>一部取消し<br>確定 (Z250<br>－8830) |  |  |

<table>
<tr><td align="center">判断・判決要旨</td></tr>
</table>

有していることになるから，これらの事情を考慮して一定の控除を行うことにしたものである。

○このことから，措通69の3－2の考え方と貸家建付地の評価の考え方とはその趣旨を異にしており，両者を同一のものとすることはできない。

○明渡し猶予期間中の本件建物の使用期間は，一時使用の賃貸借と異ならないこと及び賃借人は，平成7年11月14日まで本件建物を占有していたことが認められ，納税者らの父（被相続人）が本件建物を本件賃借人に賃貸したことは，自己の計算と危険において営利を目的として対価を得て継続的に行う経済活動であるから，事業と解することが相当であり，本件賃借契約に関する紛争処理の段階にあったものの相続開始直前においても未だ終了していたものとはいえず，本件建物の敷地の用に供されている土地は，被相続人の事業の用に供されていた宅地等に該当し，措法69の3が適用されるべきである。

○措法69の3は，「当該相続開始の直前において…当該相続…に係る被相続人の事業…の用…に供されていた宅地等」と定めるにすぎず，相続開始後も相当な期間被相続人の事業が継続していることをその適用の要件とするものではないから，賃借人が相続開始後間もなく本件建物を明け渡したことは右特例の適用の妨げになるものではない。

○措法69の3の適用要件としての事業の用に供されていたと認められるためには，被相続人が行っていた行為が，相続開始の直前における客観的な状況からみて，営利性，有償性を有していたと認められることが必要であり，本件は相続開始に至る9年間が無償で貸与されたものであるから，営利性，有償性は認められないとの課税庁の主張だが，事業は不確実性のもとに事業主の経営判断により行われる経済活動である以上，収益が上がらない状態の時期もあり得るのであるから，ある時期において収入がないからといって，直ちに営利性及び有償性に欠けるものとして事業でなくなるものではなく，事業性の有無は，その事業の性質や経過，事業に対する事業主の経営判断等の要素も総合して判断しなければならない。

●留意点

　平成22年3月以前の貸付事業用宅地等の申告期限までの継続事業は要件とされていなかった制度下の判決です。

| | 争 点 | 不服審判所<br>年月日<br>判 断<br>(TAINS コード) | 地 裁<br>年月日<br>地裁名／判決<br>(TAINS コード) | 高 裁<br>年月日<br>高裁名／判決<br>(TAINS コード) | 最高裁<br>年月日<br>判決等<br>(TAINS コード) |
|---|---|---|---|---|---|
| 19 | 未分割遺産に居住中の「持ち家がない親族」の該当性 | 平13.12.25<br>棄 却（J62－4－30） | | | |
| 20 | 再開発の場合の選択宅地変更と「やむを得ない事情」 | | 平14.7.11<br>東京地裁／納税者勝訴（Z252－9156） | H15.3.25<br>東京高裁／原判決取消し（Z253－9311） | 平17.3.29<br>最高裁／上告不受理（Z255－09977） |
| 21 | 地積の変更と「やむを得ない事情」 | 平14.11.19<br>一部取消し（F0－3－079） | | | |
| 22 | 被相続人の居住地の該当性 | 平14.12.5<br>棄 却（J64－4－36） | | | |

| 判断・判決要旨 |
|---|
| ○居住の用に供していた当該家屋を遺産分割により取得した者は措法69の3②に規定する「所有家屋に居住したことがない者」に当たらず，また，遺言執行費用を課税価格の計算上控除することはできない。 |
| ○同本件相続人らは，本件相続に係る相続税の申告の際，他の貸家建付地を本件特例を適用する宅地として選択しているから，もともと本件更正処分についてやむを得ない事情の前提を欠いているものである。<br>○本件施設建築物持分が賃貸用事務所として運用することが確実であったとしても，現実に，賃貸借契約が締結されて借家権が設定されなければ，借家権の設定に伴う法的制約が課せられることはないのであるから，借家権があることを前提とした減額をすべき事情があるとはいえず，本件相続が発生した時点においては，本件施設建築物は建設の途上にあり，賃貸借契約も締結されていなかったのであるから，同時点において，本件施設建築物持分が貸家に供されていたのも同然であるとして，貸家及び貸家建付地としての評価をすることは相当ではない。 |
| ○相続税の申告書を提出した後，選択適用した小規模宅地等の地積につき相違があったことを認識した場合，小規模宅地等の選択換えという場所の変更を行うものではないから，旧措法69の3⑦に規定する「やむを得ない事情」として，小規模宅地等の地積の変更を認めるのが相当である。 |
| ○請求人らは，被相続人の住民票上の住所は，相続の開始の約1年前に被相続人の長女の住所地に変更しているものの，被相続人の生活の本拠は，本件宅地上の建物に被相続人の備品等が残されているなど，相続が開始するまで当該建物にあったのであるから，措法69の3①の規定が適用されるべきである旨主張する。<br>○しかしながら，①被相続人は，退院後，当該長女の住所地において日常生活を送っていたこと，②被相続人は，所得税の申告等において，当該長女の夫の扶養親族となっていることなどから総合的に判断すると，被相続人は，相続開始の直前においては当該長女の住所地に居住していたと認めるのが相当 |

| | 争 点 | 不服審判所 | 地 裁 | 高 裁 | 最高裁 |
|---|---|---|---|---|---|
| | | 年月日<br>判 断<br>(TAINSコード) | 年月日<br>地裁名／判決<br>(TAINSコード) | 年月日<br>高裁名／判決<br>(TAINSコード) | 年月日<br>判決等<br>(TAINSコード) |
| | | | | | |
| 23 | 相続人間の選択<br>宅地の同意の不<br>備 | 平15.3.3<br>棄 却（F0<br>－3－292，<br>293） | | | |
| 24 | 遺産分割から4<br>か月以内の修正<br>申告による適用<br>失念と「やむを<br>得ない事情」 | 平15.4.24<br>却 下（J65<br>－4－48） | | | |
| 25 | 物納収納価額の<br>算定（物納価格<br>は小規模宅地減<br>額後） | 平15.7.4<br>却 下（F0<br>－3－092） | | | |
| 26 | 配偶者が取得し<br>た医院借地権の<br>特定事業用の該<br>当性と特定居住<br>用への適用 | 平15.7.4<br>棄 却（F0<br>－3－299） | | | |

| 判断・判決要旨 |
|---|

であるので，請求人の主張を採用することはできない。

○相続人間で授受した紛争解決金は代償分割による代償金であるとした事例で，小規模宅地特例について，特例の対象となる宅地等を取得した相続人全員の同意があったとまでは認めることはできないので適用することはできない。

○更正の請求による措法69の3（平成11年法律第9号改正前）の適用は相法32の規定により，本件土地の遺産分割が行われた日の翌日から4か月以内になされる必要があるところ，本件の更正の請求はこの期限を経過した後になされたものであるから，不適法である。

○請求人は本件土地についての遺産分割の日から4か月以内に行った修正申告において同条の適用を失念したことは同条6項に規定する「やむを得ない事情」に該当するものと解するべきである旨主張するが，この「やむを得ない事情」とは，例えば，災害，交通や通信の途絶等，納税者の責めに帰すことのできない客観的事情によるものをいい，本件のように請求人が同条の適用を失念したことはこれに当たらない。

○物納による収納価額の算定は，国税に関する法律に基づく処分ではないから，通則法75（国税に対する処分についての不服申立て）により収納価額の増額を求める不服申立てをすることはできないと解されることから，本件審査請求は不適法というべきである。

○事実等を法令に照らして判断すると，本件土地（診療所兼居宅の敷地）に係る本件借地権は，被相続人の配偶者が，①本件相続開始日から申告期限までの間に被相続人の事業を引き継いでいないこと，②本件相続の開始前から申告期限まで引き続き事業の用に供していないことから，特定事業用宅地等には該当せず，被相続人の配偶者がこれを取得したため特定居住用宅地等に該当すると認められる。

○そうすると，本件借地権は小規模宅地特例の特定居住用宅地等の適用要件を満たしていることから，措法69の3の規定により，本件借地権の相続税の課

2　裁決・判決にみる小規模宅地特例トラブル57　**133**

| | 争 点 | 不服審判所 年月日 判 断 (TAINS コード) | 地 裁 年月日 地裁名／判決 (TAINS コード) | 高 裁 年月日 高裁名／判決 (TAINS コード) | 最高裁 年月日 判決等 (TAINS コード) |
|---|---|---|---|---|---|
| 27 | 仮換地指定に伴い更地となっていた居住用宅地への適用 | | 平16.01.20 福岡地裁／棄却 (Z254 −9513) | 平16.11.26 福岡高裁／棄却 (Z254 −9837)<br><br>平19.7.19 福岡高裁差戻し控訴審原判決一部取消し確定 （Z 257 − 10756) | 平19.1.23 最高裁／破棄差戻し （Z 257 − 10614) |
| 28 | 使用貸借の目的となっている宅地／土地の評価／隣接する複数筆の土地 | | 平16.8.10 高知地裁／棄却確定 （Z 254 − 9717) | | |

134 第2章 裁決・判決にみる小規模宅地特例のミスパターン

|  | 判断・判決要旨 |
| --- | --- |

税価格に算入する価額を算出すると評価減額の対象となる。

○【最高裁】土地区画整理事業における仮換地指定により被相続人が従前居住の用に供していた本件宅地及び同土地に係る仮換地の使用収益が共に禁止された結果，相続直前においてはいずれの土地も居住の用に供されてはいなかったものであるが，それは公共事業によりやむを得ずそのような状況に立たされたためであるから，相続開始ないし相続税申告の時点において，被相続人又は納税者らが本件仮換地を居住の用に供する予定がなかったと認めるに足りる特段の事情がない限り，本件宅地は，措法69の3（小規模宅地等についての相続税の課税価格の計算の特例）にいう「相続の開始の直前において…居住の用に供されていた宅地」に当たると解するのが相当であり，本件においては特段の事情が認められないから，本件宅地に同特例が適用があるとされ，本件宅地が同特例に該当するとして原審に差し戻す。

○【高裁】本件においては，被相続人と納税者が同居していないことは明らかである上，被相続人と納税者との間で，生活費の支出が共通になされていたとまでは認めがたく，むしろ被相続人が自ら賃料収入を得て，社会保険にも加入していたことからすれば，両者の生計は各自独立していたものと推認されるから，納税者が被相続人と「生計を一にしていた者」であるとはいえず，納税者は措法69の3②二ハ（小規模宅地等についての相続税の課税価格の計算の特例）に該当しない。

●留意点

　この最高裁判決後，措通69の4－3（公共事業の施行により従前地及び仮換地について使用収益が禁止されている場合）が追加されました。

○使用借権は，借主と貸主の間の好意・信頼関係などの人的つながりを基盤とする利用権にすぎず，借主が使用継続を要求する権利は極めて弱いものであって客観的な交換価値を有するものとみることは困難であることにかんがみると，当該借地権には使用貸借に基づく権利は含まれないと解されることから，使用貸借の目的となっている宅地は，自用地としての価額により評価するのが相当である。

2　裁決・判決にみる小規模宅地特例トラブル57

| | 争 点 | 不服審判所<br>年月日<br>判 断<br>(TAINS コード) | 地 裁<br>年月日<br>地裁名／判決<br>(TAINS コード) | 高 裁<br>年月日<br>高裁名／判決<br>(TAINS コード) | 最高裁<br>年月日<br>判決等<br>(TAINS コード) |
|---|---|---|---|---|---|
| 29 | 相続人間の特例適用の不同意 | 平17.7.4<br>棄 却（F 0<br>− 3 −140） | | | |
| 30 | 青空駐車場への適用 | 平17.12.16<br>棄 却（F 0<br>− 3 −213） | 平21.1.29<br>札幌地裁／<br>棄 却 確 定<br>（Z259.<br>11129） | | |
| 31 | 「居住の用に供されていた宅地」の意義／生活の拠点 | 平18.6.6<br>裁 決（J71<br>− 4 −30） | 平20.5.1<br>佐賀地裁／<br>全部取消し<br>納税者勝訴<br>（ Z 258 −<br>10956） | 平21.2.4<br>福岡高裁／<br>原判決取消<br>し（ Z 259<br>−11137） | 平22.2.5<br>最高裁／上<br>告不受理／<br>確定（Z260<br>−11374） |

136　第 2 章　裁決・判決にみる小規模宅地特例のミスパターン

| 判断・判決要旨 |
| :--- |
| ○本件共同相続人らは，特例対象宅地等の取得をしたすべての者の当該選択について同意を証する書類の各書類を添付して相続税の申告書を提出しなければならないにもかかわらず，本件申告書にはこれら各書類の添付はなく，また，長女及び養女が提出した本件相続税に係る申告書にも本件土地を小規模宅地等として選択することに請求人が同意したことを証する書類の添付がない。 |
| ○本件宅地の状況からすれば，本件宅地は青空駐車場として利用され，敷地の一部にアスファルト舗装やフェンスを設置するなどの資本投下がされており，事業性が認められる。しかし，本件宅地に設けられたアスファルト舗装は，全敷地の約8％にとどまり，金属製のパイプを組み合わせたフェンスが設置されているのみである。このようなアスファルト舗装やフェンスを撤去，除去して本件宅地を転用することは容易であり，処分面での制約は非常に少ないということができる。また，個人の生活基盤として保護する必要性を見い出すこともできない。そうすると，本件宅地上のアスファルト舗装やフェンスは小規模宅地特例上の「構築物」に当たらないというべきである。したがって，本件宅地は，「建物又は構築物の敷地の用に供されているもの」に該当しないから，本件宅地について小規模宅地特例の適用を認めなかった本件各更正処分は適法である。 |
| ○当裁判所も，本件特例の対象となる「居住の用に供されていた宅地等」は，「主として居住の用に供されていた宅地等」に限られないものと判断する。本件特例の解釈としては，主として居住の用に供されていた宅地等に限るとすることは困難であって，面積要件さえ満たせば，複数存在することも許容されていると解するのが相当であると判断した。<br>○本件特例は，本件個別通達（旧昭和50年6月20日付「事業又は居住の用に供されていた宅地の評価について」通達）に規定する「…相続開始時において被相続人が主として居住の用に供していた宅地をいうものとする」の趣旨を引き継いで本件適用が法律化されたのであるという控訴人の主張に対し，税制調査会の「昭和58年度の税制改正に関する答申」において，従来の通達による取扱いを発展的に吸収して相続税の課税上特別の配慮を加えることとし |

2　裁決・判決にみる小規模宅地特例トラブル57

| | 争　点 | 不服審判所 年月日 判　断 (TAINSコード) | 地　裁 年月日 地裁名／判決 (TAINSコード) | 高　裁 年月日 高裁名／判決 (TAINSコード) | 最高裁 年月日 判決等 (TAINSコード) |
|---|---|---|---|---|---|
| 32 | 賃貸借契約か使用貸借契約か／土地の評価 | 平18.12.7 棄　却（Ｆ0 －3－201） | | | |
| 33 | 遺産が未分割であることにつきやむを得ない事由 | 平19.5.15 棄　却（J73 －4－27） | | | |
| 34 | 特定事業用資産特例の適用による更正の請求／青空駐車場 | 平19.6.5 棄　却（Ｆ0 －3－217） | | | |

判断・判決要旨

て，法律化されたものであり，本件個別通達に存在した「主として」という
文言が本件特例で削除されているということは，文字どおり本件個別通達の
「主として」の制限を本件特例で解除したものにほかならないものというべ
きである。

○本件マンションの利用状況等からすれば，丁が病気等の事情から利用できな
かったことを考慮しても，丁は本件マンションにおいてほとんど生活してい
なかったのでありその利用も散発的であって，被控訴人らが主張する別件家
屋と本件マンションの両方に居住する生活スタイルというものも確立するに
至っておらず，本件マンションが生活の拠点として使用されていたとは認め
られない。

●留意点

平成22年4月以降の措法69の4③二，措令40の2⑧の改正の原因となった判
決です。

○本件地代の年額は，本件被相続人の所有する土地に対する昭和63年度固定資
産税等の納税額を参考として決められたと推認されることから，本件契約は
賃貸借契約に該当しないのは明らかである。本件契約は使用貸借契約である
から，同通達に定める他に貸し付けられていた宅地等には該当せず，本件相
続税の課税価格に算入すべき本件土地の価額の計算においては，小規模宅地
特例を適用することはできない。

○請求人の多忙及び共同相続人の通院加療等を理由に，請求人が行った相続税
の申告期限から3年以内に遺産が分割されなかったことについてのやむを得
ない事由の承認申請を却下した処分は適法である。

○本件土地につき小規模宅地特例の選択面積の上限で同特例の適用を選択して
申告書を提出した後に，更正の請求によって特定事業用資産の特例の適用を
求めたが，特定事業用資産の特例を選択適用することはできない。

○青空駐車場にある看板等は，措規23の2①に規定する構築物に該当しないか
ら，その敷地について，小規模宅地特例の適用を受けることはできない。

2　裁決・判決にみる小規模宅地特例トラブル57 **139**

| | 争 点 | 不服審判所<br>年月日<br>判　断<br>(TAINS コード) | 地　裁<br>年月日<br>地裁名／判決<br>(TAINS コード) | 高　裁<br>年月日<br>高裁名／判決<br>(TAINS コード) | 最高裁<br>年月日<br>判決等<br>(TAINS コード) |
|---|---|---|---|---|---|
| | | | | | |
| 35 | 生活の拠点 | 平19.6.14<br>棄 却（F 0<br>－ 3 －290) | | | |
| 36 | 更正の請求の特<br>則／事由が生じ<br>たことを知った<br>日の解釈／国家<br>賠償請求 | | 平19.11.14<br>大阪地裁／<br>棄 却 確 定<br>（Z 257 －<br>10822) | | |
| 37 | 生計を一にして<br>いた親族 | 平20.6.26<br>棄 却（J75<br>－ 4 －38) | | | |
| 38 | 老人ホーム入所<br>中の相続開始 | 平20.10.2<br>棄 却（J76<br>－ 4 －25) | | | |

|判断・判決要旨|
|---|

**●留意点**

　平成20年12月31日をもって，特定同族会社株式についての特定事業用資産の特例は廃止されています。

---

○本件宅地については，被相続人の居住の用に供されていた宅地等に該当せず，また，被相続人と生計を一にしていた被相続人の親族の居住の用に供されていた宅地等にも該当しない。

○認定事実によれば，被相続人の住民票の住所は本件家屋の所在地にあるものの，被相続人の相続の開始直前の生活の拠点は別件家屋にあったものと判断するのが相当であり，本件家屋が被相続人の生活の拠点であったとは認められない。Aについては，①相続の開始直前において本件家屋に居住していないこと，②入院生活により既に長期間にわたり本件家屋を居住の用に使用していないこと，並びに③被相続人夫婦と同居することを条件に病院を退院しており，別件家屋という生活の拠点となる建物が存在すると認められるから，相続の開始直前において生活の拠点が本件家屋に置かれていたとはいえない。

---

○遺産分割の審判が確定した場合，即時抗告期間満了の日の翌日が「知った日」となるため，知った日から4か月を経過した日が更正の請求期限となる。

---

○請求人は被相続人と生計を一にしていた親族とは認められないから，請求人が相続により取得した請求人の居宅の敷地は小規模宅地特例の対象とはならない。

---

○被相続人の老人ホームへの入所は一時的なものとはいえないから，入所前に居住していた家屋の敷地は居住の用に供されていた宅地等には該当せず，小規模宅地特例の適用対象とはならない。

**●留意点**

　平成25年度税制改正により，平成26年1月1日以降開始相続の場合は，特例

| 争　点 | 不服審判所 | 地　裁 | 高　裁 | 最高裁 |
|---|---|---|---|---|
|  | 年月日<br>判　断<br>(TAINS コード) | 年月日<br>地裁名／判決<br>(TAINS コード) | 年月日<br>高裁名／判決<br>(TAINS コード) | 年月日<br>判決等<br>(TAINS コード) |
| 39 青空駐車場への<br>適用 |  | 平20.11.27<br>静岡地裁／<br>却下棄却<br>（Z258－<br>11086） | 平21.6.25<br>東京高裁／<br>棄却 (Z259<br>－11233) | 平21.11.27<br>最高裁／上<br>告不受理／<br>確定 (Z259<br>－11339) |

|                      判断・判決要旨                      |

が適用となると考えられる事案です。

○原判決判示のとおり，措法69の４の定める小規模宅地特例の適用を受けるためには，建物又は構築物の敷地の用に供されていることが当然の前提とされているものと解すべきは明らかであり，その他控訴人らの主張するような例外を定めた規定は設けられていないのであるから，控訴人らの主張（対象として，建物又は構築物の敷地の用に供されていることを必要とする実質的理由がなく，むしろ，建物又は構築物のない敷地のほうが，より小規模な準事業として，特例の適用を受けるべき必要性が高いとの主張を含む）は法律上の根拠を欠いた失当なものというほかない。

○控訴人らは，同法に係る通達の改正経緯をもって自らの主張の根拠とするが，同法の一部を改正する法律（平成６年３月31日法律第22号）等の施行に伴う通達の改正（平成６年課資２−115）により措通69の３−４の規定が削除されたとしても，小規模宅地特例の対象となる宅地等について，建物又は構築物の敷地の用に供されている必要がないとされたものではないのである。このことは，同通達（平成６年課資２−115）69の３−１をもって「同法69条の３第１項に規定する被相続人等の事業の用に供されていた宅地等とは，次に掲げる宅地等（土地又は土地の上に存する権利で，同法施行規則23条の２第１項に規定する建物又は構築物の敷地の用に供されていたものに限る。）をいうものとする。」との規定を新設し，その後改正された同通達（平成15年課資２−３）69の４−２も同趣旨の規定であることからも明らかであるというべきである。

○また，同法の一部を改正する法律（平成６年３月31日法律第22号）等の施行に伴う改正後の同通達（平成６年課資２−115）69の３−10は，不動産貸付業，駐車場業又は自転車駐車場業については，その規模，設備の状況及び営業形態等を問わずすべて措法69の３②一に規定する不動産貸付業又は措令40④に規定する駐車場業若しくは自転車駐車場業に当たる旨を規定しているが，同規定は，事業用宅地等において営まれていた被相続人等の事業が不動産貸付業等に該当するかどうかの判定に当たって，その規模の大小，設備の状況及び営業形態等を問わないことを留意的に定めたものであって，同規定が建物又は構築物の敷地の用に供されている必要がない旨を定めているわけでは

2　裁決・判決にみる小規模宅地特例トラブル57

|  | 争 点 | 不服審判所<br>年月日<br>判 断<br>(TAINS コード) | 地 裁<br>年月日<br>地裁名／判決<br>(TAINS コード) | 高 裁<br>年月日<br>高裁名／判決<br>(TAINS コード) | 最高裁<br>年月日<br>判決等<br>(TAINS コード) |
|---|---|---|---|---|---|
| 40 | 更正の請求期間内における遺産の再分割に基づく更正の請求 | | 平21.2.27<br>東京地裁／<br>一部認容確<br>定 （ Z 259<br>−11151） | | |

| 判断・判決要旨 |
| --- |

ないのであって，その後改正された同通達（平成15年課資２－３）69の４－14もまた同趣旨であると解せられる。

○そうすると，控訴人らの指摘する上記改正の経緯に照らしてみても，駐車場業に利用されている土地については同法69の４①に定める「財務省令で定める建物又は構築物の敷地の用に供されているもの」との要件を除外して適用すべきものということはできず，この点に関する控訴人らの主張は理由がない。

○本件は，被相続人の妻（原告乙）が取得する本件同族会社の株式の価額につき，配当還元方式による評価を前提として第一次遺産分割をし相続税の申告をした後に，配当還元方式の適用を受けられず，類似業種比準方式による高額の租税負担となることが確認されたため，配当還元方式の適用を受けられるように各相続人が取得する株式数を調整した上で新たな遺産分割の合意（以下「第二次遺産分割」という）に基づき，更正の請求期間内に原告らが更正の請求又は修正申告をした事案である。

○原告乙が遺産分割により取得する株式について，配当還元方式による評価によることが，第一次遺産分割に当たっての重要な動機として明示的に表示され，かつ，その評価方法についての動機の錯誤がなかったならば相続人らはその意思表示をしなかったであろうと認められるから，第一次遺産分割のうち株式の配分に係る部分は要素の錯誤があったと認めるのが相当である。

○分割内容自体の錯誤と異なり，課税負担の錯誤に関しては，それが要素の錯誤に該当する場合であっても，申告納税制度の趣旨・構造及び税法上の信義則に照らすと，申告者は，法定申告期限後は，課税庁に対し，原則として，課税負担又はその前提事項の錯誤を理由として当該遺産分割が無効であることを主張することはできず，例外的にその主張が許されるのは，分割内容自体の錯誤との権衡等にも照らし，①申告者が，更正請求期間内に，かつ，課税庁の調査時の指摘，修正申告の勧奨，更正処分等を受ける前に，自ら誤信に気付いて，更正の請求をし，②更正請求期間内に，新たな遺産分割の合意による分割内容の変更をして，当初の遺産分割の経済的成果を完全に消失させており，かつ，③その分割内容の変更がやむを得ない事情により誤信の内容を是正する一回的なものであると認められる場合のように，更正請求期間

|  | 争 点 | 不服審判所 | 地 裁 | 高 裁 | 最高裁 |
|---|---|---|---|---|---|
|  |  | 年月日<br>判　断<br>(TAINS コード) | 年月日<br>地裁名／判決<br>(TAINS コード) | 年月日<br>高裁名／判決<br>(TAINS コード) | 年月日<br>判決等<br>(TAINS コード) |
| 41 | 「選択特例対象宅地等の明細書」及び「特例適用の同意書」 | 平21.11.4<br>棄　却（F 0<br>－ 3 －285) |  |  |  |

| 判断・判決要旨 |
| --- |

内にされた更正の請求においてその主張を認めても弊害が生ずるおそれがなく，申告納税制度の趣旨・構造及び租税法上の信義則に反するとはいえないと認めるべき特段の事情がある場合に限られるものと解するのが相当である。

○認定事実によれば，本件会社の株式の評価に係る配当還元方式の適用は，その適用の有無により評価額に合計約19億円の差異が生じることから，遺産分割における重要な条件として当初から相続人らの間で明示的に協議されていた事項であり，相続人らが当該株式の評価方法を誤信して第一次遺産分割の合意に至ったのは，本件税理士の誤った助言に起因するものであり，事柄の内容も税務の専門家でない相続人らにとって同税理士の助言の誤りに直ちに気付くのが容易なものとはいえないことであったこと，遺産分割の協議に際して，相続人らは，第一次遺産分割に基づく当初の申告を経て，自らその誤信に気付いた後，速やかに，配当還元方式の適用を受けられる内容に当該株式の配分方法を変更した第二次遺産分割の合意に至っていることが認められ，これらの経緯に照らすと，第一次遺産分割から第二次遺産分割への分割内容の変更は，やむを得ない事情により誤信の内容を是正する1回的なものであったと認められ，本件上記③に該当するものと認められる。

○認定の事実関係の下では，本件は，上記①ないし③のいずれにも該当し，更正の請求において課税負担の前提事項の錯誤を理由とする遺産分割の無効の主張を認めても弊害が生ずるおそれがなく，申告納税制度の趣旨・構造及び租税法上の信義則に反するとはいえないと認めるべき特段の事情がある場合に該当するものというべきである。

○原告乙が更正請求期間内にした通則法23①一の規定による更正の請求により，処分行政庁は，第一次遺産分割のうち本件会社の株式の配分に係る部分が無効であり，当該株式の配分については第二次遺産分割の内容に従って計算がされるべきことを前提として相続税額の減額更正に応ずべき義務を負うに至ったものと解するのが相当である。

○審査請求人は，相続税申告書の提出に際し，本件2土地に係る「選択特例対象宅地等の明細書」及び「特例適用の同意書」を添付しておらず，またその後においても更正処分等が行われるまでの間，これらの書類を原処分庁に提出した事実は認められないから，本件2土地につき小規模宅地特例を適用す

| | 争　点 | 不服審判所<br>年月日<br>判　断<br>(TAINSコード) | 地　裁<br>年月日<br>地裁名／判決<br>(TAINSコード) | 高　裁<br>年月日<br>高裁名／判決<br>(TAINSコード) | 最高裁<br>年月日<br>判決等<br>(TAINSコード) |
|---|---|---|---|---|---|
| | の添付要件不備<br>と更正処分 | | | | |
| 42 | 有料老人ホーム<br>に入居した被相<br>続人の生活の拠<br>点／居住用宅地 | 平22.6.11<br>棄　却（F0<br>－3－257) | 平23.8.26<br>東京地裁／<br>棄却／確定<br>（Z888－<br>1618) | | |

148　第2章　裁決・判決にみる小規模宅地特例のミスパターン

| 判断・判決要旨 |
| --- |

ることはできない。

○ある土地が本件特例に規定する被相続人等の「居住の用に供されていた宅地」に当たるか否かは，被相続人等が，当該土地を敷地とする建物に生活の拠点を置いていたかどうかにより判断すべきであり，具体的には，①その者の日常生活の状況，②その建物への入居の目的，③その建物の構造及び設備の状況，④生活の拠点となるべき他の建物の有無その他の事実を総合考慮して判断すべきものと解するのが相当である。

○これを本件についてみるに，①亡甲らは，専ら本件老人ホーム内で日常生活を送っていたこと，②亡甲らは，平成17年2月以降，両名とも介護を必要とする状況となったところ，本件家屋において原告及び訴外丙の介護を受けて生活することが困難であったことから，終身利用権を取得した上で本件老人ホームに入所したもので，その健康状態が早期に改善する見込みがあったわけではなく，また，本件家屋において原告等の介護を受けて生活することが早期に可能となる見込みがあったわけでもなかったのであり，少なくとも相当の期間にわたって生活することを目的として本件老人ホームに入居したものであること及び③本件老人ホームには，浴室や一時介護室，食堂等の共用施設が備わっており，本件居室には，ベッドやエアコン，トイレ等の日常生活に必要な設備が備えられていた上，亡甲らは，本件老人ホーム内において，協力医療機関の往診を受け，あるいは，介護保険法等の関係法令に従い，入浴，排せつ，食事等の介護，その他の日常生活上の介助，機能訓練及び療養上の介助を受けることができたもので，本件老人ホームには，亡甲らが生活の拠点として日常生活を送るのに必要な設備等が整えられていたことが認められる。

○以上のことからすれば，④亡甲らが，本件老人ホームに入居した後も，本件家屋に家財道具を置いたまま，これを空き家として維持しており，電気及び水道の契約も継続していたことを考慮しても，本件相続開始の直前における亡甲らの生活の拠点が本件老人ホームにあったことは明らかというほかない。

○これに示された考え方を踏まえて個別の事案において認定判断する際に，被相続人が特別養護老人ホームに入所していた場合と，終身利用権に係るもの

2　裁決・判決にみる小規模宅地特例トラブル57　**149**

| | 争　点 | 不服審判所 | 地　裁 | 高　裁 | 最高裁 |
|---|---|---|---|---|---|
| | | 年月日<br>判　断<br>(TAINS コード) | 年月日<br>地裁名／判決<br>(TAINS コード) | 年月日<br>高裁名／判決<br>(TAINS コード) | 年月日<br>判決等<br>(TAINS コード) |
| 43 | 更正の請求／通則法23②一の「和解」／死因贈与契約の無効 | | 平23.9.8<br>東京地裁／<br>棄却控訴<br>（Z261－<br>11752） | | |
| 44 | 更正の請求期間／事由が生じたことを知った日／審判の確定 | 平22.10.27<br>棄却 | 平24.4.18<br>東京地裁／<br>棄却（Z888<br>－1718） | | |

| 判断・判決要旨 |
| --- |

を含む約定の下に有料老人ホームに入居していた場合との間で，それぞれの施設の法令上の性格の相違等を反映し，異なる結論に達することがあることは，当然のことというべきである。原告の主張は，本件質疑応答事例につき今日の社会事情を受けた「実態論」として措法69の４①の文理からあえて離れた解釈を示したかのような理解を前提とするもので，独自の見解に立つものといわざるを得ず，採用することができない。

●留意点

　平成25年度税制改正により平成26年１月１日以降開始相続の場合は特例が適用となると考えられる事案です。

○本件和解の和解条項の文言をその文言に反して解釈すべき特別の事情は認められず，本件和解は，本件不動産が丁の相続財産に属するという事実を確定したものであると解され，少なくとも本件不動産の全部又は一部が丁に係る相続開始時にＡに帰属したという事実を確定したものと認めることはできないから，本件修正申告に係る相続税額の計算の基礎となった，本件不動産が丁の相続財産に属するという事実について，これと異なることが本件和解において確定したとはいえない。したがって，本件各更正の請求は，国税通則法23条２項１号の要件を満たさないというべきである。

○本件においては，東京家裁八王子支部が平成19年４月９日に本件相続に係る財産の分割を行う本件審判をし，それに対して原告らが提起した即時抗告につき，東京高等裁判所が平成20年３月27日に原告らの抗告をいずれも棄却する旨の高裁決定をし，同決定の決定書の正本は，訴外丁には平成20年３月28日に，原告甲には同月31日に，原告乙には同年４月５日にそれぞれ送付又は送達がされたものである。

○即時抗告に対する高等裁判所の決定がされた場合には，その告知によって原裁判は即時に確定し，その後に特別抗告が提起された場合又は抗告の許可の申立てがされた場合でも，このことに変わりはないものと解される。

○そして，原告らが期限内申告書において本件各特例（小規模宅地特例，配偶者の税額軽減の特例）の適用があるものとしてそれぞれの課税価格及び相続税額の計算をしていたこと並びに各更正処分の内容に照らすと，原告甲との

|  | 争　点 | 不服審判所 | 地　裁 | 高　裁 | 最高裁 |
|---|---|---|---|---|---|
|  |  | 年月日<br>判　断<br>（TAINS コード） | 年月日<br>地裁名／判決<br>（TAINS コード） | 年月日<br>高裁名／判決<br>（TAINS コード） | 年月日<br>判決等<br>（TAINS コード） |
| 45 | 成立済分割協議の無効訴えのための修正申告書と承認申請書提出 | 平25.3.7<br>棄却（F0－3－348） | 平26.3.13<br>京都地裁／棄却（Z264－12429） | 平27.4.9<br>大阪高裁／棄却（Z265－12645） | 平27.10.2<br>最高裁（Z265－12730） |
| 46 | 相続未分割財産への居住 |  | 平15.8.29<br>東京地裁／棄却確定（Z253－9422） |  |  |
| 47 | 土地の選択同意書 |  | 平15.10.31<br>徳島地裁／棄却確定（Z253－9463） |  |  |
| 48 | 被相続人が介護付有料老人ホームに入居していた場合 | 平24.8.6<br>棄却（F0－3－389） |  |  |  |

| 判断・判決要旨 |
|---|

関係では同年3月31日までに，原告乙との関係では同年4月5日までに，本件審判はそれぞれ高裁決定が告知されたことによって確定してその効力を生じ（家事審判法13），原告らにおいて各更正請求に係る更正の事由が生じたことを知ったものと認めるのが相当である。

○以上を前提にすると，原告らが各更正請求をしたのは，いずれも前記に述べた日の翌日（平成20年4月1日又は同月6日）から4月を経過した後の平成21年1月8日であるから，各更正請求は，いずれも相続税法32条所定の期間を経過した後にされたものとして，不適法なものというべきである。

○期限内申告書に添付された遺産分割協議書に係る分割協議は，有効に成立したものと認められることから，配偶者に対する税額軽減及び小規模宅地特例について，「遺産が未分割であるとことについてやむを得ない事由がある旨の承認申請」は行うことはできない。

○特定居住用宅地／旧措法69の3第2項2号ロ「相続開始前3年以内にその者又はその者の配偶者の所有する家屋に居住したことがない者」の意義として，「単独又は他の者と共同して所有する家屋に居住したことがない者」である場合をいうと解すべきである。

○争いのある相続人が同意しないことにより土地の選択同意に係る計算明細書が添付されていない場合には，特例の適用要件を欠くというべきである。

○被相続人の相続開始直前における生活の拠点は，介護付き有料老人ホームであったと認められることから，入所前に居住していた建物の敷地は居住の用に供されていた宅地には該当せず，小規模宅地特例の適用対象とはならない。

2　裁決・判決にみる小規模宅地特例トラブル57　**153**

| | 争　点 | 不服審判所 年月日 判　断 (TAINS コード) | 地　裁 年月日 地裁名／判決 (TAINS コード) | 高　裁 年月日 高裁名／判決 (TAINS コード) | 最高裁 年月日 判決等 (TAINS コード) |
|---|---|---|---|---|---|
| 49 | 3 年以内に遺産が分割されなかったことについてのやむを得ない事由 | 平26.6.2 棄 却（J95 － 4 －15） | | | |
| 50 | 遺言無効確認等訴訟中の同意書不提出 | 平26.8.8 棄 却（J96 － 4 －08） | | | |
| 51 | 共有取得の適用面積 | 平27.6.25 棄 却（J99 － 8 －17） | | | |
| 52 | 貸付事業用宅地／定期借地権の混同による消滅 | 平27.10.1 棄 却（F 0 － 3 － 485） | | | |
| 53 | 介護をしていた親族の「生活の本拠」 | 平28.6.6 棄 却（F 0 － 3 － 485） | | | |
| 54 | 選択同意書の添付 | | 平28.7.22 東京地裁／ 棄 却（Z266 －12889） | 平29.1.26 東京高裁／ 棄 却 確 定 （ Z 267 － 12970） | |

| 判断・判決要旨 |
|---|

○共同相続人や遺産の範囲は確定しており，客観的に遺産分割ができ得る状態であったから，請求人が行った相続税の申告期限から3年以内に遺産が分割されなかったことについてのやむを得ない事由があるとは認められない。

○遺言無効確認等訴訟中だからといって，小規模宅地特例の適用対象土地を取得した相続人全員の同意を証する書類の提出がないことから，同特例の適用はない。

○平成22年7月開始相続につき，各相続人が，複数の利用区分が存する一の宅地を相続により共有で取得した場合，当該特例を適用できる部分は，当該宅地の面積に，当該各相続人（被相続人の一定の親族）が取得した宅地の持分を乗じた面積となるとした。

○被相続人が相続人Ａに対し，定期借地権設定契約により貸し付けていた賃貸用建物の敷地（土地持分）について，定期借地権は遺産分割によりＡが取得したことによる混同により消滅し，Ａは被相続人の貸付事業を引き継いでいないことになるから，Ａは貸付事業用宅地等の適用要件を満たす者に該当しない。

○請求人は相続開始日から申告期限まで，被相続人が居住の用に供していたマンションに，「生活の本拠」を置いていたとは認められないことから，マンションの敷地権（本件宅地）は，特定居住用宅地等（措法69の4③二イ）に該当せず，請求人は小規模宅地特例を受けることはできない。

○小規模宅地の手続要件／特例対象宅地等を取得した相続人ら全員の選択同意書の添付。「相続又は遺贈により取得した財産」には，未分割財産が含まれるから，未分割遺産の中の特例対象宅地等に，相続人ら全員の選択同意書の添付がないため適用は認められない。

2　裁決・判決にみる小規模宅地特例トラブル57　155

| | 争　点 | 不服審判所 年月日 判　断 (TAINS コード) | 地　裁 年月日 地裁名／判決 (TAINS コード) | 高　裁 年月日 高裁名／判決 (TAINS コード) | 最高裁 年月日 判決等 (TAINS コード) |
|---|---|---|---|---|---|
| 55 | 区分登記建物の被相続人の居住用宅地等 | 平28.9.29 棄却（J104. 4.10） | | | |
| 56 | 更正の請求期限の徒過 | 平29.1.6 棄却（F0.3. 544） | | | |
| 57 | 一時的空室 | 平27.11.11 棄却 | 平29.3.7 神戸地裁／棄却（Z267. 12988），控訴 | | |

|  |
| --- |
| 判断・判決要旨 |

○建物が区分登記され，各々が独立して生活できる構造になっている場合，被相続人が居住していた当該建物の区分所有に係る部分の敷地のみが被相続人の居住の用に供していた宅地に当たる。

○更正の請求の特則について，請求期限の徒過・相法32条の「事由が生じたことを知った日」は，遺産分割調停を取り下げた日ではなく，調停外で行った遺産分割の日である。

○貸家及び貸家建付地の評価について，評価通達26（注）2の「一時的空室部分」該当性と，措置法69の4の貸付事業用宅地等該当性の判断とでは，一定の基準時における客観的交換価値と貸付事業の継続性といった異なる判断である。

○評価通達26及び93の適用における一時的空室部分に当たるといえるためには，当該独立部分が課税時期において賃貸されていたと実質的に同視し得ることを要し，具体的には，①課税時期前の近接した時点まで，現に相当期間にわたり継続して賃貸されており，かつ，②課税時期を基準として，その後の近接した時点で相当期間にわたる賃貸借契約が締結される具体的な見込みがあったといえることを要する。

2 裁決・判決にみる小規模宅地特例トラブル57

# 第3章

# 所長と職員の会話で理解する！
# 複雑・難解事例へのアプローチ

## 複雑・難解事例 1　特例適用による減額と時価の乖離

### 事例の状況

1. 被相続人：乙（相続人の母親）
2. 相続人：子4人
3. 長男が家業を承継し，他の子3人も独立している。
4. 乙の夫の死亡に伴う一次相続では長男が事業用宅地を承継しており，小規模宅地特例の適用後に相続税財産評価額に従い法定相続分で分割した。

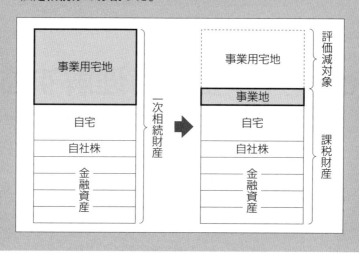

**［職員］** 所長，今度のご相続は揉めそうですね。

ご長男と他の相続人様は，目も合わせませんでしたね。ご紹介くださった叔父さんに当たる方も心配顔でした。

**［所長］** 4年前の一次相続のしこりが相当強いようですね。叔父様のお話では，一次相続の際には，円満だったということでしたね。

**［職員］** そうなんですよ。今回の二次相続では，一次相続の申告受任をした税理士先生とも揉めて，それでウチにいらしたと…。

一次相続で，ご兄弟は争うつもりは全くなく，事業承継者のご長

男中心の遺産分割には異論がなかったのだけれど，ご長男が相続した土地が6,000万円だと聞いていたのに時価が4億8,000万円だったことが申告後に分かってからは，法事でも口もきかなくなった，と。

**所長** 遺産分割の問題みたいだけど，ふーむ，特定同族会社事業用宅地の減額特例を適用していますね。

**職員** 資料をみると，遺産分割時の資料は，相続税申告書の1表と11表ベースみたいです。つまり，事業用宅地には400㎡まで小規模宅地特例を適用した8割減後の財産評価額ですね。

**所長** 時価ベースでの財産目録はないみたいね。

**職員** そうなんです。全体で6億2,000万円の財産について，配偶者は2億2,000万円，長男が店舗の敷地評価額3億円に小規模宅地特例を適用して評価額6,000万円と，自社株2,000万円を単独相続。そして金融資産8,000万円を兄弟4人で等分相続，というのが一次相続時の遺産分割の内容です。

　申告期限前日に相続税の申告書と分割協議書を持ってこられて，ご兄弟は全体の財産額が申告書1表にある3億8,000万円だと説明を受けたそうです。

　母上に2億2,000万円，長男に1億円，自分たちは2,000万円で我慢する。事業も大変だろうから，長男にがんばってもらおうと，それはそれで納得したんでしょうね。

　ところが，後日分かったのが，小規模宅地特例の適用前で長男の取得財産は時価ベースで5億2,000万円だったので，「実は自分たちの20倍以上も長男がとっていた，そんなことは知らされていなかった」と不満が爆発。

**所長** 小規模宅地特例について，適切な説明を受けなかったのね。

**職員** それだけでなく，申告期限前日で，検討する時間もなく，捺印しなければ税務の特例が適用できなくなり，莫大な相続税になると言われて，その場で協議書と申告書に捺印してしまったようです。

　これがご長男と税理士への不信感を増大させたんでしょうね。うーん，これでは信頼関係は破壊されちゃいますよねぇ。

**所長** 小規模宅地特例は，選択宅地について，取得者の同意の記載が

1　特例適用による減額と時価の乖離　　**161**

必要なのだけど（措令40の2⑤三），取得者以外の人の同意は必要ないから，今回のような他に適用対象宅地等がない場合は，遺産分だね。

**職員** ほんとだ。

第11・11の2表の付表1ですね。

これだって，相続人様のサインを入れるわけでもないので，ぶっちゃけ，税理士が相続税申告ソフトで入力しちゃえば，相続人様にはヘタをすると分からずじまいになります。

**所長** それは代理人としての違背ね。

**職員** 確かにありがちですよ。相続税評価だけで分割ができるなら，税理士事務所はラクじゃないですか。時価と評価の乖離の説明って大変ですし。それに，均分相続の時代に，特定の承継者に財産が集中するのを，それなりに理解してもらうってのは，難しいですよね。

でも，小規模宅地特例をタテに，遺産内容に誤解を与えるのは絶対よくないッス！

**所長** そうねえ。遺産分割はあくまで時価ベースだし，相続税上の財産評価や特例とは別に整理しなくちゃいけないことだしね。

**職員** もし他に特例適用が可能な宅地があって，その要件に適格な宅地を取得する相続人様が，長男様取得地に対して特例適用に同意しない，長男様もそちらの特例適用に同意しない，なんて事態になったら，遺産分割はできても同意要件の不備で，このご家族は特例の適用ができなくなりますね。

**所長** そういうこと。

**職員** 税額は爆増ですよ。大変だ。

**所長** 今回は，長男様のみが適用対象者だから，それで全員の税額が下がる，ということでご理解いただくことだね。

それにね，小規模宅地特例のそもそもの法の目的や趣旨ってあるじゃない。

**職員** 土地や自社株のような換金しにくい資産のうち，事業用や居住用という生活基盤資産の承継者を守ってあげよう，ということですよね。特例により減額して承継できるようにしてあげて承継者を保

護しようと。その意味では法の趣旨にも則っているわけですね。

　それに，事業承継者のご長男が小規模宅地特例を適用することで，全体の相続税が下がる効果もありますしね。

**所長**　ご兄弟がご長男に譲るお気持ちは元々あったのだから，ご長男から事業承継者として正攻法できちんと説得すべきだったのね。

**職員**　ですよね。どさくさ紛れの対応をして，関係を悪化させてしまったらマズイ！

**所長**　ご理解いただくのが難しければ，事業の中から何らかの形でご兄弟に代償するとかね。

**職員**　とりあえず，今回は，どうしましょうか。ヘタすると調停沙汰ですよぉ。

**所長**　まずはご長男様にしっかりしたスタンスに立っていただいて，ご兄弟間で理解しあっていただくしかないでしょう。とりあえず今日，全員でいらしてくださったのだから，歩み寄る余地はあると思うの。

**職員**　可能でしょうか。二次相続で雪辱戦とか，なりかねませんヨ。

**所長**　大丈夫。叔父様が間に立ってくださっていることでもあるし，ご一家の信頼関係が再構築できるように，がんばってみましょう。

### ◤ワンポイント・アドバイス▶

　本来，遺産分割は法律事務に当たり，弁護士の職掌になるものです。税務専門家が助言するケースも多いようですが，職権侵害にならないように注意しなければなりません。

　また，分割協議に際して税務上の助言を行う場合にも，税務のみを優先したり，今回のケースのように無理な分割協議を強行することは，信頼を失わせることになりかねません。徹底してよく説明して，納得できるようにすべきです。特に同意要件は税務の問題であるので，税理士の確認が必須です。

　小規模宅地特例は，税の軽減として絶大な効果を持ちますが，一方，適用に関しては心したいものです。

1　特例適用による減額と時価の乖離　**163**

複雑・難解事例 **2** 特例効果を高めるための
宅地の交換

### 事例の状況

1　当事者：甲。70歳，都心部のガソリンスタンド経営Ａ社社長
2　甲所有地
　○自宅敷地：郊外の600㎡，路線価20万円
　○甲所有貸地：個人借地人乙への貸宅地400㎡，路線価20万
　　　　　　　　円
　　　　　　　　甲と乙は親族関係にない
　○Ａ社ガソリンスタンド敷地：700㎡，路線価100万円
　　スタンド建物設備：Ａ社所有

[職員]　甲様の底地の件なんですが…。

[所長]　そうそう，借地権者の乙様の建替えの話でしたね。

[職員]　はい，なんでも，乙様のお身体が不自由なったので，建替えが
　　　必要なんだけど，ご子息の丙様が建て替えたいと。で，この機会に
　　　完全所有権にしたいと。

[所長]　それはいい話だけど，底地買取りについては渋っていたんです
　　　よね。

[職員]　ええ，建築資金以外に大きなローンは負担したくないそうなん
　　　ですね。

[所長]　でしょうね。ああ，ご子息ももう50歳ですね。なら，無理から
　　　ぬことですね。
　　　　面積が400㎡あるなら，交換でも可能だ，というところまでは話
　　　が進んでいたんだよね。

[職員]　です。先日，所長にそう言われて，話をしてみたんです。そう
　　　したら，乙様とお会いできて，乙様が身を乗り出してきて。その気
　　　になったようで，甲様とも喜んでいたんです。底地で地代が低いの
　　　で，もったいない，とお話ししたら，「『もったいなく』できないも

164　第3章　所長と職員の会話で理解する！　複雑・難解事例へのアプローチ

んかな…」と仰っていて。

**所長** それはよかった。第三者との交換の場合は，まずは交換のテーブルにつけるかどうかが，カギですからね。

**職員** そこなんですが，借地人の乙様の方から，5：5での交換を言い出しまして。あの地域は借地権の6割地域なんです。

　それなのに，甲様が，目を丸くして喜んでいらしたんで，ボクからは言えなかったんですが，これってダメっすよねぇ。差額の部分は交換差金になっちゃって譲渡所得課税ですよね。ほんとに，税務を無視するんだから。

**所長** おや，固定資産の交換特例の要件は何でしたっけ？

**職員** はい！

　まず，交換譲渡資産と取得資産は，いずれも固定資産であり，販売用の棚卸資産でないこと。底地も借地権も，甲様・乙様にとって販売用ではないです。

　次に，交換譲渡資産と取得資産は，互いに同じ種類の資産であること。借地権と底地なら，土地同士の交換なので，OK です。

　3番目に，交換譲渡資産は，1年以上所有していたものであること。借地権も底地も乙様の先代時代から60年以上の賃貸が継続しています。

　4番目に，交換取得資産は，交換の相手が1年以上所有していたものであり，かつ交換のために取得したものでないこと。これは60年前の取得経緯から明らかです。

　5番目は，交換取得資産を，譲渡資産の交換直前の用途と同じ用途に使用すること。お互い，交換前も交換後も，宅地を宅地として使用しますからOK です。

　最後に，交換譲渡資産の時価と取得する資産の時価との差額が，これらの時価のうちいずれか高い方の価額の20％以内であること，です（所法58，法法50）。

　あ，このほかに確定申告要件がつきます。こほん。

**所長** そうね。

**職員** そのため，時価割合を5：5だとして切り分ける面積を200㎡

2　特例効果を高めるための宅地の交換　**165**

ずつで交換しちゃうと，借地権割合に基づく 6 ： 4 の差，つまり，路線価格800万円分は，贈与っていうか，差金ですよね。それで交換資産の価格が路線価格で4,000万円だとすると， 2 割になるので，ギリってことになりませんか。譲渡所得税もかかりますし。

**所長** ふむ。じゃ，通達を読んでみましょう。所得税基本通達58－12ね。

**職員** はい。「交換資産の時価」っすね。

えっと，「固定資産の交換があった場合において，交換当事者間において合意されたその資産の価額が交換をするに至った事情等に照らし合理的に算定されていると認められるものであるときは，その合意された価額が通常の取引価額と異なるときであっても，法第58条の規定の適用上，これらの資産の価額は当該当事者間において合意されたところによるものとする。」

これって，つまり…合意価格が通常の取引価額，時価と違っていても，譲渡資産とかの価額は合意価格でよい，と。

**所長** そう。つまり，例えば，第三者間では，時価が1,000万円の土地でも，欲しい人には 1 億円の土地と交換してでも手に入れたい場合もあるよね。お互い等価と認識できれば，それが時価だ，と言ってるんだよね。

**職員** あー，そうすると，第三者間でなら， 6 ： 4 のところを 5 ： 5 でも， 1 ： 9 でもいい，ってことですか。確かに，今回，損してでも所有権にしたがっているのは，借地人の乙様ですから，差金とみなくてもいい，と。

**所長** だね。

**職員** わかりました。この割合で進めます。

交換契約書の雛形を作ってみたんですが，ここに 5 ： 5 に応じた価格を入れます。

**所長** うーん，交換契約書には，価格を入れる必要はないね。土地と土地を交換するんだから，物件を挙げて，交換の条項を入れれば足りるね。

**職員** へ，そうなんですか。じゃ，印紙税は200円になっちゃいます

166　第 3 章　所長と職員の会話で理解する！複雑・難解事例へのアプローチ

が。

**所長** そういうこと。ただし，今回の交換費用の負担については，まだ決めてないかな。

**職員** えーと，交換で税金がかかるのは借地人の乙様だけか。登記のときの登録免許税２％と，不動産取得税1.5％です。所有権の取得，ということで。

　　甲様は元々土地を持っていて，取得するのは借地権だけなので，両税ともかかりません。それで，甲様が乙様の税金を負担してあげようか，なんて話がでてたんですが。大丈夫ですよね。

**所長** それこそが，交換差金だよね。だから金額によっては200円じゃ済まないことになるね。

**職員** えっ。そうなっちゃいますか。ふぇー，乙様に譲渡所得課税ということですね。

　　でも，建て替える乙様にとってみれば，税金かかってもありがたいことでしょうから，話をしてみます。どうせ譲渡所得税の確定申告しなくちゃですし。

　　実は，これまで財産評価は底地400㎡で3,200万円，それが借地底地の交換をしたら甲様底地が完全所有権になって，えっと５割だと4,000万円ですが，小規模宅地特例の効果が800万円減から2,000万円減へと膨らみます。

　　甲様は，もうトシだからってそれを期待してるみたいです。で，費用は出すよ，って。

**所長** そうなの。あれ？　甲様はそもそもＳ区のスタンドの土地があるよね。

**職員** はい，ガソリンスタンドを営んでいる同族会社Ａ社に敷地として賃貸しています。

　　一時は景気が悪くて，閉めて売ろうかなんて仰ってましたが，地下タンクの処理費用が膨大だとのことで諦めていたんです。でも，最近は経営が安定しています。周囲のスタンドがみんな閉鎖して，残存者利益みたいです。

**職員** なるほど。立地がいいからスタンドとしては残るでしょうね。

2　特例効果を高めるための宅地の交換

> あの土地は，以前は無償返還届出を出して土地を賃貸していたのを変えたんだよね。

**職員** はい，平成15年頃のデフレから地価上昇が始まった時期に，無償返還届を取り下げて，相当の地代据置方式にしています。その後の東京五輪景気の「アベノリンピクス」による地価上昇で，もう借地権割合まで移行してます。7割っすよ。ホントすごいっす。

**所長** うん。小規模宅地特例の適用をするなら自宅の横にある交換地より，スタンド用地だよね。

**職員** だって，スタンド用地の借地権はA社へ移行しちゃってますよ。

**所長** だから，自宅横の貸地と同じにね。

**職員** あっ！ 甲様とA社で借地底地の交換ですか。そうすれば，甲様の完全所有権部分ができますね。うわぉ。

**所長** 路線価の効果からいえば，小規模宅地特例の減額効果は劇的に大きくなりますよ。

**職員** そういえば，甲様が相当の地代，15年前の額でけっこう重いって愚痴ってた時期がありましたが，それも解消できますね。

**所長** 無くすわけにはいかないけどね。

**職員** えっと，これは同族間の交換なので，交換対象の借地権と底地の価額は等価にするんですね。土地評価は，甲様の底地6億円のうち，底地は3割で1億2,000万円。そこの特定同族会社事業用宅地として400㎡減額しても9,600万円減。これを交換して完全所有権3割の部分の210㎡への減額で1億6,800万円減ですね。すげー。

**所長** ちょっと待って。個人の所有権部分は引き続き同族A社の敷地なので，貸地になるよね。

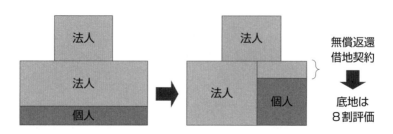

職員 そうですか。あー，そうしたら個人底地評価を8割で計算し直
してみます。もっと下がるのかぁ。わはは。

　交換後は土地賃貸借契約を再設定するんですかね。

所長 地価高騰も限界がくるなら，そろそろ無償返還に戻してもいい
かもね。

　会社株は，もうご専務のご長男様に移っているのよね。

職員 はい，地下タンクのオーバーホールの修繕費で株価が下がった
ときに贈与して，甲様は1株だけお持ちです。属人的株式で。

所長 ああ，そうでしたね。そうそう，交換の費用は？

職員 あっ。登録免許税と不動産取得税ですね。自宅敷地は双方に，
店舗敷地は底地取得する法人に，登録免許税2％，不動産取得税
1.5％ですね。ドヒャ！　これ，けっこうかかります。

所長 そうなんだよね。甲様が，どうご判断になるかですね。また「も
ったいない」と感じられるかもしれませんね。現状のまま，という
選択肢もあるでしょうけど，検討することに甲様のご納得があるで
しょうからね。

職員 はい！　甲様は経営もアグレッシブですからね，よ〜く検討し
ていただきます。

### ▶ワンポイント・アドバイス◀

　所有土地の権利関係の見直しにより小規模宅地特例の適用による減
額幅が広がるケースがあります。同族関係であれば，調整可能なケー
スも多いのです。

2　特例効果を高めるための宅地の交換　**169**

複雑・難解事例 3

# １画地の分割による特例適用宅地の選択過誤

## 事例の状況

1 被相続人：甲（70歳）
2 相続人：長男乙（被相続人と同居していた）
3 資産状況
　○土地Ａ：200㎡，乙が株式100％所有の乙主宰同族会社・丙が鉄材販売店敷地として利用
　○土地Ｂ：400㎡，自宅敷地
　○土地Ｃ：300㎡，賃貸マンション敷地
4 相続人・次男丁が相続税を自主申告。
　土地Ａを貸宅地として自用地の80％評価，貸付用小規模宅地特例で50％減額。

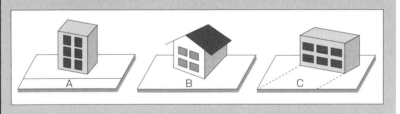

**職員**　所長！　丁様の案件なのですが。

**所長**　税務調査で，土地の評価の指摘を受けて来所されたんですね。

**職員**　はい。次男様が顧問の先生と折り合いが悪く，ご自身で相続税申告したものの，相続税調査でいくつか否認を受けて，それで困り果てて急遽駆け込んでこられました。で，昨日，当初申告の資料をお預かりして，チェックさせていただいていたんです。

**所長**　依頼者の被相続人のマンション敷地について，賃貸マンションの敷地の３筆を別々に評価されていたんです。それに対して一体の画地だとして否認されてます。三方路線の土地なので，別評価と一体評価ではまるっきり変わっちゃうんですよね。

これって仕方がないですね。財産評価基本通達7－2で，「宅地
　は，利用の単位となっている1区画の宅地である1画地の宅地を評
　価単位とする」わけですからネ。共同ビルの敷地でさえ，一画地で
　評価するんですし。

[所長]　そうねェ。判決にもありましたね。

[職員]　見ました。平成15年7月17日の大阪高裁の確定判決で，立体駐
　車場の敷地を3分割で評価をして，一画地評価と小規模宅地特例に
　ついて否認されています。画地評価であるのを原告が分割評価して，
　一番高い画地で小規模宅地特例を適用して申告したのに対して，一
　体評価になったことで小規模宅地特例を適用しても当初申告よりも
　下がった評価額が適用されたようです。

[所長]　画地評価については，丁様も，修正せざるを得ないとのご理解
　でしたね。

[職員]　あーっ，3筆合わせると地積が600㎡になって，"もしや地積規
　模の大きな宅地に該当か？"と思ったら，この地区で容積率300％
　かぁ，惜しいっ。

[所長]　まぁまぁ。
　　画地評価を修正しても，今回は，小規模宅地特例は，影響ないで
　すよね。

[職員]　です。別の土地で適用していますから，その点は大丈夫なんで
　す。えッと，被相続人の会社は鉄材の販売会社なんですが，その会
　社建物の敷地で適用されていますね。貸地ですが，路線価が高いの
　で，50％でも効果が高いと判断したのではないでしょうか。

[所長]　あら？　敷地は同族会社の利用ですね。会社は鉄材販売の事業
　会社なのね。

[職員]　ええ，アレ？　そうですよねェ。特定同族会社事業用宅地の可
　能性がありますか!?

[所長]　土地の賃貸借契約はありますか？

[職員]　はい。無償返還貸地で申告されていますから，契約書写しがあ
　りますね。賃貸借ですね。それに…法人税決算書の地代家賃内訳書
　や，被相続人の所得税確定申告書にも，被相続人に対する地代の支

3　1画地の分割による特例適用宅地の選択過誤　171

払いが計上されていますね。固定資産税の数倍という地代みたいですね。

**所長** なるほど。特定同族会社事業用の要件って，何でしたっけ？

**職員** はい。

① 同族会社がその事業の用に供していた宅地等であること，

② 同族会社が相続開始直前において被相続人及び被相続人の親族が有する株式の総数が10分の5を超える法人に該当すること，

③ 当該宅地等を相続した個人は被相続人の親族であること，

④ 相続した個人は，相続開始時から申告期限まで引き続き当該宅地を有し，かつ，引き続き同族会社の事業の用に供されていること，です。

**所長** 今回の丙社に関してはどうですか。

**職員** えッと，会社持株は被相続人の甲様と生計一の長男乙様の100％所有でしたし，会社敷地は，やはり長男の乙様が相続されて，ずっとそのまま営業されていますね。そして，相続後の法人決算が相続税申告期限前の5月に申告されていますが，その時点ですでにご長男様は代表取締役ですね。

**所長** そこは会社謄本で確認しましょう。

特定同族会社事業用の要件は具備しているようね。

**職員** 会社に貸してる土地として，短絡的に貸付事業用としちゃったんでしょうか。

会社敷地は，小規模宅地特例の貸付事業用の5割減額から，特定同族会社事業用だと8割減額になるんですよね。そうすると，さっきの賃貸マンション敷地は1画地となって，三方路線の影響を受けて，評価が上がりますが，会社敷地の路線価の方が圧倒的に高いですから，この減額で，逆に減額更正の可能性があるってことですね。

小規模宅地特例の適用は，修正申告においてもその選択が認められる（措法69の4⑥）わけですから！　これは，おもしろい！

**所長** そうねぇ。調査後に，というのは，あまり品のいいことではないのだけれど，今回は，可能な限り反証の要素も出したいわよね。

**職員** あれ？　でも，所長，小規模宅地特例って，一度選択して適用

172　第3章　所長と職員の会話で理解する！ 複雑・難解事例へのアプローチ

したら，変更ってできないんですよね。えーっと，平成14年11月19日裁決で小規模宅地の地積の変更が認められたケースはありますが，これは例外です。平成8年11月28日東京地裁判決にもありますが，質疑応答でも，「選択により適法に小規模宅地等の課税の特例の適用がされ有効な相続税の申告書の提出がなされている場合には，他に特例の要件を充足する他の宅地等があったとしてもその選択替えは認められない」とされてます。

所長 今回の場合は，適用宅地自体の変更ではないのよね。貸付事業用として適用過誤ではないけど，ここは交渉の余地はあるでしょう。

職員 あっ，つまり，会社敷地に適用することに変わりはない，と。適用特例は変更するけど，「この項の規定の適用を受けるものとして政令で定めるところにより（筆者注：明細書で）選択したもの」（措法69の4①），つまり「選択宅地」自体は変わらないんですね。

所長 法律の文言で，貸付事業用宅地等は，「特定同族会社事業用宅地等（略）を除き」（措法69の4③四）とされているので，順番としては特定同族会社事業用を優先することになるからね。特に今回は税務調査中だから，職権更正してもらえるように話したらいいね。

職員 う〜ん，分かりました。これでぶつけてみます！

所長 ただし，いくら減額ができても，特例適用を当初申告で不利に行っていたということだと，他の相続人様と丁様との信頼関係にも影響することです。

　次の調査官との折衝の際には，顧問の先生にご登場いただいて，こちらからよくご相続人様にご説明してさしあげるようにしましょう。次男様にも顧問の先生の価値を分かっていただくチャンスですね。

### ▶ワンポイント・アドバイス◀

　小規模宅地特例で，最も慎重を要するのは対象資産の特定です。特例の減額への影響が最も大きいことと，承継者や相続後の利用状況が大きく絡み，かつ申告後の変更が行い難いからです。満を持して検討したいところです。

3　1画地の分割による特例適用宅地の選択過誤

複雑・難解事例 4

## "争族"の後に
## ～最後のラブレター

### 事例の状況

1. 被相続人：甲（72歳。A社代表取締役）
   相続人：配偶者乙（68歳。A社監査役），長女（47歳），次女（45歳），三女（43歳），長男（41歳。A社常務取締役）
2. A社：鉄工部品製造業，同族会社
3. 資産状況
   ○自社株：5億円，100％甲名義
   ○甲名義会社敷地：4億円
   ○甲名義会社建物：5,000万円，A社に賃貸
   ○甲金融資産：1億円

   ＊甲・乙の自宅は法人所有社宅。

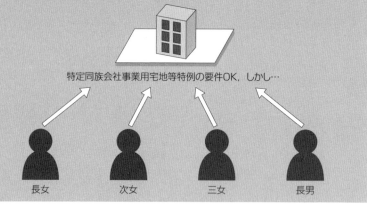

- **職員** 昨日いらした甲様の案件なんですが…。
- **所長** 相続税の申告期限まであと半月ですね。
- **職員** いやあ，お嬢様達は一歩も引く気配はないですね。ご長男はだんまり，です。いくら末っ子長男だからって。
  遺言書，ないんだもんなぁ。
- **所長** 実質的に社長を補佐して，会社を切り盛りしてきたのはご長男

174　第3章　所長と職員の会話で理解する！ 複雑・難解事例へのアプローチ

なのよね。社長は，相続対策を嫌ったそうで，「自分の目の黒いうちは，俺の死んだ後の話は許さない」と豪語していたそうなのね。

**職員** 目の黒いうちに何とかしてほしかったですよォ。個人資産もほとんど会社に注ぎ込んでいますよね。これじゃ空中分解ですよ。でもお姉さん達は，会社の実態はご存じないようでしたね。むしろ，このままだとご長男様に財産が行くんじゃないかと警戒しているんですね。

それにしても，昨日の喧嘩ぶりは，すさまじかったですね。皆さん，相続税の勉強をしたようで，一見，二次相続税額でも合わせて有利に…という節税議論みたいですが，聞くに堪えなかったっす。

**所長** 皆さん，ご自分一人だけ外れると大変だ，というご認識なのでしょう。

**職員** あれじゃ，お母様が寝込んじゃうって，会社の顧問税理士の先生も怒って引っ込んじゃったらしいですけど，無理ないですよ。

**所長** 財産評価はすべて済んでいるようですから，早速チェックを入れましょう。

**職員** 一部，会社敷地の評価で，正面路線の置き換えがありました。奥行補正後の単価が正面路線と側方路線で逆転したんです（評基通16）。類似業種比準株価評価の数値はOKです。

**所長** 間違えやすいところね。小規模宅地特例はどうですか。

**職員** 特定同族会社事業用宅地等の特例が適用できます。

① 持株は社長100％ですし，

② A社は実業の会社ですし，

③ 母上乙様は会社の監査役ですが，長男様は既に専務取締役ですし，

④ 申告期限は目前ですが，無事分割が成立すれば，宅地の継続保有と事業の継続要件のクリアは可能です。

ただ，お姉様達が，全員役員になることや全員会社株を持つことを主張されているんですよね。以前は，とりあえず誰か一人，ここではご長男が要件を満たせば，他の方が役員就任や株を所有していなくても，宅地の特例適用は可能だったんですが，平成22年4月以

4 "争族"の後に〜最後のラブレター 175

降，要件適格者の取得でなければ減額ができないからといって，自分達も株を持ち役員になるんだと。

**所長** いや，遺産分割の行方が見えないので，それぞれ権利を確保したいというお気持ちが強いのでしょう。税の問題ではなくネ。

そうね。会社経営について，もう少し突っ込んで認識していただかなければね。明日また集まっていただいた際に，会社の経営状況，今後の経営の方向性や当面の課題などを，お話し合いただきましょう。

**職員** それにしても残り時間がもう少なすぎますよ。

**所長** いや，それを避けて決定してしまうことは，絶対にしてはいけないのですよ。

**職員** 分かりました。ガンバリます。


## ＜…翌日，再度の遺産分割協議のあと…＞

**職員** うわぁ。急転直下でしたね。

**所長** ほんとに，ご相続は，何が起きるか分かりませんね。

**職員** はい，ビックリしました。

皆さん集まって，協議の前に母上の乙様を見舞うために，乙様の着替えの用意のために箪笥をあけたら，社長の遺言書がポロリですからね。僕は心臓がドキドキしました。

**所長** 自筆証書遺言の場合，ありがちなんだけど，こんなにギリギリですからね。

**職員** そして，たった1行，「すべてを妻に」ですからね。感動だったなあ。日付は去年の健康診断の後だったそうです。自筆証書ですが，捺印もあるし有効ですね。

ご長男が，「検認を受けていたら間に合わないので，法律違反でも，僕の責任で開けます」と言って開封したのも，カッコ良かったなあ。検認を待っていたら，もう，申告期限に間に合いませんよ。

**所長** 今回は遺言のままでなく協議分割になったので，検認は後でいいけどね。

**職員** はい，勉強になりました。こんなことができるんですね。お母

様が遺言書をみて，「自分に指定された総財産のうち2分の1は自分が引き継ぐけど，残りは会社の土地建物全部を含めて全部長男が引き継いでちょうだい，長男は，その代わりにお姉様達にお金を払いなさい。金額は長男に任せるわ」とキッパリとおっしゃったのは，ビックリでした。

**所長** 　2分の1を母上が持てば，お嬢様達は遺留分減殺請求を起こせないでしょう。

　　心配していた小規模宅地特例も適用できるしね。

　　その後，長男様からの会社の財務説明と従業員の問題，組織体制や受注見込み等の説明は，皆さんよく耳を傾けてくださいましたね。

**職員** 　あれで，代償分割の方式について納得なさったみたいですね。

**所長** 　もし遺言書が現れなかったら，正攻法で，会社の説明から入って，正面突破するしかなかったですからね。

**職員** 　しかし，何で社長は，乙様の筆筒になんか，遺言書を入れたのかなあ。もぉ，ひと騒がせな。自筆証書でも，令和2年7月10日以降なら，法務局での遺言書の保管制度を利用できるので，こんなことは防げるのに！　法務局保管なら，本人による持参が要件なので，従来から多かった偽造問題に発展しにくいですよね。

**所長** 　まだ制度ができていない時期に書かれたんでしょうね。

　　社長様も，お嬢様やご長男様の性格が分かっていたから本当は心配だったんでしょう。一番心配だったのは，身体の弱い奥様のことだったんでしょうね。

**職員** 　まるで，遺言書，というよりラブレターですね！

**所長** 　そうね，最後の，ね。

### ワンポイント・アドバイス

　税額を軽減させる特例の適用に際しては，要件の具備は必要です。しかし，要件具備により特例が適用できるからといって，それが相続にとってベストであるとは限りません。

　とりわけ事業承継に絡む特定事業用宅地等や特定同族会社宅地等の特例については，配慮が必要です。

4　"争族"の後に～最後のラブレター　177

### <参考１>自筆証書遺言

① 従来方式の自筆証書遺言

遺言者が，その全文，日付及び氏名を自書し，これに印を押して有効とする方式です（民法968）。

保管者又はこれを発見した相続人は，遺言者の死亡を知った後，遅滞なく遺言書を家庭裁判所に提出して，その「検認」を請求しなければなりません。また，封印のある遺言書は，家庭裁判所で相続人等の立会いの上開封しなければならないことになっています（民法1004）。

検認は，遺言の有効・無効を判断する手続ではありませんが，相続人に対し遺言の存在及びその内容を知らせるとともに，遺言書の形状・加除訂正の状態・日付，署名など検認の日現在における遺言書の内容を明確にして遺言書の偽造・変造を防止するための手続です。

家庭裁判所から発行される検認証明書をもって，遺言内容に沿った名義変更や登記が可能となります。

② 自筆証書遺言のワープロ利用が可能に

遺言書を従来のように全文を手書きせず，本文のみ自筆，ワープロ作成で有効とする方式です。

つまり，本文は自筆で「遺言書タイトル＋妻に別紙１の財産＋長男に別紙２の財産＋年月日＋署名＋印鑑」とし，別紙目録をパソコン作成して各ページに自書押印すれば完了です。

平成31年１月13日以後の措置です。それ以前にこの様式で作成されたものは無効です。

③ 自筆証書遺言の法務局保管では検認が不要に

本人持参・開封を条件に，法務局の遺言書保管所が署名押印日付等の適法性を確認し，自筆証書遺言原本と画像データを保管，死亡後相続人に開示し，遺言書保管事実証明書を発行しますから，裁判所での検認は不要になります（法務局にける遺言書の保管等に関する法律＝遺言書保管法４ほか）。

ただし，保管費用がかかり，内容の適法性まで保障されるものかどうか，今後の取扱を見る必要はあります。令和２年７月10日以後の措置です。

## ＜参考２＞自筆証書遺言の検認

　自筆証書遺言の保管者又はこれを発見した相続人は，遺言者の死亡を知った後，遅滞なく遺言書を家庭裁判所に提出して，その「検認」を請求しなければなりません。また，封印のある遺言書は，家庭裁判所で相続人等の立会いの上で開封しなければならないことになっています（民法1004）。

　検認は，遺言の有効・無効を判断する手続ではありませんが，家庭裁判所から発行される検認証明書をもって，遺言内容に沿った名義変更や登記手続が可能となります。

## 複雑・難解事例 5 事業承継に伴う転業と事業継続要件

### 事例の状況

1　被相続人：甲
2　被相続人：甲の子3人（乙・丙・丁）
3　資産状況：総額8億5,000万円
　　○甲所有自宅敷地：200㎡，1億円
　　○甲所有自宅建物：1,000万円
　　○甲所有店舗敷地：400㎡，6億円
　　○甲所有店舗建物：2,000万円
　　○金融資産：2,000万円

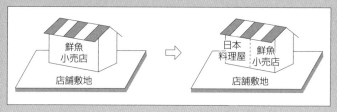

**職員**　所長ぉ。甲様のご長男の乙様が店舗を壊すって言ってます。まだ甲様の百か日の法要も終わっていないっていうのに。

**所長**　ずいぶん性急ですね。

**職員**　甲様は，乙様と同居しながら，都心部の魚屋を頑固に続けてきて…乙様は高校を出たあと，渋々お店を手伝っていたようです。

**所長**　甲様の所得税の青色決算書では，ずっと赤字ですね。乙様の専従者給与も低いですね。
　確かに，都心部で周辺住民が減少してしまっては，商売は成り立ちにくいでしょうね。

**職員**　固定資産税を払うのにも四苦八苦していたようです。それで乙様は魚屋経営に反対で，ずっと甲様と衝突を繰り返していて，近所でも有名な親子喧嘩だったとか。

**所長** 魚屋さんの喧嘩じゃ，威勢がよかったでしょうね。

**職員** 所長！　まじめに考えてくださいよぉ。

**所長** で，乙様はどうなさるおつもりかしら。

**職員** 甲様が亡くなったので，魚屋なんか廃業してやるんだと…。でもそれじゃ小規模宅地特例の特定事業用宅地の特例が全く使えなくなっちゃいます（措法69の4③一イ，措通69の4－16）。

　　今のところ相続税は，課税価格で総資産8億5,000万円のところ，小規模宅地特例を適用して3億4,000円なんです。でも特定事業用特例が使えなくなると……減額なしのゼロ減ですよぉ。

**所長** そうよね。ゼロ減になってしまうものね。

**職員** 特定事業用宅地の特例ですと，適用敷地面積が店舗部分400㎡が8割減に。乙様は喧嘩して家を飛び出して，近くのアパートにいたそうですから，甲様の自宅敷地は特定居住宅地等になるんだと思います。

　　なので，事業継続要件を満たさないとなると，適用できるのは，自宅の特定居住用宅地だけで全体で200㎡までしか減額できなくなって，さらに丙・丁様の税額も激増します。

　　平成27年以降は，特定事業用400㎡と特定居住用330㎡が併用できるようになったのに，です。

**所長** いわゆる反射効果ね。誰かに特例適用があると他の特例が不適格の相続人の税額も下がる。でも，特例が適用できないと，他の相続人の税負担が増えてしまい，トラブルの元になる。税制調査会でも問題になっているけれど遺産取得課税制度下の課税価格ベースの税軽減制度の宿命ね。

**職員** 魚屋を取り壊して，レストランにするんだと息巻いていました。小売業からサービス業への転業ですよ…。

**所長** 必要ですね。専従者給与の低かった乙様や嫁がれた丙様・丁様では，ご自身の固有財産からお払いいただくのは難しいでしょう。

**職員** でもっ，事業継続しないと，延納もできないですよね！　資産処分しか方法がなくなりますね！

**所長** まあまあ。税額は重要ですから，税金への影響はよくご理解い

5　事業承継に伴う転業と事業継続要件　181

ただく必要があるけれど，でも，今後ご商売をどうするかは，専従者でいらした乙様の人生に関わることですから，税金の有利・不利だけでなく，冷静に判断していただかなくちゃね。

**職員** 冷静にですか。今はとにかく甲様に対する反発でいっぱいのようですが。

**所長** せめて一周忌までの喪中のうちに取壊しというのは不謹慎だと考える人もいるでしょうし，方向が定まらない状態では，取引先がビックリします。

**職員** ストップしていただいた方がいいでしょうか。

**所長** いや，まず，経営計画をちゃんと立てていただくことです。ただ感情だけで取り壊しても，乙様にとって，よくないことですからね。

申告期限までの事業承継と継続が要件ですからね。

**職員** そうですよね。事業承継は期限後への延長はないんですもんね！


······後日······

**職員** 日本料理屋でしたね。ずっと甲様のお店をやってきた乙様は，やはり魚屋さんの息子さんだったということだなあ。

**所長** そうね。あのとき，一呼吸おいて取壊しを思いとどまって，経営計画を練っていただいてからですね。

**職員** 魚屋の経験を活かして，鮮魚の販売業と日本料理屋を併設して，プロの板前さんを雇って，自分も板場に立つ。魚の目利きや，おろし方，包丁捌きは甲様譲りですから，「俺の右に出る奴はいない」と。

日本料理屋でご贔屓になったお客様には，ネット注文の「お取寄せ」で海鮮をお届けする。口コミで注文殺到だそうで，カッコ良かったなぁ。魚屋から日本料理屋は，一部転業なんですよね。

**所長** 厳密には，事業の同一性の判定は，日本標準産業分類の分類項目等を参考にして総合的に判断することが合理的とされてるんだけどね。

182　第3章　所長と職員の会話で理解する！ 複雑・難解事例へのアプローチ

**職員** あぁ，医師と歯科医じゃ，別事業と聞きました。

**所長** 小規模宅地特例の適用も，いったん魚屋を引き継いでその後一部の転業となったので特定事業用宅地の適用が可能となりましたからね（措通69の4－16）。

　店舗のリノベーション費用は，ご自宅の売却を前提に，土地担保で融資が受けられましたしね。自宅土地建物の引渡しを申告期限後の契約にしてもらったことで特定居住用宅地等の小規模宅地特例が適用可能になるね。

**職員** です！　申告期限前でも一部転業なら適用 OK ですから，むしろスピードが速くて効を奏した感じです。

**所長** 結局，甲様のご自宅の一部を，取得費加算特例（措法39）と空き家譲渡特例（措法35③）を使って売却して，乙様は店舗の改築資金にして，丙・丁様は代償資金と相続税の納税資金としていただいて，うまくまとまりましたね。

**職員** 店舗は土地建物を乙様，預金は丙・丁様で承継というのも，やっぱりみなさん甲様の商売を残したいという気持ちがあったんでしょうかね。

**所長** 喧嘩するほど，お父様のことが大好きだったんでしょうね，きっと。

### ◥ワンポイント・アドバイス◣

　特定事業用宅地等特例の適用では，申告期限までの転用制限や廃業制限は，実務上，難しい判断です。また特例適用の効果が絶大なために，他の相続人への影響も見逃せません。

　事業計画・人員配置・能力の適否・教育訓練・財務資金力など，事業承継については，経営計画と合わせて準備と判断が必要です。

---

＜参考＞転業をした場合の小規模宅地特例の適用

〔事例1〕　被相続人甲が自己の事業の用（飲食業）に供していた本件宅地について，相続人乙が相続したが，相続税の申告期限前に飲食業を全部廃業し，小売業に転業した場合

---

5　事業承継に伴う転業と事業継続要件　**183**

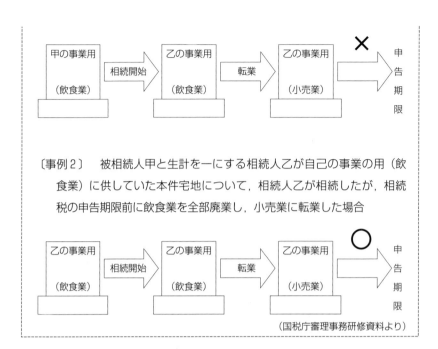

〔事例2〕 被相続人甲と生計を一にする相続人乙が自己の事業の用（飲食業）に供していた本件宅地について，相続人乙が相続したが，相続税の申告期限前に飲食業を全部廃業し，小売業に転業した場合

（国税庁審理事務研修資料より）

複雑・難解事例 6 自社株贈与に伴う納税猶予制度と特例適用

### 事例の状況

1 甲の家族構成：甲（69歳。A社社長）
　　　　　　　　乙（甲の長男，39歳。同業大手C社勤務後
　　　　　　　　　　A社の役員就任4年目）
2 資産状況
　○甲の主宰同族法人A社（金属処理加工業）株式：評価額
　　6億円うち53％を所有
　○甲所有自宅：土地評価額2億円，乙と同居
3 A社の子会社B社は，金属処理加工業。
　甲名義会社敷地：評価額5億円

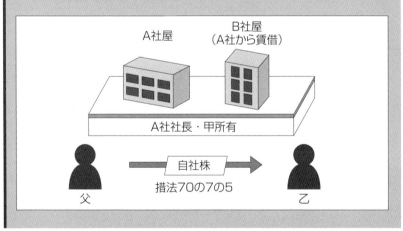

[職員] 7月1日に相続税路線価が出ましたっ。
　A社様の自社株評価にすぐ着手します。
[所長] 金属処理の先端技術で成績を伸ばしてきた会社で，純資産がブ厚くなってたのね。社長はもうじき70歳なのね。ご子息の常務は39歳ですか。乙様は，32歳まで大手のZ社の研究開発部門や製造部門で武者修行なさってきたと。うんうん。

**職員** 早期に自社株を移転しておかなければ，後々，大変です。これまで長年贈与してきたそうなんですが。

**所長** もっと戦略的に見直してほしいというご希望でしたね。

**職員** そこで，です。自社株をこれまで暦年贈与制度で移転してきているんですが，持株数が50％近くなってきて，贈与をストップしたそうなんですね。まだ乙様が若かったので，議決権を持たせることを気にしていらしたようです。

　　ただ，2年前に新会社B社を作って，A社が借入れして建てた新工場を賃貸しています。機械設備はB社へリースですね。A社の新工場建物や機械設備の評価額は課税時期の「通常の取引価額」，つまり建築時の取得価額から減価償却後の価格で，いわゆる3年規制を受けています（評基通185）。これが3年後の来年には外れて相続税評価額，つまり，固定資産税評価額や動産価額になって，債務額は3年間ではさほど減りませんから，評価が逆ざやになって純資産価額が激減するんです。

**所長** B社は，ご子息乙様や若い人たちで研究部門を備えて立ち上げていますね。これは乙様が100％株を持ってますね。業績は順調ですね。

**職員** 今後は，がんがんA社の株価が上がっちゃいます。

　　そこで，納税猶予制度（措法70の7）を考えたらと思うんですが。社長様も，役員退任しなくてもよくなったことですし。

**所長** 経済産業省の要望で実現した鳴り物入りの制度だけど，前回の検討では，難しかったのよね。

　　それに税務上の効果とね。

**職員** はい，従前の一般措置はとても使えない，ということで見送りました。でも，今度の特例措置は，大緩和ですので。

**所長** そうね，そうそう，次男様・長女様も以前から会社の営業部や総務部で業務に入っていたけど，あえて，長男様に本社の後継者に決める，とおっしゃっていましたね。先に贈与を行った場合の猶予額を計算してみてはどうかしらね。

**職員** え，猶予額ですか。えっと，それは確か租税特別措置法70条の

７の５第１項の１号と２号ですね。

え～っと，社長甲様の持株は53％，後継者乙様１人なら，甲様株53％≧100％×2/3－乙様株47％なので，100％×2/3－乙様株47％＝19％以上を贈与するのが要件です。え，これって…

[所長] そう，つまり，残株53％全部が納税猶予対象となる，ということだね。

[職員] はい，平成30年４月１日以後の相続・贈与について，措置法70条の７の５と70条の７の６で特例措置を追加して，既存の措置法70と70条の７，70条の７の２の一般措置と併走させています。これを表にまとめてみました。

### ＜納税猶予及び免除制度＞

| 項目 | 一般措置<br>（措法70の７，70の７の２） | 特例措置<br>（措法70の７の５，６） |
|---|---|---|
| 対象株式数 | 発行済議決権株式総数の2/3 | 発行済議決権株式の全株式 |
| 特例承継計画提出期間 | － | 平成30年４月１日から<br>令和５年３月31日まで |
| 特例承継計画の認定 | 不要 | 都道府県知事の認定が必要 |
| 贈与・相続期間 | － | 平成30年１月１日から令和９年12月31日までに贈与 |
| 納税猶予割合 | 贈与税100％<br>相続税80％ | 贈与税100％<br>相続税100％ |
| 取得株式数 | 後継者１人の場合は下記以上<br>① 先代株数≧発行済株×２／３－後継者株数の場合<br>　発行済株×２／３－後継者株数以上<br>② 先代株数≧発行済株×２／３－後継者株数の場合<br>　先代株数の全株 | |
| | 後継者が複数の場合は，適用なし | 後継者が２人又は３人の場合は次のすべてを満たす株数以上<br>① 贈与後後継者株数≧<br>　先代株数×１／10<br>② 贈与後後継者株数＞<br>　贈与後先代株数 |
| 雇用確保要件 | 承継後５年間平均80％の雇用維持 | 要件不備となった場合は，認定経営革新等支援機関の意見を記載した書類を都道府県に提出により猶予継続 |

6　自社株贈与に伴う納税猶予制度と特例適用　187

| 贈与者 | 先代経営者を含む複数株主 | ① 会社の代表権を有していたが，贈与時に会社の代表権を有していないこと<br>② 贈与の直前において，贈与者及び贈与者と特別の関係がある者で総議決権数の50％超の議決権数を保有し，かつ，後継者を除いたこれらの者の中で最も多くの議決権数を保有していたこと |
|---|---|---|
| 受贈者 | 贈与の時において，①会社の代表権を有していること，②20歳以上であること，③役員の就任から3年以上を経過していること，④後継者及び後継者と特別関係者で総議決権数の過半数の議決権数を保有することとなること | |
| | 後継経営者1人のみ（筆頭株主のみ） | 後継経営者3名まで（代表権が必要：1人最低10％以上） |
| 会社 | 中小企業者である非上場会社で「①上場会社，②中小企業者に該当しない会社，③風俗営業会社，④資産保有型会社，資産運用型会社」に該当しないこと。 | |
| 相続時精算課税制度との併用 | 本則通り，推定相続人等後継者のみ | 推定相続人等以外の第三者も適用可能 |
| 譲渡・合併・解散時の免除 | 民事再生・会社更生時に一定額免除 | |
| 担保提供 | 税額＋利子税相当額又は適用非上場株式の全てを担保提供 | |
| 猶予打切りの場合の利子税 | 3.6％×特例基準割合※÷7.3％，（例）※1.8％→0.8％ | |
| 贈与期間（特例適用のための期間） | － | 平成30年1月1日から令和9年12月31日までに贈与 |

**所長** うんうん，一般措置と比べて特例措置は時限立法だけあって，かなり緩和されていますね。

**職員** こうなると一般措置を選択するはずもないので，特例措置で，とにかくこの10年間に贈与か相続で事業承継しちゃえ，ってんですね。5年以内に計画の提出確認を受けておいて。

　でも，贈与は時期を選べるけど，相続は，そうもいかないですよね。

**所長** いや，相続が起きてからの計画書提出というのは，何も対策してない場合と見るんだね。前向きに対策するなら，まず贈与しなさい，と，政府は考えているんだね。

188　第3章　所長と職員の会話で理解する！複雑・難解事例へのアプローチ

近年の経産省の中小企業施策は，昔のように中小企業は何でも"おんぶにダッコ"という方針から，中小企業でも，やる気があって努力する会社だけをサポートする方針に転換してきてるんだよね。

**[職員]** そうなんすか。確かに法人税や所得税の特別償却や税額控除の租税特別措置って，インセンティブを与える代わりに，事前申請や手続を要求してますね。

**[所長]** そう，だから一般措置でも，贈与だけは全株贈与を OK にしてたよね。特例措置では，相続時も全株猶予の対象になると。

**[職員]** 無限にジャンプできればいいですけど，でも，特例承継期間やその後も，ずっと届出書提出だけでなく鎖に繋がれた状態になるんっすよね。切ないなあ。

**[所長]** 負担が軽くなるのは大きなことだけど，税額によっては完納しちゃう選択も必要ですよ。

それに，甲様が A 社様の土地を持っているけど，相続税では，この制度の場合は…。

**[職員]** あ，そうです。小規模宅地特例のうち，特定同族会社事業用宅地等の減額を，併用できるんです。

**[所長]** そうですね。令和元年度改正の事業用資産の納税猶予を選ばなければ，現在は併用適用は可能なんだよね。

**[職員]** そうすると，贈与税と相続税の納税猶予制度は，相続時精算課税贈与とも，小規模宅地特例とも併用できるんですよね。これはすごいな。

**[所長]** 適用要件が厳しすぎて，複雑で，年々転変と改正されて，かつ過去の非上場株式贈与特例のイメージが強すぎて，なかなか利用されなかったけど，特例措置で要件緩和や他の特例との併用を考えると，事業会社なら，一度は，検討すべきですね。提案してみます。

ウチの事務所は，認定経営革新等支援機関になってますから！

### ▶ワンポイント・アドバイス◀

事業承継を考慮した税制改正が行われています。くれぐれも，法律全体を見渡して，計画化する必要があります。

6　自社株贈与に伴う納税猶予制度と特例適用

＜非上場株式等についての贈与税の納税猶予及び免除＞

猶予税額が免除される場合
・会社の倒産
・後継者への免除対象贈与
・先代経営者の死亡　など

先代経営者の死亡等

株式等の保有継続等
（5年経過後）

この制度の対象となる株式等を譲渡又は贈与した場合等

猶予税額の免除

「免除対象贈与」の場合には、一定部分の猶予税額が免除

「中小企業における経営の承継の円滑化に関する法律」（円滑化法）に基づく都道府県知事の関与

5年間

事業の継続
・代表者であること
・株式等の保有継続等

要件を満たさなくなった場合

円滑化法の認定
・会社、後継者に関する要件の判定

申告期限

申告・担保提供

やむを得ない理由があるなど一定の場合

猶予税額の全部又は一部と利子税を納付

「免除対象贈与」の場合には、一定部分の猶予税額が免除

「特例承継計画」の提出・確認

贈与

後継者の贈与税額のうち、この制度の適用を受ける非上場株式等に対応する贈与税の納税を猶予

<非上場株式等についての相続税の納税猶予及び免除>

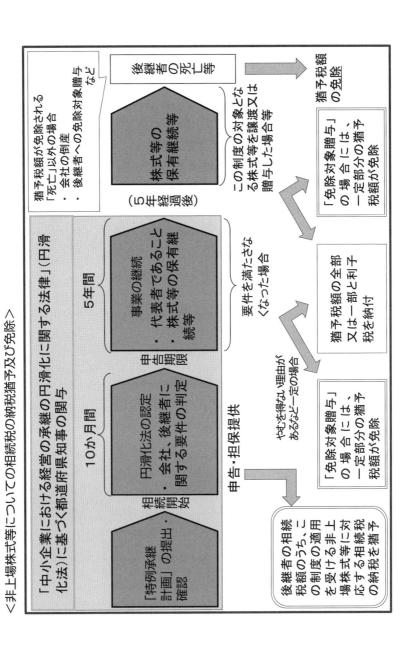

6 自社株贈与に伴う納税猶予制度と特例適用

複雑・難解事例 7　特定居住用と特定事業用の限度面積計算

## 事例の状況

1. 被相続人：甲
2. 相続人：妻乙，子（丙・丁）
3. 資産状況
   ○甲所有の自宅兼用自社使用貸ビル
   ・1階：薬品卸法人A＊社に貸付け
       ＊A社：会長＝被相続人甲。株保有90％
       　　　社長＝丙。株保有10％
   ・2～9階：貸事務所
   ・10階：被相続人甲と配偶者乙と丙が居住
   ・敷地：250㎡ 4億円
   ・ビル建物固定資産税評価額：5,000万円
   ○金融資産：8,000万円
   ○ビル債務：2億円
   ○自社株：評価額（純資産評価額）1億円

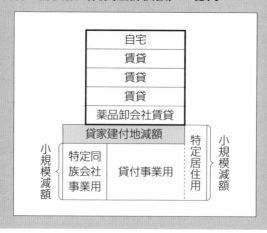

**職員** 今度，相続税のご報告に伺う甲様の件です。財産目録と相続税試算表を作りました。

**所長** とりあえず，法定相続分による税額です。都心部で自社の上層を賃貸事務所にして，さらに最上階をペントハウスとするのは，とても多いパターンですよね。土地建物は甲様の個人所有ですね。

**職員** はい。個人所有ビルの１階を甲様創業の卸売会社が賃貸して営業していて，最上階で社長であるご長男丙様とご同居です。甲様は会長職ですが，だいぶ足腰が悪くなられたので乙様が介護されていたようです。

平成27年１月１日以降，自社株相続税の納税猶予制度は事前確認が不要になっていますから，Ａ社の自社株納税猶予制度をまず提案したいと思いますが，まずは，このビルへの小規模宅地特例の適用なんですが，最上階が住居で親族が同居ということで特定居住用宅地等に該当して，１階とその他の階は貸付事業用宅地等に該当です。

**所長** なるほど。法人の事業の用に供していた建物等で被相続人が所有していたものの敷地の用に供されていたもの（措法69の４③三）ですから，特定事業用宅地等でなくて，特定同族会社事業用宅地等ですね。

**職員** はい。特定同族会社事業用宅地等って，
① 相続開始直前に被相続人等が有する株式の総額が発行済株式の50％超の法人の事業の用に供されていた宅地等で，
② 取得相続人が申告期限まで引き続きその宅地等を有し，
③ 株式相続人が，申告期限までに法人の役員となり，
④ 法人事業は不動産貸付業や駐車場業以外であること，
というのが条件ですから，今回乙様たちが相続する限り，適用可能です。

**所長** 後継体制は実質完成しているようですから，乙様が承継されることに問題はなさそうね。

**職員** それで，適用面積の計算をしようと思うんですが，特定同族会社事業用宅地等の敷地は，会社使用フロアに対応する敷地面積だけ

なんですよね。

　　租税特別措置法施行令40条の2で,「当該宅地等のうちに当該要件に該当する部分以外の部分があるときは,当該宅地等のうち当該要件に該当する部分の宅地等に限る」となっているのが根拠です。

**所長**　そう。特定居住用の要件と差がなくなったのね。

**職員**　です。平成22年3月末までは,1棟の建物のうちに一部に特定居住用宅地等がある場合には,建物のその他の部分が居住用以外の用途に供されていたとしても,その敷地全体が特定居住用宅地等として80%の減額対象だったんです（措令40の2②かっこ書）。

　　でも,平成22年4月以降は要件に該当する部分のみが特例の対応の敷地となり,特定居住用と特定事業用の扱いの足並みが揃えられたんです。

　　だから,2～9階の賃貸部分が貸付事業用宅地等で,50%減額になって,平成22年までに比べれば増税になるということです。

**所長**　土地の評価との関連は,どうなりますか。

**職員**　そこですね。土地の評価としては,会社利用部分と2階から9階の貸付部分は,貸家建付地評価ですが,自宅部分は自用地評価ですよね。

　　小規模宅地の減額は,会社利用部分は特定同族会社事業用として80%減額,貸家利用部分が貸付事業用として50%減額,自宅部分は特定居住用として「A×200／400＋B×200／330＋C≦200㎡」に当てはめる（措通69の4－10），と。

**所長**　特定居住用と特定同族会社事業用が併用可能になるために限度面積計算が変わるけど,今回はトータルで250㎡なので。結果的に一緒になりそうですね。で,評価額の順番は？

**職員**　えっと,適用路線価は一緒なんですが,順番では,

① 特定居住用は,自用地評価で80%減額

② 特定同族会社事業用は貸家建付地評価で80%減額,貸付事業用は,貸家建付地評価で50%減額,と。

　　てぇと,理論上,「特定居住用＞特定同族会社事業用＞貸付事業用」の順番での適用が有利となります。とすると,まず特定同族会

194　第3章　所長と職員の会話で理解する！複雑・難解事例へのアプローチ

社事業用が25㎡，特定居住用は25㎡，貸付事業用は限度計算により172.35㎡ですね。ふう。

**[所長]** そうね。ただ，まだ建物ローンが残っているようだから，小規模宅地特例を適用した減額後の評価額より債務過多になって，逆ざやが起きそうね。この状態で，どう遺産分割をするかよね。

**[職員]** うはぁ。小規模宅地の減額効果が大きすぎると，ビルと債務を引き継ぐ相続人様は，マイナスになってしまう分，相続税では切り捨てになっちゃいますよね。自社株は社長様が引き継ぎたいでしょうし。

**[所長]** よく皆様のご意向を伺ってみましょう。

### ワンポイント・アドバイス

　小規模宅地特例の重複適用について注意したいケースです。

　ちなみに，限度面積要件を満たさない場合は，特例の適用は認められないことになっていますが，後日，修正申告に至った場合には，特例の適用は認められることになっています（措通69の4－11）。

複雑・難解事例 **8** 事業承継に伴う事業主の判断

### 事例の状況

1　被相続人：甲
2　相続人：長女丙・次女丁・三女戊・長男乙
3　資産状況
　○店舗敷地：400㎡，4億円
　○自宅マンション敷地：20㎡，2,000万円
　○家屋：店舗・自宅，2,000万円
　○その他預貯金等財産：5,000万円

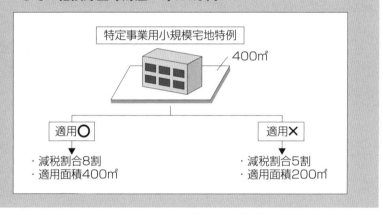

**職員**　甲様の遺産分割は，未分割にもつれこみそうです。
**所長**　丙様たちが，乙様と不仲なんですね。
　都心で文房具店を経営していた甲様の後継者として，乙様がすぐ日本に戻ってこなかったのが，問題だったとか。
**職員**　でも，ずっと海外畑の商社マンの乙様が後を継ぐのは難しいと思うんですよね。
　資産は他家に嫁いでいる丙様たちと共有で，長男の乙様お一人に経営を押しつけて，収入は自分たちに分配しろ，という丙様たちの言い分に乙様が腹を立ててらっしゃるんですね。自分は何もいらな

い，とまで言い出しているんです。もう少し，仲良く話し合っても
らいたいです。聞いていてハラハラします。

**所長** そこが，いくつになっても，お姉様たちと末っ子の関係なんで
しょうね。

**職員** でも，お姉様たちは，乙様が承継してくださらないと困ってし
まうんですよね。

**所長** 税額は特定事業用宅地の減額特例の適用の可否で相当変わりま
すね。

**職員** そうなんです。特定事業用特例が適用できなければ特定事業用
は減額ゼロ，自宅も一人暮らしだったので，強いて言えば乙様が「持
ち家がない親族」で特定居住用として8割減が適用できそうです。
減額割合が特定事業用だと8割がゼロ減，適用面積上限が400㎡な
のに居住用が20㎡だけで終わってしまうんです。

　丙様たちが強硬に乙様の承継を主張しているのは，これが理由で
もあります。

**所長** 小規模宅地特例による減額が不適用となっては，預貯金を使い
切ってしまい，納税資金が足りなくなるんですね。

　今は番頭さんがお店を見ているんでしたか。

**職員** はい。甲様の時代から，番頭格のAさんが他の従業員さんを
仕切ってやっています。もう60歳代の高齢ですが，実直な人です。

**所長** 甲様が病気になってからも，何とか事業ができていたのは，A
さんがいらしたからなんですね。

**職員** でも，甲様の店舗は，周辺ビル街の真ん中で，ほとんどが周辺
企業への納品なんですが，Aさんでは新商品の仕入れや販促など
充分に対応できていないそうで，乙様が問題視していました。

**所長** でも，番頭さんのロイヤリティ（忠誠心）は事業経営ではとて
も大事なのね。その意味で，Aさんのような実直な人が幹部にい
るというのはラッキーなことね。

**職員** そうなんですか。古い体質だから，これからはどうかとか，乙
様との相性がどうかとか，懸念材料だったんです。

　だって乙様は，もっとネットを中心にした注文システムを作って，

8　事業承継に伴う事業主の判断　　**197**

納品や販促は運送業者を活用するようにしたい，海外輸入商品の導入を進めて，そのためにも，法人化すべきだ，としきりに言うんですよ。

**所長** おや，乙様は文房具店の承継，もしやけっこう乗り気なのかな？ それとも自分はやりたくないけど，一般論として，というレベルかしら。

**職員** あれ？ そうですね。いえ，意欲的に過去データや業者の経費を調べたり，顧客リストを作ったりしているんですから，「イヤだ」とか，「財産はいらない」とかの発言は，姉上たちとの手前だけかもしれないですね。

**所長** なるほど。でも，そうなら話は別ね。

**職員** でしょうか。もう店舗は閉めて売ってしまうとか，休業して決着をつけるとか，売り言葉に買い言葉で，大変です。

**所長** 未分割のままで休業したら，それこそ小規模宅地特例の特定事業用宅地の特例は適用できなくなりますね。売却してしまうという方向性ならそれもやむを得ないけど，せっかく番頭さんがいるのに，むざむざ特定事業用の不適用にもつれこむこともないでしょう。

**職員** ということは，仮に未分割になっても，Aさんにお店だけは守ってもらった方がいいということですよね。

　でも，租税特別措置法69条の4の3項1号イで，「宅地等を取得した親族が相続開始時から申告期限までの間に被相続人の事業を引き継ぎ，申告期限まで引き続きその事業を営んでいること」が要件となっていますよね…。

**所長** 未分割で取得者が確定していないということは，取得者が事業承継者とも特定できないということだから，当面，ご兄弟全員での共同経営ということになりますね。

**職員** 分割確定後の更正の請求で，それを証明するんですよね。準確定申告後の所得税申告できちんと対応すればいいですか？

**所長** もちろんだけど，最低限，承継者には入っていただくことですね。その間は，Aさんにがんばってもらうとして，Aさんだって，長く勤めたお店が，相続で空中分解してしまってお客様が離れるな

198　第3章　所長と職員の会話で理解する！ 複雑・難解事例へのアプローチ

んて，絶対耐えられないことのはずですよね。そもそも職場を失ってしまうわけだしね。

**職員** 乙様は，今の会社を辞めることなんてできるんでしょうかね。

**所長** 部長職で活躍中ですよね。でも，辞めなくちゃいけないのかな？

**職員** エッ，辞めなくていいんですか。租税特別措置取扱通達69の4－20だと，「当面事業主となれないことについてやむを得ない事情があるため，その宅地等を取得した親族の親族が事業主となっている場合には」認められるっていうことになってますけど，Aさんは親族の親族でもないですし。

**所長** その注書があるでしょう。そもそも乙様が事業主となれば，事業主なんですよ。

**職員** えっ，「会社に勤務するなど他に職を有していたりしている場合であっても，その事業主となっている限りその事業を営んでいる」ことになるんですか。

**所長** 事業主って，つまり経営者のことだよね。直接商売の表に出ていなくても経営の舵取りをして，所得収益するのが経営者ですよ。

**職員** そうか，であれば，乙様でも承継できるんですね。第一，これなら未分割にならずに，協議ができるような気がします。

**所長** もし法人化されるとしても，申告後に，じっくりなさったらいいですものね。

▶**ワンポイント・アドバイス**◀

　事業の承継については，「誰が」という人の問題が先決です。たとえ時間がかかったとしても，経営計画の策定と合わせて，特例適用を睨みながら，丁寧に決定していきたいものです。

## 複雑・難解事例 9　所得区分と事業性の判断

### 事例の状況

1. 所有者：甲
2. 推定相続人：妻乙，長女丙
3. 資産状況
   ○自宅敷地：200㎡，5,000万円
   ○自宅家屋：1,000万円
   ○賃貸マンション敷地：400㎡，3.16億円
   ○マンション家屋：5,000万円
   ○画廊：敷地500㎡，5億円
   ○画廊建物・庭：1,000万円
   ○その他預貯金等財産：1億円

**所長**　素敵な画廊だったね。庭園との空間延長で，作家の方もオブジェにまで腕を振るえるんですね。相続税の試算のご依頼だけど，夢のある方とのお話は楽しいよね。

**職員**　はい。ところで所長，あの画廊の評価って，どうしたらいいんでしょう。
　実は，これまでの確定申告書を拝見したら，不動産所得で計上されているんです。うへ，不動産所得に売上や仕入や印刷費・運賃が出てきてます。

**所長**　なるほど。賃貸マンションも併設しているので，一緒に計算してしまっているのね。

画廊といっても，いろいろあるよね。常設画廊で，自社買取りの作品を売却する画廊もあれば，独自にテーマを設定して作家とその作品を紹介していく企画画廊，そして作家に丸ごと貸して作家はそこで個展を開く貸画廊とかね。

**職員** 確定申告書では，貸画廊って記載しているんですけど，実際は，企画画廊と貸画廊の中間でしょうか。でも，誰彼となく貸すんじゃなくて，画廊の企画として運営しているんですよね。画廊の機関誌を出して，作家の個展の紹介をしたり，観桜会や蛍鑑賞会など毎月の催しもやっているんですよね。

**所長** 収支は年100万円程度の黒字ですね。

趣味の延長という議論は排除しないといけませんね。貸画廊の所得区分は，どうみるのかしらね。

**職員** 判例等で検索しても直接はヒットしないんです。もちろん，ただ建物の部屋を貸しているだけなら，不動産貸付けだと思うんですが。

**所長** 一見，場所貸しのようでも，そうでない業種ってあるんじゃない？

**職員** 貸会議室とか，貸スタジオとかですね。事業所得っぽいですが，貸会議室は給茶や機器設定などの役務提供があるでしょうし，貸スタジオは，機器の貸し出しや設備の設定の役務がありますね。グレーゾーンですか。

**所長** たまたま空室になっているところを貸会議室にしているのは別として，貸会議室として看板を出し，反復継続して恒常的に運営しているところは，当然，事業所得でしょうね。貸スタジオは，音響装置や防音装置やまさにそのための設備設計で建築しますからね。

**職員** そういえば，貸ビルの屋上に太陽光パネルを設置して売電してるお客様から，ご質問が来てました。

法人が設置してるので，売電部分対応の敷地は，特定同族会社事業用宅地になるんじゃないか，って。

例えば6階建てなら，屋上のパネルモジュラー面積と主装置部分の面積を加えて，敷地按分できませんかね。

9 所得区分と事業性の判断

**所長** なるほどね。確かに製造業には違いがないけど，法人決算では雑収入扱いされてないかな。

**職員** あ，聞いてみます。売上に入ってなくちゃ，ですよね。

それに，個人で売電する場合だと，余剰売電や全量売電でも50KW未満だと，雑所得扱いですよね。50KW以上の産業用太陽光発電だと，電気主任技術者を置いたり手続が必要らしいんで，そりゃ事業所得でしょ，って言いたくなりますね。

**所長** 法人で，規模にかかわらず全量売電していれば法人売上になるという考えもできそうだけど，敷地按分は，売上に占める割合で，という反論もありそうですね。

**職員** ってことは，単なる部屋貸しでない以上，あの画廊は，所得区分では事業所得ですね。顧問の先生に確定申告の方法を変更してもらわなくちゃですね。所得税で不動産所得にしてたら，貸付けでないとは主張しにくいですもんね。

**所長** そうねえ。財産評価はどうなりますか。

**職員** 同じ筆の中に建築されている賃貸マンションとは，敷地の画地区分が必要ですよね。

**所長** 庭園部分が広いのね。画廊建物もオープンエアにできて，そのまま庭園と一体で作品展示を可能にしているのね。

貸マンションと庭園とのアクセスは，どうなっているのかしら。

**職員** 貸マンションからは，庭園には入れません。庭園は画廊と一体なので，マンションから入れるようにしちゃうと，画廊までの入館を許しちゃうからでしょう。塀で完全に遮断されています。これをマンション敷地というのは無理ですね。

**所長** 賃貸マンションの住民は借景として庭園を眺めることはできるけど，マンション共用部のように出入りはできないというわけね。

**職員** 画廊家屋と敷地は自己事業用なんですから，自用地評価ですね。貸会議室とかでもそうですが，賃借権が設定されるわけじゃないですし…。

**所長** 自用地か，貸家建付地かで，評価はずいぶん変わるけど，借地借家法の適用を受けない以上，自用地評価ですね。小規模宅地特例

の取扱いも変わりますね。

**職員** うわ，画廊部分で特定事業用の特例を適用すると減額効果が絶大です。貸付事業用200㎡が5割減が，特定事業用400㎡，8割減ですから，2.2億円も評価額が変わりますね。

**所長** 奥様もお嬢様も一緒に画廊の運営をなさっているので，特定事業用宅地の特例の適用については問題がなさそうですね。事業用地かどうかで，議論にならないように理論を固めておく必要がありますね。以前，貸スタジオ業で議論があったと思いますよ。

**職員** えっと，アッ平成13年7月11日の東京高裁判決（11年（ネ）第5850号）の税賠事件です。

貸スタジオを含む評価の高いビル敷地は事業性に乏しく，特例の適用要件を満たしていないと税理士さんは判断して，評価の低い別な土地で小規模宅地特例を適用していたんです。

国税局相談室でも貸スタジオは不動産貸付業だと回答されたそうです。一審では，税理士に注意義務違反はなかったとして請求は棄却されていますが，二審の予備的請求で，納税者が貸スタジオ業の事業該当性を追加主張し，裁判長は，選択肢の説明を直接の委任者に行わなかった点には注意義務違反があったと認定。その判断誤りにおいて損害賠償義務が生じると判示して，税理士に5,000万円余の損害賠償金の支払いを命じたというものです。怖いなあ。

**所長** 確かに貸スタジオや画廊は，収益からしたら不安定でしょうからね。

日常からの事業該当性の確認は，絶対必要ですね。その意味で所得税申告の段階から，所得の内容を明示的に課税庁に示すことが必要ですね。

**職員** はい。確定申告も見直していただきます。

### ワンポイント・アドバイス

東京高裁判決にあるように，事業該当性についての判断は，微妙な場合が多々あるでしょう。日常の所得申告の段階で，他税目への関連性に配慮しながら適切な申告を行う必要がありますね。

9　所得区分と事業性の判断　**203**

## 複雑・難解事例 10 特例適用に関する他税目規定の準用・非準用

### 事例の状況

1. 被相続人：甲
2. 相続人：妻乙・長男丙・次男丁
3. 資産状況
   ○自宅敷地：300㎡，3億円。うち離れ敷地：100㎡，1億円
   ○時間貸駐車場敷地：200㎡，2億円
   ○建物：4,000万円
   ○その他預貯金等財産：1億円

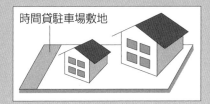

**職員** 今回，ご相談のあったご相続人様は，相続税の試算をしてみたそうなんです。問題は，この時間貸しの駐車場です。小規模宅地特例で，特定事業用宅地の特例が使えると主張していて…。

**所長** 相続人様も真剣ですね。でも制度はよく理解していただかないと。

**職員** 確かに，甲様の駐車場は，管理人が時間制でコンピュータ管理するシステムなので，所得税基本通達27－2の「いわゆる有料駐車場，有料自転車置場等の所得については，自己の責任において他人の物を保管する場合の所得は事業所得又は雑所得に該当し，そうでない場合の所得は不動産所得」に該当するんです。で，所得税は事業所得として申告しているんです。

それに，台数も70台だとしきりに話されています。これって，何でしょうか？

**所長** 所得税の事業的規模のことをおっしゃってるのよ。

　所得税基本通達26−9「建物の貸付けが事業として行われているかどうかの判定」の5棟10室基準ですよね。

**職員** 駐車場でも，そんなのがあるんですか。

**所長** 通達にまでは明記されていないんだけどね。実質基準に至るまでに，収入なら1,500万円，貸地なら2,000㎡，駐車場で50台レベル以上なら，ほぼ事業的規模と判定するという考え方ね。丙様は事業的規模で事業所得なんだから，事業用宅地特例が適用できる，とお考えになったのね。

**職員** そうかー。それなら，特定事業用宅地の特例が適用できるんですね。

**所長** これこれ。租税特別措置法の条文に戻って確認してみてね。

**職員** 特定事業用宅地等は，「被相続人等の事業（不動産貸付業，つまり駐車場業，自転車駐車場業及び準事業を除く）の用に供されていた宅地等で」（措法69の4③一かっこ書，措令40の2①）と。

　はは，思いっきり事業そのものからの除外です。

**所長** そう。通達でも留意的に書かれているのよね。

**職員** 租税特別措置取扱通達69の4−13「不動産貸付業等の範囲」ですね。「被相続人等の不動産貸付業，駐車場業又は自転車駐車場業については，その規模，設備の状況及び営業形態等を問わずすべて不動産貸付業又は駐車場業若しくは自転車駐車場業に当たるのであるから留意する」と。はい。

**所長** 丙様に，よくご説明しなくちゃね。

**職員** でも，この用語の定義は一般の方には，分かりにくいですね。69の4−14の通達は，「下宿等のように部屋を使用させるとともに食事を供する事業は，不動産貸付業に当たらないものとする」として特定事業用の適用はOKですけど，これはこれで，所得税基本通達26−4の「アパート，下宿等の所得の区分」では，「アパート，下宿等の所得の区分については…⑵下宿等のように食事を供する場合の所得は，事業所得又は雑所得とする」と平仄を合わせているんですもんね。

10　特例適用に関する他税目規定の準用・非準用　**205**

でも平成30年度改正で導入された貸付事業用宅地等の特定貸付事業（措令40の2⑯）でも，所得税基本通達26-9の5棟10室基準を思いっきりを引っ張ってるんだもんなー（措通69の4-24の4）。

うわぁ，分かりにくいッス。

**［職員］** ところで，他税目に準用って話でいえば，空家譲渡特例（措法35③）は当初制度では，被相続人が老人ホームに入所して亡くなった場合は，特例適用不可でしたよね。それが令和元年度改正でOKになって。

小規模宅地特例を追っかけてきたのかな〜，って。

**［所長］** そうだね。でも微妙に違うんだけどね。

**［職員］** え，そうなんですか？

**［所長］** そう。空家譲渡特例は，「特定事由により被相続人居住用家屋が被相続人の居住の用に供されなくなつた時から相続の開始の直前まで引き続き当該被相続人居住用家屋が当該被相続人の物品の保管その他の用に供されていたこと」（措令23⑦一）という要件が付加されているんだよね。小規模宅地特例の場合，被相続人の留守自宅については，特段の要件がないんだけどね。

**［職員］** へぇー，その分だけ，事実認定で厳しいということですか。

**［所長］** まあね，相続に比べて譲渡の場合は，担税力があると考えるから，要件は厳しいケースが多いね。

**［職員］** あー，こないだの被相続人と配偶者が一緒に老人ホームに入っていて，被相続人の相続で配偶者が自宅を取得して，その後に配偶者が亡くなった場合で，配偶者は自宅宅地を所有者として居住したことがないのに，自宅として小規模宅地特例を適用できるか，っていうのについて，居住用財産の3,000万円特別控除特例と違って，小規模宅地特例はOKって…。

**［所長］** そうだね。譲渡の方は，平成元年3月28日東京高裁で棄却されてるけど，小規模宅地特例は，東京国税局審理課長平成30年12月7日文書回答事例で容認されてるよね。

**［職員］** なるほどです。

**［所長］** 下宿は，役務提供の有無が主体かどうかをみるので，貸スタジ

オなどと同様ね。

　租税特別措置法はあくまでも政策税制としての特別措置なので，個別具体的に規定振りを見なきゃね。他の税目の定義や取扱いをそのまま引っぱって同一視すると，怪我をしますよ。

**職員** ふう。そうなると今度は居住用の特例が問題です。甲様の自宅は，母屋と離れがあるんですが，母屋が甲様夫婦，離れに丙様が住んでいたんですね。この場合，離れの部分に，居住用の特例が適用できるかどうかです。

**所長** 甲様名義の主たる建物としての登記ね。離れは，附属建物ではないですね。

**職員** でも，丙様は食事や風呂は母屋に行っていたようで，離れは寝るだけだと。

　丙様は同居してたっていえるんでしょうか。スネ囓りですね。あッ今回は，配偶者である乙様が母屋を取得するので，母屋敷地は問題なく特定居住用宅地の特例が適用できるんですが，面積的に，離れの敷地が対象になるかどうかで，減額が大きく変わるんです。

**所長** 離れが甲様の居住用宅地かどうかですね。

**職員** です。無理ですよね。丙様にとっては，母屋も居住用かもしれないですが。

**所長** そうね。特定居住用宅地等の定義では，「被相続人等の居住の用に供されていた宅地等であって」（措法69の4③二）よね。

**職員** あ，被相続人等って，「被相続人若しくは被相続人と生計を一にしていた当該被相続人の親族」（措法69の4③二ハ）か！

　「生計を一」ってのは…と。質疑応答では「同一の生活共同体に属して日常生活の資を共通にしていた状態をいうものと解される」と。「必ずしも扶養していたことをいうものではなく，また必ずしも同居していたことを要件とするものではない」と。これは所得税基本通達2-47を準用するんですね…ッたく。

**所長** 別な観点からみても，いいかも。丙様が甲様と生計一であったとしたら？

**職員** あ，租税特別措置法69条の4第3項2号ハに規定する生計一親

10　特例適用に関する他税目規定の準用・非準用　**207**

族に該当する丙様が居住の用で適用ですか。でも母屋部分も同法69の4第3項2号柱書で，配偶者乙様が取得することにより特定居住用が適用できるんですよね。

**所長** これは，措置法69の4第3項2号イとの二重適用を排除していないのね。

**職員** ウー，糸がほぐれそうな気がしてきました。よく丙様達とお話ししてみます。

▶ **ワンポイント・アドバイス** ▶

　小規模宅地特例は，租税特別措置法の規定として独自の政策趣旨のもとに，独自の規定をしていながら，一方では，他の税目の規定を流用している部分もあります。

　他税目の規定と定義が共通する部分と異なる部分については，法律条文をよく読み解く必要があるでしょう。

# 複雑・難解事例 11 個人・法人間の土地貸借関係と特例適用

### 事例の状況

1. 資産所有者：甲
2. 甲の推定相続人：乙・丙・丁
3. 資産状況
   ○自宅敷地：200㎡，5,000万円
   ○自宅家屋：1,000万円
   ○同族会社敷地：400㎡，4億円
   ○店舗家屋：5,000万円（簿価5,000万円）
   ○その他預貯金等財産：5,000万円
   ○自社株：0円（法人借入金：5億円）

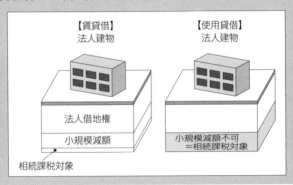

**職員** 大変です，今回のご相談。スーパーマーケットの会社は5億円の債務超過です。同居の乙様がずっと切り盛りされてますが，連年，赤字の垂れ流し，丙・丁様は会社に批判的で，もう…。

**所長** 甲様が高齢で，当初は相続対策のご相談ですよね。「何とかしなければ」と思ったのは一歩前進なんでしょう。

　法人は債務超過でも個人は相続税がかかるかも，ってことですか…。

**職員** まず，法人は建物所有していますが，5億円の債務超過で純資

11 個人・法人間の土地貸借関係と特例適用　209

産ゼロ，株価ゼロですね。甲様の敷地は物上保証です。個人は自宅や自宅家屋があり，これも借入担保に入っています。

**所長** 法人敷地の土地賃貸借契約書や法人税申告書の地代家賃欄は，どうなってますか。

**職員** 昔は地代を払っていたようですが，経営が傾いてからは，地代の支払いがないままですね。未払計上さえしていないようです。貸借対照表に借地権の計上もないです。

乙様が過年度の申告書を箱で送ってきたのでビックリしました。平成初期の会社の羽振りが良い時期に，節税策をとったそうで，その後の税務調査で重加算税ですもんね。その際の納税資金借入れが今の借入残のスタートだったというのは，皮肉な話ですよ。

**所長** もともと賃貸借でやっていた時期に，無償返還届出書は提出したのかしら。

**職員** いや，出していないようです。現在は使用貸借です。これって，マズイですよね。

**所長** 土地の評価はどうなると思いますか？

**職員** 無償返還届出をしてないし，入り口での認定課税も受けてないですから…。

**所長** そうね。

**職員** 無償返還届出書を今から提出したらどうですか？　法人税基本通達13－1－7では「遅滞なく」となっていますから，今からでも届け出れば。

そしたら，認定課税は避けられますけど，甲様の底地で，法人借地権です。あとは，小規模宅地特例ですが，これ，マズイっすね。

特定同族会社事業用宅地等に該当しないですね。

**所長** 敷地が使用貸借では，事業用宅地にならないんだから，小規模宅地の特例自体が適用できないですね（措法69の4－23）。

使用貸借，特に固定資産税程度の地代で，事業性を否認された判決は多いんですよ（平成11年6月21日裁決，平成16年8月10日高知地裁判決，平成18年12月7日裁決）。

**職員** うわ，もったいないなあ。賃貸借を継続してれば，これ適用で

210　第3章　所長と職員の会話で理解する！　複雑・難解事例へのアプローチ

きますよね。

**所長** そもそも，建物建築の昭和40年当初から賃貸借だったら，土地の値上がりに応じて，借地権が同族会社に貼り付いてきて，自然発生借地権を主張できるんですね。

**職員** そうか！　7割の借地権が法人に移行していて，小規模宅地特例は，そこから減額できたんですよね。悔しいなあ，法人でせめて固定資産税の2～3倍程度の地代はそんなに大きな金額じゃないので，未払地代でも計上していればなあ。

**所長** きっと，銀行からの借入れの手前，わずかでも利益を底上げするために，未払計上をしなかったのかもしれないわね。

**職員** でもこのままなら，いずれにせよ5億円の借入れは返さなくちゃ無理ですね。土地を売って返すとしたら，法人に借地権が付いていれば，そのとき売却益のうち借地権部分は，法人の繰越欠損金で無税にできますよね。今から賃貸借に戻してもらいます！

**所長** 地代支払いがなかった時期が，地代の一時的免除であったことについて，説明できるかですね。ただね，法人の借入返済のメドが今後も難しく，個人資産売却資金で甲様が会社の保証人として法人借入れの代位弁済をするなら，保証債務履行の譲渡特例を適用して譲渡所得税の非課税申告ができるかもしれないけど（所法64②）。

**職員** そっか，それで借入れ当初からの法人税申告書を持ってきてもらったんですね。

**所長** 当初，保証時点では，会社は健全だったという立証が必要ですからね。もし会社の借入金返済のために会社敷地を譲渡するなら，個人資産は自宅と金融資産だけ。自宅に小規模宅地特例を適用すれば，ほぼ相続税は無税ね。

**職員** 甲様と乙様には無念でしょうが，他のご兄弟は，事業の失敗について批判的だから，このあたりは現状打開策として，理解してくれますかね。一波乱ありそうだなー。

**所長** そう。困ったことに，特定相続人が使用収益していた土地の使用貸借については，特別受益だという民事判例もあるのね（東京地裁平成15年11月17日判決）。

11　個人・法人間の土地貸借関係と特例適用

職員 はあ…何ですか，それ？

所長 賃貸借であれば，相当の対価が被相続人の財産に反映されているけれど，使用貸借の場合は，土地価格の15％や30％（東京高裁平成9月6年26日判決）を特定者の特別受益として相続財産に持ち戻すのね。

職員 それでなくても，丙・丁様は「乙が財産を減らした」と批判しているのに…大変だぁ。

所長 よくお話しして，特に物上保証している甲様のご意思を確認しながら，方向性を出していただくしかないでしょうね。

▶ ワンポイント・アドバイス ◀

　賃貸借か使用貸借かによって，土地の評価と小規模宅地特例の適用に影響があり，大きく税額が変わります。

　所得・法人税務のなかで，資産課税関係を射程において税務マネジメントを進める必要があります。

複雑・難解事例 **12** 資産買換え途中の相続の発生と特例適用

### 事例の状況

1 被相続人：甲
2 相続人：乙・丙・丁・戊
3 資産状況
　○甲所有自宅敷地：250㎡，5,000万円
　○甲所有賃貸土地建物Ａ：売却資金６億円，土地相続税評価額２億円
　○買換取得土地建物Ｂ：契約額６億円
　　同相続税評価額：５億円

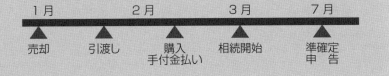

(職員) 今度の依頼者様の相続，急でしたね。
(所長) １月にＡ土地を売却して，買換用不動産の購入途中で，そのまま３月に亡くなられているんですね。
(職員) ずいぶんバブルな価格で売れたんですね，この土地。
(所長) 買換資産は手付金だけ払って，引渡しは，この後の６月ね。微妙ね。
(職員) そうなんです。そこがややこしそうで。
　遺言書なんてもちろんないし，相続人様は，資産買換えの話は全く聞いていなかった，とオロオロされています。
(所長) 売買契約後に引渡し前の相続開始のケースは，取扱いが出ていましたね。
(職員) 調べました。えっと，売主が売買契約後の引渡し前に相続開始した場合は，残代金請求権で評価です。今回の甲様は，売り物件に

ついては，相続までに引渡しを完了して売買代金を受け取っていますから，これに該当しません。

　問題は購入の方ですね。買主が売買契約後の引渡し前に相続開始した場合は，物件の引渡請求権と残代金支払債務で，手付金相当額による評価が原則です（平成3年1月11日・国税庁資産税課情報第1号）。ただし…

**所長**　土地建物等を相続財産とする申告があったときはそれを認める，と。

**職員**　ですね！　引渡し前でも，相続税評価額でいいんですね。旧3年縛り評価（旧措法69の4）以外は，相続税評価額でOKで，未払債務は控除です。で，小規模宅地特例は…あれっ？

**所長**　土地等として申告する以上，要件が合致すれば適用は可能ですね。その資産税課情報では，訴訟事件となる場合も書いてありますね。訴訟が多いですからね。今回も購入対価と，相続税評価がかなり開いているものね。

**職員**　でもすごいですね。買換取得がそのまま土地取得と同等となるなんて。

**所長**　うーん，引渡し後に相続が開始したとしたら当然の評価と特例適用なので，相続時点によるアンラッキーを防止してあげようという配慮でしょうね。

**職員**　あ，ところで，甲様は買換特例を適用するつもりだったようなんですが。

**所長**　そうね。事業用資産の買換特例制度の存続が不安視されているから，急いで受けようとしたのかもしれませんね。

**職員**　えっ。だって，もう亡くなったんですから，適用できないですよね。4か月後の7月が準確定申告の期限ですから。

**所長**　そうかしら？

**職員**　あ，これでしょうか。租税特別措置法37条の適格譲渡資産を「譲渡した者が買換資産を取得しないで死亡した場合であっても，その死亡前に買換資産の取得に関する売買契約又は請負契約を締結しているなど買換資産が具体的に確定しており，かつ，その相続人が法

214　第3章　所長と職員の会話で理解する！ 複雑・難解事例へのアプローチ

定期間内にその買換資産を取得し事業の用に供したときは，その死亡した者の当該譲渡につき同項の規定を適用することができる」んですね（措通37-24）。そっかー。

**所長** 買換えの実態があって，単に契約途上で亡くなっただけなら，相続人が買主の立場を地位承継するわけだから，税務上も同様に考えるということなのね。

**職員** 問題は，買換資産が具体的に確定していたかどうかですね。
例えば，物件を物色していただけではダメですか？

**所長** 物色して，契約に至らないまでも，特定の不動産に買付証明を出すとか，候補物件の業者さんと価格折衝に入っていたとかなら，説明は可能かもしれないけどね。

**職員** 結果，相続人様が物件を取得しちゃえば，どうでしょう。ちゃんと買換えの要件を満たしてれば…。

**所長** それは乱暴ね。事実認定になるわね。
それに，そもそも，相続人様は，買換えをしたいのかしら。

**職員** はあ，甲様は買換えに意欲満々だったそうですが，相続人様は譲渡所得税と相続税を払って現金化できれば，"もういいわ"って感じもあるんです。でも，もう手付金を払っちゃったし。

**所長** そこは大事よ。税金を払ってしまって，すべて完了してしまえば，甲様のご遺志はともかく，相続人様はずいぶんお楽になりますよ。

**職員** 相続人様から，買換特例を使うと，その後の所得税が高くなることや，次に売却したときに，子どもの代で税金が高くなることを質問されました。

**所長** そうなのよね。そもそも，6億円の譲渡税額はどうなると思います？

**職員** えっと，取得費を5％として，長期譲渡所得課税が20％だから…あっ，住民税！

**所長** そう。今回の譲渡では住民税がかからないので，所得税15％の税額だけで済んでしまうのね。

**職員** うわあ，そしたら，今回，買換えをしたとしても，買換特例を

12 資産買換え途中の相続の発生と特例適用 **215**

適用せずに，税金を15％で払いきりにして，次の減価償却の満額計
上や，将来の譲渡所得税の軽減の方がいい，という判断もアリです
ね。

**所長** 小規模宅地特例にも影響することだから一概には言えないけど，
そもそも買換資産の取得そのものも，手付金を放棄してでも相続人
様で見直されるかもしれませんね。

　もちろん，買換えは，甲様の遺志だということも考慮しながらね。

### ワンポイント・アドバイス

　突然の相続が，資産の移転時に起きることはしばしばあることです。
その場合の税務は，レアケースながらも，取扱いが徐々に整備されて
います。そうした取扱いと，さらに被相続人・相続人様の状況と合わ
せて，方向性を探っていくことが大切です。

---

＜参考＞長期保有の事業用資産の買換特例（措法37①七）の概要

　個人が，譲渡年1月1日で所有期間10年超の事業用土地建物構築物を譲
渡して，前年から翌年末までに国内の土地（面積300㎡以上）建物構築物の
特定の資産を取得し，1年以内に事業の用に供したときは，譲渡益の一部
（約8割）に対する課税を将来に繰り延べることができる制度です。

---

## 複雑・難解事例 13 生前贈与物件に対する特例適用

### 事例の状況

1. 被相続人：甲（70歳。配偶者乙は以前に死亡）
2. 相続人：丙（45歳。会社員，妻と社宅住まい）
   丁（40歳。他家に嫁いで専業主婦）
3. 資産状況
   ○甲所有の金融資産：1億円
   ○自宅土地：A地（240㎡。うち持分6分の1は，配偶者控除を適用して乙に贈与され，乙の相続により丙が承継済み）
   ○貸家敷地：B地500㎡
4. 甲は丙へ平成15年にB地上の共同貸家評価額3,500万円を相続時精算課税制度により贈与。
5. 丁へは同制度により資金2,500万円を贈与済み。

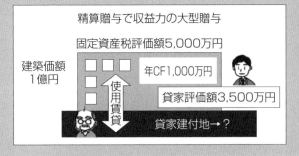

**所長** 甲様は，ずいぶん積極的に贈与をなさっていたようですが，こんなに早くに亡くなられたのは残念でしたね。

**職員** はい。今回の相続は，丙様へ贈与した貸家住宅と，丁様へ贈与した現金が相続時精算課税制度の対象です。問題は，貸家敷地と自宅敷地の遺産分割だと思います。税金は，相続財産の預貯金で払えちゃいそうです。

**所長** 収益物件と現金を贈与したのは，もともと納税資金を先渡しするくらいのおつもりだったんでしょうね。

**職員** ですね。もともと建築価格1億円の鉄筋コンクリート造（RC造）物件を甲様自身が施主で建てて，固定資産税評価額5,000万円，入居者が入って借家権がついて7割評価による3,500万円の贈与税の課税価格になった状態で贈与。資産1億円が3,500万円になっちゃうんですから，6,500万円の圧縮効果ですね。

**所長** 平成15年の精算贈与税は200万円ね。

**職員** はい，今回，精算課税分の贈与税額控除で精算します。

**所長** 相続税申告書11表の2ですね。物件の利回りはどれくらいですか。

**職員** それがですねえ，年間ネット（純）利回りが10％というんですから，エーッと，3年間で3,000万円のキャッシュの贈与と同じ効果です。精算課税される分は取り戻しちゃうなあ。収益物件からのキャッシュフローが蓄積されて，被相続人の相続財産に取り込まれていけば，そのまま相続税の課税対象になってしまいます。

**所長** うーん，利回りというときは，土地・建物価額を分母にするんだけどね，本当は。

**職員** えっ，そうなんですか？

**所長** だって，この貸家を第三者に売却するなら，土地込みでしょう？投資家は土地建物価額に対する利回りで判断しますよ。

**職員** なるほど，建築価額だけを分母にするって，ハウスメーカーの論理かも。

**所長** ところで，土地はどうなっていたのかな？

**職員** そうなんですよね。土地についてはどうも何も手当てしてないみたいなんですよ。ってことは，土地は使用貸借ですか。貸家建付地，かつ小規模宅地特例の対象にしたいですよね。

**所長** そうね。贈与時点では，借家人の権原が土地にも及んでいるので，貸家建付地といえるけれど，その後，借家人が交代すると，この土地と新借家人との関係は切れてしまうのね。

**職員** ってことは，土地は自用地になっちゃうんですか。

**所長** そう。だからせめて借家人が変わらない仕組みを作っておかなくちゃならないのね。例えば，サブリース方式にするとか。

**職員** ふうむ。今回の場合は，土地賃貸借にして，無償返還届出を出しておけば，土地の貸家建付地の減額も，小規模宅地特例も可能になったというわけですか。で，かつ貸家を一括貸しのサブリースすることで，貸家建付地評価を継続できる，と。使用貸借じゃ小規模宅地の減額もできませんね。

**所長** そうね。裁判でも問題になってるのね。

**職員** 平成16年8月10日高知地裁判決とか，平成18年12月7日東京不服審判所裁決とかですね。

そうだ，小規模宅地特例の対象といえば，ご自宅なんですが…。

**所長** 貸家の敷地では適用できないので，ぜひ自宅で適用を受けたいですね。配偶者なし，同居のご親族なし，ですね。

**職員** はい。丁様は専業主婦ですが，ご主人の実家に居住されてますから，租税特別措置法69条の4のいわゆる「家なき子」にもならないんです。丙様が社宅住いなのですが，相続の前年にマイホームを買ってまして…誰も自宅を承継する状態にないんですね。小規模宅地特例の特定居住用要件を満たす人もいないわけです。

**所長** 丙様は自宅敷地の一部はお持ちだけどね。ところで，丙様がマイホームを買ったのに，社宅住まいなのはなぜかしら。それに，丁様のお住まいは誰の所有なのかしら。

**職員** え？　えっと，そうですね。丙様はマイホームを購入したのに，転勤で奥様・長女様と社宅住まいなんですね。住民票は社宅です。ああ，戸籍の附票によれば，つまり，いったん購入したものの，すぐ転勤の辞令が出て，未入居で赴任先に家族で住むようになったようです。その後すぐ甲様が亡くなったので，まだ，そのマイホームを貸したり売ったりはしてないようです。　ん？ってことは？

**所長** 「持ち家がない親族」の要件が平成30年度改正で変わったよね。それを確認しようよ。措置法69条の4第3項二号ロだね。

**職員** はい，例の節税規制ですよね。

まず，丙様については，「相続開始前3年以内に相続税法の施行

13　生前贈与物件に対する特例適用　**219**

地内にある当該親族，当該親族の配偶者，当該親族の三親等内の親族又は当該親族と特別の関係がある法人として政令で定める法人が所有する家屋（相続開始の直前において当該被相続人の居住の用に供されていた家屋を除く。）に居住したことがないこと。」です。

　が，3年以内に自己所有家屋はありますが，居住していないです。

　んで，次に，「当該被相続人の相続開始時に当該親族が居住している家屋を相続開始前のいずれの時においても所有していたことがないこと。」についても，相続税開始時には，赴任先の賃貸マンション住まいですから，これも，違います。

　てことは，「持ち家がない親族」と言えちゃうってことでしょうか。

**所長**　そうだね，正しくはね。マイホームを買ったので，生活基盤確保はできてるとはいっても，通勤できないマイホームではね。

**職員**　いずれ，貸すか，売るか，しなくちゃ，ですね。でないとローンと固定資産税だけ無駄に払い続けることになっちゃいます。

**所長**　ただね，例えば，「マイホームを買った」，「転勤辞令が出た」，で，家族は予定どおりマイホームに住んで，丙様だけ単身赴任した，というと事情が変わってきますね。

**職員**　はあ，生活の拠点は，家族の住所地，ということですか。あ，国税庁の質疑応答事例で，「家族を残して海外赴任しても引き続き当該建物に居住していることになる」ってのがありました。

**所長**　そう，民法752，877条などから，夫婦は同居すべし，家族は相互扶助すべし，という考え方があるんですね。

**職員**　なるほど，主張してみます。

　で，丁様なんですが，ご主人のご実家は舅様の所有です。ということは，夫の父ですから，三親等内の親族の所有する家屋に居住していますから，アウトです。

　だって，嫁に行って舅さんの家に住んで，でも，離婚したらまた自分の実家に戻るじゃないですか。平成30年3月31日までの相続ならオッケーだったんですよね。きっついなぁ。

　家を同族会社の社宅にして，それで「家なき子」なんて節税が新

聞でも報道されたりしたからですよね。完全なトバッチリだぁ。

所長　うん，ただ，経過措置があるよね。

職員　あっ，令和2年3月31日までの間の相続なら丁様もオッケーになりますか。ふう。

　　でも，離婚後のことまで考えてくれてた以前の法制度の暖かさは，なくなっちゃったってことっす。立法趣旨は，どこ行っちゃったんだと思いますねっ！

所長　まあまあ。ただ自宅敷地の6分の1は丙様だから，丁様が取得されるとお話がややこしくなるでしょう。そのために甲様は丁様に生前に現金贈与をなさったのかもしれませんしね。金額は別としても平等に，という親心だったんでしょうね。

◀ワンポイント・アドバイス▶

　特定居住用の適用要件は，条文や通達の逐字解釈が，これまで訴訟の原因となっています。法の趣旨は趣旨として，逐条的に要件をよく読む注意が必要です。

　また，土地の生前贈与は，当然に小規模宅地特例の減額対象となりません。しかし，家屋等の贈与とその後の権利形態によっては，収益移転と小規模宅地特例の良い面を享受することもできるのです。

## 複雑・難解事例 **14** 貸駐車場への適用判断

### 事例の状況

1 小規模宅地特例の適用可能土地
　① 貸家建付地（200㎡）
　② 砂利敷きの月極貸駐車場（300㎡）
　　…評価単価は，駐車場の方が高い。
2 相続人の自宅…主宰法人の社有地であるため，小規模宅地特例の適用は不可。

---

**職員** 所長！　依頼のあった相続申告の現地調査に行ってきました！

**所長** お疲れさまでした。で，どんな状況だったの？

**職員** 今回の被相続人様の所有地は，A町のアパート敷地とB町の貸駐車場です。で，両方へ行って，測量図と確認しました。

　　貸駐車場の方の単価が高いので，こちらで特例を適用したいんです。写真は，これです。

**所長** ふーん…砂利敷きね。小規模宅地特例って，土地ならよかったのかな。

**職員** 砂利だとまずいですか。小規模宅地ってくらいですから，宅地でなくちゃならないですかね。あっ!?　駐車場ということは…えっ，雑種地かな？　アーッ，登記簿も固定資産税台帳も，宅地だ。よかった。

**所長** ちょっと待って！　宅地の定義ってどうでした？

**職員** エッと…租税特別措置法69の4第1項と同法施行規則23条の2第1項では，「建物若しくは構築物の敷地の用に供されているもの」となっています。うーん，これは建物敷地じゃないです。せめてアスファルト敷きだったらなあ。

　　構築物というと……砂利は構築物ですよねェ。

**所長** その根拠は，どこに規定されているのかしら？

222　第3章　所長と職員の会話で理解する！　複雑・難解事例へのアプローチ

**職員** えっと…耐用年数通達2－3－13ですね。「構築物とは，土地に定着する工作物であって建物以外のもの」ですよね。「土地の表面に砂利を敷設した路面は，耐用年数省令別表第一に掲げる『構築物』の『舗装道路及び舗装路面』の『石敷のもの』」に該当するとなって，貸駐車場へも適用することになります。

**所長** そうね。でも構築物だったら，被相続人の所得税の確定申告で，減価償却対象だよね。償却資産の申告にも上るはずよね。

**職員** ウヒャ！ 確定申告書には，何も計上されてないですね。耐用年数が満了していても，残存価額はあるはず。まいったなァ。キチンとしておいてほしいなァ。

**所長** 写真では砂利が剥げているから，経年劣化にせよ，その点も確認ね。

**職員** 相続人様に確認しましたら，この土地は25年前に購入してから，ずっと貸駐車場で，購入時の広告写真が，売買契約書と一緒に保管されていました。土地は黒土で，砂利設備はその後，被相続人が敷設したのは明らかです。当時，設備資金は，経費に落としたのだろうということでした。

　工事金額によっては所得税が過少申告だった可能性はありますね。

　以来，駐車場を管理する不動産業者が，何度か砂利を敷いて今のように維持できているようです。業者さんが砂利足しの記録をファックスしてくれるそうです。

　相続開始時点では満車状態ではないようですが，貸付収入と固定資産税や管理費の支払いで，きちんと利益が上がっていて，空車部分も反復的に継続して契約されているようです。

**所長** そうね。ところで，調べてくれたこの判決だけど……。

**職員** はい，東京高裁平成10年10月16日判決・租税特別措置法69条の3 相続税更正処分等取消請求控訴事件（棄却）です。

　「本件土地は，金網のフェンス，車止め，看板及び外灯等の簡易な施設は設置されているが，建物は建築されておらず，敷地の大部分は，薄い砂利が敷かれている程度であって，右に述べた構築物といえるような施設も存在せず，その上に砂利が敷かれた程度で地面

14　貸駐車場への適用判断　　**223**

は露出しており，その施設の維持管理についても専ら借主がその負担において行っているなど，特段の人的・物的な資本投下がされているとは認められず，必要なときはいつでも容易に現状回復のうえ他に転用できるものであることなどからすれば，事業性を認識する程度に資本投下がされた構築物の敷地の用に供されているということはできない」。

　　　ね，これマズイですよね。

**所長** 千葉地裁判決は当時から貸駐車場の認定では有名だけど，よくみてごらん。

**職員** えーっと。あれ，租税特別措置法69条の3？…変だな。今は69条の4ですよね。あ，分かった。これ古いんですよ。判決は平成10年ですが，平成3年の相続開始で……。

**所長** そうそう。これは旧法時代の判決なんだよね。

**職員** そっか。だから，事業用として要件が厳しく取り扱われているんですね。

　　　現在の措置法69条の4では，事業に準ずるものとして措置法施行令40条の2の駐車場業，自転車駐車場業及び準事業を含んでいて，準事業，つまり事業と称するに至らない不動産の貸付けその他これに類する行為で相当の対価を得て継続的に行うもの，でOKってなってますからね。

**所長** ただ，この平成21年1月29日の札幌地裁判決もあるから。

**職員** えーっと，アスファルト舗装が8％しかない，うーん。砂利敷きの駐車場に対する特例適用の決定的な判定って，ないんですね。

**所長** そうね。だから，本件の状況についての主張がカギになりますね。

**職員** 写真では，照明や車止め・区画ロープをちゃんとしてありますよね。自分が行って，もっとちゃんとした写真を撮ってきます！

### ワンポイント・アドバイス

　小規模宅地特例では，そもそもの特例対象は宅地等です。平成６年度の税制改正以降，準事業用が導入されたことで取扱いは緩和されましたが，油断は禁物です。小規模宅地特例は，青空駐車場に適用して，構築物の敷地でないとして敗訴した判決が多数あります（平成７年１月25日裁決，平成11年８月30日東京高裁判決，平成21年１月29日札幌地裁判決，平成21年11月27日最高裁上告棄却）。

　特例対象の宅地を選択する場合は，疎明資料をがっちり付けて，万全の体制で臨みましょう！

---

＜参考＞耐用年数の適用等に関する取扱通達２−３−13（砂利道）

　表面に砂利，砕石等を敷設した砂利道又は砂利路面については，別表第一の「構築物」の「舗装道路及び舗装路面」に掲げる「石敷のもの」の耐用年数を適用する（昭55年直法２−８「一」により改正）。

別表第一　機械及び装置以外の有形減価償却資産の耐用年数表

| 種類 | 構造又は用途 | 細目 | 耐用年数 |
|---|---|---|---|
| 構築物 | 舗装道路及び舗装路面 | コンクリート敷，ブロック敷，れんが敷又は石敷のもの | 15 |
| | | アスファルト敷又は木れんが敷のもの | 10 |
| | | ビチューマルス敷のもの | 3 |

---

14　貸駐車場への適用判断　225

**複雑・難解事例 15　過去の未分割財産に対する後フォロー**

### 事例の状況

1　被相続人：甲（相続人の母）
2　相続人：長女乙・次女丙・三女丁・四女戊
3　資産状況
　○自宅敷地持分：100㎡，1億円
　○貸家敷地・貸宅地（8宅地）持分：1,600㎡，4億円
　○家屋：自宅・貸家。5,000万円
　○その他預貯金等財産：5,000万円

20年前の登記原因が「相続」…
とりあえず未分割で登記⁉

母死亡で，20年前に遡って正式
な遺産分割⁉

**職員**　所長，なんだかヘンなんですよ，今回の相続。甲様の相続財産なんですが，不動産を全員で共有なんです。とりあえず小規模宅地特例の計算をしてみたんですが，母上の甲様は老人ホームに入居していて，自宅は空家だったんです。

　子どもはみんな嫁いでるし，甲様の生活費は甲様が貸家賃料で払えちゃってるので，まず，特定居住用はアウトなんです。

　貸家敷地に貸付事業用で2,500万円までは減額できるんですが…。

**所長**　なるほど，甲様が2分の1，お子様たちが8分の1ね。20年前のお父様の相続の際の法定相続分ですね（232頁参照）。

**職員**　土地は全部で8か所ですが，それが全部共有です。それで，小規模宅地特例の適用ができないので，もったいないかな，と。前回の遺産分割協議書や相続税申告書の控えがないことを誰も知らない。

**所長**　時々，そういうケースもあるけどね。

　どんな原因が考えられます？

**職員**　えーっ。モメまくって，相続税申告期限がきて，"エイやっ"

て，法定相続分で手を打っちゃったとか。でも，仲は良いですよ，皆様。

　あ，以前お手伝いした相続では，相続人の皆さんが法定相続分どおりでなくちゃいけないって思い込んでいて，法定分にしていた相続がありましたね。あれには苦労しました。持分の相互交換をして，単独所有権になるように，調整して…。

　今回も，全部共有なので，今回の相続で甲様の持分を特定の人が相続しても，まだ共有の解消はできないです。

**[所長]** そうねえ。お母様がご存命ならお尋ねできるのにね。

　不動産登記の登記原因は，どうなっていますか？

**[職員]** 謄本では，全部，登記原因は「相続」ってなっています。普通ですよね。

　ほんとうに資料がないのか，甲様の手控えがないだけなのか，ですね。

**[所長]** 貸家の賃料は，どうなっていましたか？

**[職員]** ぜんぶ，甲様が亡きご主人に代わって受け取って，所得税の確定申告をしていますね。その後の契約の更新や新規契約も甲様です。あーァ，固定資産税も甲様支払いですよ。固定資産税は，「代表者外〇名」で納付書が来ちゃいますからね，それで払っちゃうんですよね。うーん，これって，マズイっすね。所有と使用収益が，別になっちゃっていますよ。

　甲様は更正の請求で，子供は修正申告…ですかぁ？

**[所長]** それは課税上，弊害なしとして，遡及する必要はないかもね。まずは，前回の相続で分割協議が行われたのかどうか，ね。

**[職員]** 登記されていますが，10年前ですね。

**[所長]** 相続登記って，登記原因を見るんですよ。登記原因が「遺産分割」とあれば，これは分割協議書を原因証書として登記官に提出されているのが確実なのね。

**[職員]** そういえば，相続と登記されていて，その後に遺産分割で持分変更された登記簿を見たことがあります。確か，あれって遺産分割のやり直しではないんでしたよね。

15　過去の未分割財産に対する後フォロー　227

**所長** 正解。登記原因が「相続」だけの場合は，それが法定分で分割協議が整って，協議書を基に登記する場合と，未分割でとりあえず登記する場合と，2通りあるのね。

**職員** えっ。未分割で登記ですか。なぜ，でしょうね。

　　ウーン。あっ，そういえば，10年前の相続登記の後，ご自宅の裏の土地は，一部分筆して売却しています。

**所長** なるほど。売却のために，とりあえず必要に迫られて相続登記したんじゃないかしら。法定相続分登記なら，誰か一人だけの登記申請でも可能だから。

**職員** えっ。ということは，いまだに未分割状態の可能性があるってことですか。

**所長** どうしても相続税申告書や分割協議書がなければ，その可能性があるわよね。

**職員** てことは，ちょ…ちょっと待ってください。今からご先代の正式な遺産分割ですか。

**所長** あり得るわね。登記所では，10年間しか原因証書を保管しないのね。だから，昔の登記原因が分割協議書に基づくものかどうかは分からないので，今からでも，正式な分割協議書を原因証書として登記申請すれば，受理するでしょうね。

**職員** うひゃ。確かに，おじいさん名義のままの相続登記漏れの土地なんてよくありますし，その場合，相続人全員で分割協議しなくちゃなりませんよね。それと同じですか。

**所長** そうね。それにしても相続税も無申告だったなんてね。相続登記されていたのに課税漏れなのかしらね。

**職員** 20年前って，昭和バブルの時期ですよね。

　　相当路線価高かったんじゃないですか。

**所長** 路線価の上昇局面で，あまりシビアなチェックがなかったということかしら。

**職員** エッ，もしかして，ご先代の相続税って…。

**所長** そう，時効ね。もし無申告でもね。

**職員** うわ，目まいがしてきた。

228　第3章　所長と職員の会話で理解する！複雑・難解事例へのアプローチ

この際，確信犯で，ご先代の分割は全部子どもたちにとか。甲様分は，甲様の相続人である子どもが権利義務承継者として連署する，と。

　そうすれば，今回の相続財産は金融資産だけになって，非課税一直線すね。

所長　ちょっとちょっと，調子に乗りすぎ！

　問題は，これからよ。

職員　すみません。不動産所得は甲様の申告で，賃貸借契約も甲様ですからね。

　でッ…でも，子どもたちからの使用貸借ってことも主張できますか。ウワァ。小規模宅地の特例どころじゃないや。コリャ，大変だ！

所長　当然，そうした点も考慮して判断しなくちゃですね。遡及分割できれば，共有は解消できるしね。まず，事実確認，そしてよく皆様にご検討いただきましょう。

　本当は，どのように考えていたのか，これから考えていくのか。いずれにしてもご関係者が皆お元気で仲が良ければ，調べることもご意見を聞くこともできるでしょう。何よりです。

◤ワンポイント・アドバイス◢

　相続財産の帰属については，民法上，登記法上の正確な検証が必要です。公的資料や現物資産について，よく調査する必要があります。

複雑・難解事例 **16** 未分割財産の二次相続と特例適用

## 事例の状況

1 被相続人：乙（亡甲＊の配偶者）
　　　　　　＊亡甲（昭和42年以前に死亡）
2 相続人：丙（甲・乙の長男）
　　　　　丁（甲・乙の次男）
3 資産状況
　○A地：200㎡，路線価100万円。甲名義
　○A建物：甲名義
　○B地：300㎡，路線価 20万円。乙名義
　○B建物：次男丁名義
　○その他金融資産：5,000万円

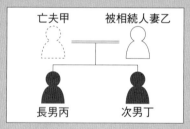

現況不動産

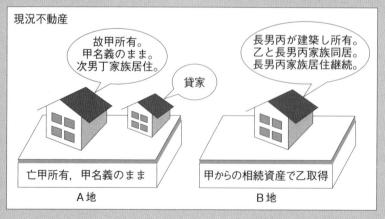

故甲所有。甲名義のまま。次男丁家族居住。
貸家
長男丙が建築し所有。乙と長男丙家族同居。長男丙家族居住継続。
亡甲所有，甲名義のまま　　A地
甲からの相続資産で乙取得　　B地

**職員** 乙様のご兄弟の件で，ちょっといいですか。

**所長** はいはい，どうでしたか。

**職員** いや，とにかくA地について甲様からの昭和42年に相続登記がされていなかったのに，今度はその相続人である乙様が亡くなられたんです。そこで，甲様と乙様の相続手続を今回一緒にやってほしいとのことなんです。

**所長** A地は土地建物とも甲様所有だった，B地は甲様からの死亡保険金で乙様が購入して，長男が住宅ローンで家屋を建築，乙様と同居されていたんですね。

**職員** はい，A地は，とても路線価の高いところなんですが，甲様の自宅と貸家が建っていて昭和25年に購入して甲様名義のまま放置されていたんです。建物には，相続後に次男の丙様と乙様が住んでいらしたけど，でも貸家の賃料は乙様が全部取っていて，固定資産税も乙様が全部負担していたとのことなんですね。

これってよかったんですか。共有持分でそれぞれ申告すべきなんですよね。

**所長** 3人による共有財産でも，使用貸借と考えれば，本来は帰属者の所得で申告すべきだけど，乙様が全部自分の所得で申告してたなら，誰か一人に集中させると累進課税を受けるから課税上弊害がないということで放置されてるケースは多いですね。

ところでそもそも，甲様の相続では遺産分割はされていたんですか？

**職員** それが，分割協議書はないんです。当時は長男の丙様も次男の丁様も未成年で，全く分からないそうなんですが，でも！　じゃーん！　相続税の申告してるんですね。

**所長** どれどれ。なるほど，昭和42年の相続を43年に申告をなさってますね。

**職員** 申告書に収受印がないですし，下書きのようですが，納付書の写しがついてますから，これは申告してるんだと思うんです。それによれば，B地を買う原資になった乙様の受取りの保険金以外は，3分の1ずつで申告してます。つまり，3分の1ずつの遺産分割が

16　未分割財産の二次相続と特例適用　**231**

## ＜法定相続分の変遷＞

| 法律 | 旧民法 | 応急措置法 | | 民法改正前 | | 現行民法 | |
|---|---|---|---|---|---|---|---|
| 条項 | 旧民法970, 979, 982 | 応措法8 | | 民法900 | | 民法900 | |
| 施行期間 | 明治31年7月16日〜昭和22年5月2日 | 昭和22年5月3日〜昭和22年12月31日 | | 昭和23年1月1日〜昭和55年12月31日 | | 昭和56年1月1日〜現在 | |
| 第1順位 | 家督相続人（長男優先，直系卑属） | 子 | 配偶者 | 子 | 配偶者 | 子 | 配偶者 |
| 相続分 | 単独で全部 | 2／3 | 1／3 | 2／3 | 1／3 | 1／2 | 1／2 |
| 第2順位 | 指定家督相続人 | 直系尊属 | 配偶者 | 直系尊属 | 配偶者 | 直系尊属 | 配偶者 |
| 相続分 | 単独で全部 | 1／2 | 1／2 | 1／2 | 1／2 | 1／3 | 2／3 |
| 第3順位 | 選定家督相続人 | 兄弟姉妹 | 配偶者 | 兄弟姉妹 | 配偶者 | 兄弟姉妹 | 配偶者 |
| 相続分 | 単独で全部 | 1／3 | 2／3 | 1／3 | 2／3 | 1／4 | 3／4 |
| 以降 | 順次，上位者がなければ，選定された家督相続人 | | | | | | |
| 相続分 | 単独で全部 | | | | | | |

　行われていたってことっですね。配偶者の法定相続分は2分の1ですから，それが3分の1ということは，遺産分割でそのように決めたということですよね。

**所長**　そうとも限らないですよ。当時の配偶者の法定相続分って，2分の1ですか？

**職員**　へっ？　ええと，あぁっ，今の配偶者法定相続分2分の1って，昭和56年1月1日以降開始相続に適用で，昭和41年当時は配偶者3分の1だったんですか！

　ということは，相続税申告は法定相続分と同じ割合だったということですか。

**所長**　やっぱりね。では相続税申告が，遺産分割に基づいていたのか，未分割だったかですね。

**職員**　それでですね。ここです！　配偶者税額軽減の適用，やってるんですよぉ！

　だから，遺産分割はされていた。つまり，法定相続分3分の1で分割していたんですよ。

**所長** それはどうして？

**職員** そりゃ，配偶者税額軽減って，未分割財産については適用されないじゃないですか（相法19の2②）。これは小規模宅地特例も同様で，当時の相続税申告で配偶者税額軽減を行ってるのは，遺産が分割されてたからじゃないですか。

**所長** そうね。この相続税申告書で遺産に係る配偶者控除額という欄があるよね。気になるね。

**職員** そうですね。先に配偶者控除額を差し引いてから各人の相続税額を算定してますねー。

**所長** 今と制度が違うのかもしれないですね。制度の沿革をみてみましょう。

**職員** むむ。あのー，当時の配偶者税額軽減制度は，婚姻期間15年以上の配偶者について「20万円×（婚姻期間－15年）」を課税遺産総額から控除するという制度をベースとしていてですね，取得財産をベースとする現在とは異なる制度なんですね。

**所長** 相続税の申告書がそのとおりですね。

**職員** そして，昭和42年9月に現在のような課税価格ベースの税額軽減制度に変わっています。へぇー。

**所長** うんうん。そのようですね。

**職員** あぁっ！　現在の未分割財産について排除してる相続税法19条の2の2項は，昭和47年法律78号により付加されていて，元はその4項の規定なんですね！

**所長** そうね。昭和41年法律33号の「配偶者に対する相続税額の控除」の制度と昭和42年法律第22号「配偶者に対する相続税額の軽減」制度の改組の時期だったけど，いずれにしても遺産分割確定要件は入っていませんね。

**職員** ということは，昭和42年の遺産分割はなされてなかった！，ということですか。わあ。どうしたらいいんですか？

**所長** 今から，甲様の遺産分割と，乙様の遺産分割をするだけですよ。

**職員** えぇっ。だって甲様の相続人は乙様・長男丙様・次男丁様ですが，乙様はもう亡くなってるんですよ。

16　未分割財産の二次相続と特例適用

**所長** 乙様の相続人の丙様・丁様で，まず甲様の遺産分割，お二人で，乙様の遺産分割，ですね。それぞれの協議書を立ち上げましょう。

**職員** ふーむ…そしたら，甲様の相続で，現在住んでる次男の丁様がＡ地を全部相続しちゃうこともできますか。そんなことをおっしゃってたんですが。

**所長** お二人が合意すればもちろん可能ね。

これがもし丙様・丁様のように複数の相続人でなくて，未分割で二次相続の相続人が１人だった場合は，平成26年９月30日東京高裁判決で，１人では分割協議ができないから不適切，とされて登記の業界が大混乱になったんですよ。再転相続というんだけどね。

二次相続前に二次相続被相続人と相続人が一次相続について口頭でも事実として分割協議を行っていた場合は，「遺産分割協議証明書」を提出すれば登記可能と法務省民事二部平成28年第154文書を発遺してるんだよね。遺産分割協議は，遺言のような要式行為じゃない，というのがその根拠だね。今回はＯＫ。

**職員** その場合は，丁様が当時Ａ地を３分の１で申告してるのに３分の３で申告したら…えっと，遺産分割の確定の翌日から４か月以内に更正の請求や修正申告ができる，と。

**所長** もしそうなったら甲様の相続税はどうなりますか。

**職員** 当時って，今の路線価の100分の１程度なんですね。貨幣価値が違うのに修正申告とかでいいんでしょうか。

**所長** それはそうですよ。

**職員** あれえ？ 還付だ。変だなあ。あっ，当初申告で未成年者控除をしてないんですよ。当時から未成年者控除は20歳以下だったのになあ。こんなミスも一緒に計算すると，全体ではわずかに還付っすね。

**所長** 還付申告するかどうかはご兄弟のご判断ですね。乙様のご相続はどうなりますか。

**職員** 次男丁様はＡ土地建物を全部もらえるなら，乙様の相続では放棄するとのことですから，だとすると，Ｂ地は特定居住用宅地等になりますから，おお，基礎控除以下になりますよ！ やったぁ。

**所長** ずいぶん都合のいいことになりますね。

**職員** 相続の放棄って別に家裁でやらなくても，次男の丁様がゼロの遺産を相続するという遺産分割協議書を長男の丙様と作ればいいんですよね。うは。

　でも，小規模宅地特例の適用は乙様の分も申告しなくていいんですかね？

　小規模宅地特例って，期限内申告でなくても適用できるんですよね（措法69の4⑥）。もし国税サイドから言われたら期限後申告する，その際に小規模宅地特例の適用で基礎控除以下となれば，加算税も延滞税も発生しませんよね。

**所長** そこは丙様と丁様のご判断ね。過去のA地の分も含めて，名義変更を行いますから，国税さんからはお尋ねが来るでしょう。期限内申告をしない場合は，代理人税理士ではなく，納税者に直接お尋ねがいくでしょうからね。よくお話ししましょう。

### ▶ワンポイント・アドバイス◀

　法制や税制は時代により改変されます。過去にわたる事実認定に当たっては，特に制度改正について慎重に調査をすべきです。

---

<参考①>更正の請求の特則（相法32）

　相続税申告書を提出した者又は決定を受けた者が，次の各号のいずれかに該当する事由により相続税額又は贈与税額が過大となつたときは，各号に規定する事由が生じたことを知つた日の翌日から4月以内に限り，納税地の所轄税務署長に対し，その課税価格及び相続税額又は贈与税額につき更正の請求をすることができる。

　　一　遺産分割の確定

　　二　認知や排除等による相続人の異動

　　三　遺留分侵害額の請求に基づく支払額の確定

　　四　遺言書発見や遺贈放棄

　　（以下略）

---

16　未分割財産の二次相続と特例適用

＜参考②＞配偶者の税額軽減（相法19の２）

（略）

2　申告書の提出期限までに相続又は遺贈により取得した財産の全部又は一部が共同相続人又は包括受遺者によつてまだ分割されていない場合における配偶者の税額軽減の規定の適用については，その分割されていない財産は，課税価格の計算の基礎とされる財産に含まれないものとする。

## 複雑・難解事例 17　老人ホーム入所と介護認定をめぐる特例適用

### 事例の状況

1　甲の家族構成：甲本人
　　甲の推定相続人：丙（長男）
　　その他：丁（丙の配偶者）
2　資産状況
　　○父所有自宅敷地：400㎡，1億円
　　○その他金融資産：5,000万円

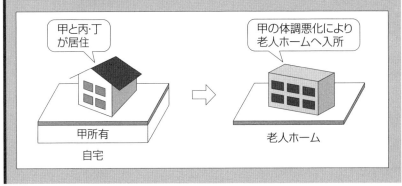

**職員**　甲様のご長男の丙様から，甲様の老人ホームへの入所のことでご相談があったんですが。

**所長**　そういえば，昨年の所得税確定申告の時も介護認定のことが話題になっていましたね。認定は受けられたんでしょうか。

**職員**　いや，まだみたいです。
　障害者控除を受けるかどうかで相談があったんですが，介護認定を受けただけでは障害者控除が使えないんです。介護認定を受けて，かつ市町村の障害者控除対象者認定を取らなければならないんです。

**所長**　それで，そのときは見送ったんですね。

**職員**　はい。でも，最近，甲様の足が弱くなっているので，お嫁さんの丁様がだいぶご苦労なさってるというんですね。それで，老人ホ

ームの話がでてきたんじゃないでしょうか。

**所長** なるほど。今度お会いしましょう。

**職員** 前回のご相談のときは，老人ホームに入所しちゃうと，自宅の土地に小規模宅地特例が適用できなくなるんなら，「どんなことがあってもホームには入らない！」と甲様ご自身がおっしゃってたんです。

**所長** そうでしたね。「息子らに相続税をむざむざ払わせるわけにはいかん！」と。

**職員** だって，平成23年8月26日の東京地裁の判決とか，老人ホーム入所後の自宅の小規模宅地特例って，ボコボコに否認されてましたからね。

**所長** そうね。特に旧質疑応答の「終身利用権が取得されたものでないこと」に抵触してしまうケースでしょうね。

**職員** 老人ホームに入所しても，丙様たちとの生計一が主張できれば，特定居住用宅地等に該当しませんか。

**所長** そうよね。でも，甲様はお金があるし，丙様は優秀な商社マンだから，仕送り関係は難しいかもしれないって丙様がおっしゃってましたね。

**職員** 甲様も，「息子の世話にはならん！」って，絶対言いそうです。老人ホームに見舞いに行くとか甲様のお財布を管理するとかじゃダメなんですか。

**所長** そうねえ。同様な事例で，生計一を否認された裁決例（平成20年10月2日裁決）があるけど，父が老人ホームに入っている別居の例があるからね。安全とはいえないですね。

**職員** でも，平成26年1月1日以後の相続から取扱いが改正されたんですよね。

えーっと，平成25年度税制改正大綱によれば，

① 被相続人に介護が必要なため入所したものであること。

② 当該家屋が貸付け等の用途に供されていないこと。

の2要件を満たせば，空家になった自宅も被相続人の居住用宅地とみて定居住用宅地等の特例が適用できるようになったんです。

238　第3章　所長と職員の会話で理解する！複雑・難解事例へのアプローチ

**所長** これこれ。税制改正大綱は，各年の改正法の大綱ではあるけど，最近は，大綱に書かれない細目で取扱いが分かれることが多いのね。だから，やはり，法律の条文で確認しないとダメよね。

**職員** はあ。えっと，法律を見ます。「居住の用に供することができない事由として次の事由により相続の開始の直前において当該被相続人の居住の用に供されていなかった場合における当該事由により居住の用に供されなくなる直前の当該被相続人の居住の用に供を含む」（措法69の4①）って変わってますね。

んで，事由には，「介護保険法に規定する要介護認定又は要支援認定を受けていた被相続人が老人福祉法・介護保険法・高齢者居住安定確保法・障害者支援法該当条項認可施設への入居又は入所」（措令40の2②一・二）が挙げられてます。

これって，いわゆる老人ホームなら，厚生労働省・国土交通省認可を受けた施設は該当となります（措令40の2②一・二）よね。

そして，老人ホーム等入所後の自宅について，「事業の用又は同項に規定する被相続人等以外の者の居住の用とする場合」を除く（措令40の2③），と。

**所長** そうね。介護サービス付き高齢者住宅も入るんだから，いわゆる老人ホームなら，厚生労働省・国土交通省認可を受けた施設は該当しますね。立法者も，ほんとに割り切って門戸を広げましたね。

**職員** でも，所長，租税特別措置法施行令の「要介護認定又は要支援認定を受けてい『た』被相続人が……施設への入居又は入所」，ここですよ。なんだかこの文章だと，先に要介護要支援認定を受けて，その後に入所，が条件みたいで。ってことは，老人ホームに入る前に要介護認定を取っとかなきゃ，ってなりますよね。

よし，障害者控除の問題もあるし，さっそく甲様に介護認定の申請を，急いでもらうように伝えます。

**所長** ちょっと待って。その部分については後で出された通達で補完しているのね。租税特別措置取扱通達69の4-7の2ですね。

**職員** あ，「認定を受けていたかどうかは，被相続人の相続の開始の直前において認定を受けていたかどうかにより判定する」と。なる

17　老人ホーム入所と介護認定をめぐる特例適用　**239**

ほど，これなら，元気なウチに入所して，その後に要介護でOKと
なりますね。

　んー，でも，これって，だったら租税特別措置法施行令にダイレ
クトに書いてほしいです。ましてこの通達が出たのって，平成25年
の実際には12月になって公表されてんですよね。この条文は26年か
らの取扱いですから，もう目前じゃないですか…なんだかなぁ。

**所長**　その前に財務省の9月20日付で発行された「平成25年度改正税
法のすべて」では，その点を書いてはいるんだけどね。

**職員**　あ，「入居又は入所前にこれらの認定を受けている必要はあり
ません」ですね。小出しに発表するんですね。でも，いまだに政令
と通達でズレてるじゃないですか。こういうのが，小規模宅地特例
を分かりにくくしてるんですよぉ，ったく。

　じゃ，認定を急ぐこともないってことですか。

**所長**　それより，昨年，甲様がお孫様たちに贈与なさってましたよね。

**職員**　はい，今年，お孫様たちで贈与税の申告をなさってます。

**所長**　まだ足腰程度で介護認定を受けるなら大丈夫だろうけど，認知
機能など意思能力に影響のある判定を受けるような場合は，法律能
力に影響するのね。

**職員**　そっか。意思能力喪失となれば，贈与とか遺言とかできなくな
るんですね。

　介護認定を受けていて贈与しようとしても，「その贈与は真正に
成立してたのか」って突っ込まれそうですね。

　うーん，所得税の障害者控除と小規模宅地特例や贈与を考えると，
認定の時期ってビミョーですね。

**所長**　その点も含めて，今後どのように認定を受けていくか，介護を
進めていくか，よく検討していただきましょう。

**職員**　はい。ところで，租税特別措置法施行令の除外規定ですけど，
被相続人の居住部分を貸し付けちゃうとか，被相続人等以外の者の
居住の用とする，とかはダメなんですけど，これは，被相続人がい
つでも生活できるようその建物の維持管理が行われていたこと，や，
他の者の居住の用その他の用に供していた事実がないこと，という

旧質疑応答を踏んでるんですよね。

**所長** そうね。どんな場面があると思います?

**職員** えっと,老人ホームに行って,部屋が空いたから貸し付けちゃうなんてのは,そもそもバツで。えーっと,生計が別の親族とか他人を住まわせちゃう,ということですかね。

**所長** 通達をよく見てみて。

**職員** はあ。あ,「『新たに』被相続人等以外の居住の用に供された宅地等を除く」ってなってます。「新たに」,ということは,生計別親族とかが老人ホーム入所前からならいてもいい,ということですかね。へー。

**所長** 昔の家庭ではよくあったことだけど,遠縁の叔父や叔母の面倒を見るとか,里子と暮らすとかね。それは無理に排除しないよ,と読めますね。

**職員** へー,通達は,がんばりましたね。

**所長** いやいや,旧質疑応答にも入ってるんだから。

**職員** あ,ほんとだ。3番目にちゃんと「新たに」って,入ってますね。でも租税特別措置法施行令とかでは出てなくて,通達でまた出てると…法律→政令→省令だけで完全理解できるようにつくってほしいっす。

**所長** 取扱通達だからね。

**職員** だって,質疑応答が基準になって裁判でボコボコやられちゃってませんか。

平成26年以後の相続に適用って,以前の制度で裁判に負けた人,くやしいだろうな。なんか救済ってないんですかね。くーっ。

---

### ▶ワンポイント・アドバイス◀

老人ホーム入所の場合の居住用宅地の認定の問題が,整理されました。

入所施設が認定施設かどうかなどよく調べ,税務の理解の上で判断すべきでしょう。

17 老人ホーム入所と介護認定をめぐる特例適用 **241**

<参考>要介護認定に係る制度の概要（厚生労働省資料より）

1　要介護認定とは

○介護保険制度では，寝たきりや認知症等で常時介護を必要とする状態（要介護状態）になった場合や，家事や身支度等の日常生活に支援が必要であり，特に介護予防サービスが効果的な状態（要支援状態）になった場合に，介護サービスを受けることができる。

○この要介護状態や要支援状態にあるかどうか，その中でどの程度かの判定を行うのが要介護認定（要支援認定を含む。以下同じ）であり，保険者である市町村に設置される介護認定審査会において判定される。

○要介護認定は介護サービスの給付額に結びつくことから，その基準については全国一律に客観的に定める。

2　要介護認定の流れ

○市町村の認定調査員（指定居宅介護支援事業者等に委託可能）による心身の状況調査（認定調査）及び主治医意見書に基づくコンピュータ判定（一次判定）を行う。

○保健・医療・福祉の学識経験者により構成される介護認定審査会により，一次判定結果，主治医意見書等に基づき審査判定（二次判定）を行う。

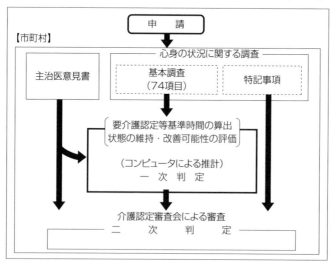

## 複雑・難解事例 18 老人ホーム入所後の建替えと自宅敷地への特例適用

### 事例の状況

1. 当事者：父（甲），長男（乙），長女
2. 相続財産（総額3.05億円）
   ○甲所有自宅敷地：1億円
   ○甲所有建物：500万円
   ○金融資産その他：2億万円

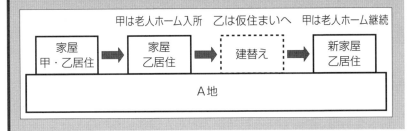

**職員** 乙様からのご質問ですが。

**所長** ああ，先月，お父様の甲様が老人ホームに入所なさったんですよね。お元気でしょうかね。

**職員** はい，そうなんですが，以前のご質問も，老人ホームに入っても，相続税の小規模宅地特例が自宅に使えるか，ということだったんですが。実は，自宅を建て替えたいっていうんです。今までは甲様がいらしたので工事ができなくて我慢してたそうなんですが。

**所長** 今のご自宅ね。確かに，かなり古くなってましたね。

**職員** はい，もう築70年で，古民家だって，嘆いてました。

ただ，甲様にもし相続ということになった場合，建て替えた自宅家屋って，甲様は居住したことがないので，それでも自宅敷地Ａ地に小規模宅地特例が適用できるのか，ってのがご相談趣旨で。

**所長** なるほどね。ホームに入る前に一緒にご質問いただいてたらよかったね。

**職員** 乙様ご自身でネットで調べたら，ダメだと書いてあるサイトが
あって，それで怒り心頭で，ご相談にいらしたんです。

**所長** そうなの？

**職員** はい，ありました。税理士法人さんのウェブサイトです。

**所長** でも，確かに，OKだという国税サイドの情報も見ていないね。
整理してみようか。まず，居住用で小規模宅地特例の対象となるの
は？

**職員** はぁ。「相続の開始の直前において，被相続人等の居住の用に
供されていた宅地等で，当該被相続人の配偶者又は次に掲げる要件
のいずれかを満たす当該被相続人の親族が相続又は遺贈により取得
したもの」です（措法69の4①）。

**所長** そうね。ただし，甲様のように，要介護で老人ホームに入所せ
ざるを得ないようなケースでは？

**職員** はい，居住の用に供することができない事由として，つまり，
相続開始直前において要介護認定又は要支援認定を受けていた被相
続人その他これに類する被相続人が老人福祉法等の認定を受けた住
居又は施設に入居又は入所をしていた場合には，居住の用に供され
なくなる直前の当該被相続人の居住の用に供されていた宅地等も対
象となります（措法69の4①かっこ書，措令40の2②，措規23の2
②）。

**所長** 相続人の要件もあるよね。

**職員** こちらは，老人ホーム対応ということではなく，乙様のような
同居していた親族の場合は，「イ　当該親族が相続開始の直前にお
いて当該宅地等の上に存する当該被相続人の居住の用に供されてい
た一棟の建物に居住していた者であって，相続開始時から申告期限
まで引き続き当該宅地等を有し，かつ，当該建物に居住しているこ
と」（措法69の4③二イ）が条件なだけです。

　あー，でもこれって，老人ホームに入所したら，後は同一建物居
住という生計一要件が満たせなくなっちゃいますか。そしたらマズ
くないっすか？

**所長** そうかな。

**職員** んー，老人ホームの食事代や管理費を子供が払うとか，自宅の子供の生活費を親が払うとか，生計一状態が必要ですよね…。

**所長** 条文で確認してみようか。

**職員** え？　だって，まず被相続人が老人ホームに入所する前は，「被相続人の居住の用に供されていた一棟の建物に居住していた者」，所得税基本通達2－47を準用すると，「親族が同一の家屋に起居している場合には，明らかに互いが独立した生活を営んでいると認められる場合を除き，これらの親族は生計を一にするものとする」となりますから，生計一だったんですよね。

　でも，老人ホームに入所以後は，っと…。

**所長** 老人ホーム入所以後についての自宅の状況の要件があったね。

**職員** はい，除外されてるのが，事業の用に供するのはもちろんですが，「老人ホームに入所する直前に被相続人と生計を一にし，かつ，被相続人が居住していた建物に引き続き居住している被相続人の親族」以外の者の居住の用に供することです（措令40の2③）。

　つまり，直前に生計一にしてて，かつ，その後引き続き居住してればいいんです。被相続人が居住しなくなって以降の生計一は要件となっていないっすね。

**所長** そうだね。もし生計一の継続を要求するなら，3項二号のハの適用となって，3項二号のイの意味がなくなるね。よく考えられた政令だけどね。

**職員** ちょっと分かりにくいですけどぉ。はい，了解です。

　んで，問題は，建替えです！

**所長** うん，ダメな理由は，何て言ってますか？

**職員** ええ，さっきの相続人の要件「イ　当該親族が相続開始の直前において当該宅地等の上に存する当該被相続人の居住の用に供されていた一棟の建物に居住していた者であって，相続開始時から申告期限まで引き続き当該宅地等を有し，かつ，当該建物に居住していること」（措法69の4③二イ）のうち，「当該被相続人の居住の用に供されていた一棟の建物」である「当該建物」じゃない別の新しい建物に居住することになっちゃうから，ダメ，ということのようで

18　老人ホーム入所後の建替えと自宅敷地への特例適用　**245**

す。

所長　ふむ。じゃ，まず条文の構文から見てみましょうか。

職員　はぁ，構文ですか。文言からいえば，「当該建物に居住していること」に反してるんじゃないっすか？

所長　でも，それって逐字的に見てるからで，イの規定そのものは，同居親族の宅地の保有継続要件と宅地の居住継続要件を定めて，居住用の宅地を条件づけているんだよね。

職員　建物を旧建物に限定する要件ではない，ってことですか。

所長　でなければ，建替え建築中にある建物の敷地を認めるわけないよね。

職員　あっ，そうだ。措置法取扱通達69の4－8の「居住用建物の建築中等に相続が開始した場合」ですね。

　えっと，「被相続人等の居住の用に供されると認められる建物の建築中に，又は当該建物の取得後被相続人等が居住の用に供する前に被相続人について相続が開始した場合には，措通69の4－5《事業用建物等の建築中等に相続が開始した場合》に準じる」。

　んで，69の4－5を読み替えるならば，「被相続人等の事業の用に供されている建物等（中略）に代わるべき建物等の建築中に，又は当該建物等の取得後被相続人等が事業の用に供する前に被相続人について相続が開始した場合で，当該相続開始直前において当該被相続人等の当該建物等に係る居住の準備行為の状況からみて当該建物等を速やかにその居住の用に供することが確実であったと認められるときは，当該建物等の敷地の用に供されていた宅地等は，居住用宅地等に該当するものとして取り扱う。」となると。

所長　つまり，建替え中や建替え後の新建物には，被相続人も相続人も当然居住してないけど，それでもいいよ，って言ってるよね。

　建替え中は，新建物がまだ出現さえしていないんだからね。措通69の4－19も同趣旨だね。

職員　おぉ，「親族の事業の用に供されている建物等が申告期限までに建替え工事に着手された場合に，当該宅地等のうち当該親族により当該事業の用に供されると認められる部分については，当該申告

246　第3章　所長と職員の会話で理解する！　複雑・難解事例へのアプローチ

期限においても当該親族の当該事業の用に供されているものとして取り扱う。」ですね。

申告期限までの着手でも，いいと。ほっほー。

**所長** だね。相続開始時に宅地等の上に存する建物については，被相続人の居住の用に供されていた建物に限られていないし，相続開始時点で相続人が旧建物に居住していることを絶対条件とは見てないってことが分かる。

**職員** そうなんですね〜。つまり，建築中に相続となった場合でも，事業供用が確実ならば事業用宅地と扱う，それと同様に，居住用とすることが確実なら，居住用宅地として扱う，と。ここで，建替えして被相続人が事業や居住の用に，結果的にそれぞれの用途にまだ供していない当該建物の敷地についても，認めちゃうんですもんね。

**所長** そこで，立法趣旨の問題が出てくるよね。逐条解説を見てみよう。

**職員** あっ。ここでズバリ，本法本文を逐字解釈すると適用対象とはいえないが，制度趣旨から，特定居住用宅地等に該当するものとして取り扱う，としています。つまり，建築中相続で，被相続人が一度も居住の用に供したことのない建物（新居）でも，その後の居住用とすることが見込めれば，その新居の敷地も，居住用建物の敷地として認めると。

---

　特例の適用がある居住用宅地等は，相続開始の直前において被相続人等が居住の用に供していた宅地等をいうものであるから，居住用建物の建築中又は居住用建物の取得後，現に被相続人等が居住の用に供する前に相続が開始した場合には，その建築中の建物又は取得に係る建物の敷地の用に供されている宅地等については，特例の適用がある居住用宅地等に該当しないことになる。

　しかし，居住用宅地等の場合には，それが全ての者に共通して必要とされる生活基盤であることからすれば，居住の継続という観点では，建築中等の建物の敷地の用に供されていた宅地等についても，現に居住の用に供されている建物の敷地の用に供されていた宅地等と同様の

---

18　老人ホーム入所後の建替えと自宅敷地への特例適用　**247**

必要性が認められるので，被相続人等の居住用宅地等であるかどうかの判定を相続開始の直前の一時点で行うのは，この特例が設けられている趣旨から見て実情に即したものとはいえないこととなる。

　そこで，69の4－8は，建築中等の居住用建物の敷地の取扱いについて，69の4－7による居住用宅地等の範囲の取扱いを踏まえて，整備を図ったものである。その具体的な判定要件を示すと，次のとおりである。

(1)　建築中等の建物は，被相続人又は被相続人の親族の所有に係るものであり，かつ，被相続人等の居住の用に供されると認められるものであること。

(2)　原則として，相続税の申告期限までに，被相続人又は被相続人の親族の所有に係る建築中等の建物を次に掲げる被相続人の親族が居住の用に供していること。

　①　当該建物又は当該建物の敷地を取得した親族

　②　生計を一にしていた親族

（出典：『平成30年度版　租税特別措置法通達逐条解説』大蔵財務協会）

**所長**　そう。「建物等の建替え中に相続税の申告期限が到来した場合に，その一時点だけをみて形式的な判定をすることは実情に即したものといえず」とあって，被相続人が老人ホームに入所しているケースにだけ，特例の適用を受けるために老朽化した従前の建物に引き続き居住することを強制するというのは，実情に即しているとはいえないし，相続人の生活基盤保護という立法趣旨にも反すると言える。

**職員**　ですね。

　ここで，ホームにいる乙様が建替え中に仮住まいに転居していても，これは問題ないですね。

**所長**　うん，仮住まいで，建替え後にすぐ新居に居住すれば，「引き続き居住」といえるんだろうね（措通69の4－8（69の4－5準用），69の4－17（注））。

**職員**　だったら，ちゃんと通達とかに書いてくれればいいのになあ。

248　第3章　所長と職員の会話で理解する！　複雑・難解事例へのアプローチ

明文化しない根拠があるのかも知れないけど，それを知りたいっ
す！

**所長** 租税回避行為を心配するとか？

**職員** えーーっ，家の建替えをして，租税回避ってできるんですか？
んーん。甲様資金で建て替えて，固定資産税評価額の家屋評価に
圧縮しちゃうとか，ですか？

**所長** まあ，確かに土地家屋売買の実勢価格と相続税評価額の差につ
いては，令和元年8月27日東京地裁判決のように，総則6項が適用
されているという風潮はあるけどね。あれは，相続開始3年近くに
取得して直後譲渡したという節税狙い策に対する牽制の意味が大き
いからね。

**職員** 最近の台風や地震で，日本は世界に冠たるリスクカントリーな
んですよ。それで建替えを規制するなんて，非人道的っす。税制だ
ってマイホーム税制で建替えや買換えを促進してるんですし。

**所長** そうだねぇ。

**職員** どうしましょう。乙様，建て替えて否認されたら訴訟も辞さな
い，なんて息巻いてます。ダメと言うなら納得できる説明がほしい，
だいたい国税の明確な文書もないのに，税理士が先頭に立ってダメ
っていうなんて，とお怒りもありまして。
でも，もしわずかでも否認されるリスクがあるなら，対応措置を
とった方がいいかなとも思うんです。
いったん，ホームを退去して再契約してもらうとか，建替えでな
くリフォームで対応してもらうとか。

**所長** よく理解してご判断いただくしかないですね。そのうえで，我々
としては最善を尽くしましょう。


### ワンポイント・アドバイス

老人ホーム入所後の自宅建替えに係る特定居住用宅地等該当性の是
否については，明確な判断が出ていません。被相続人様と承継者様の
状況に応じて，理解のうえでの意思決定を助言することが必要です。

# 複雑・難解事例 19 区分登記された二世帯住宅に対する特例適用

## 事例の状況

1 甲の家族構成：甲本人
   甲の推定相続人：乙（長男。住宅ローンで二世帯住宅の2階部分を取得し2階部分に居住）
   　　　　　　　：丙（次男。海外赴任中）
   　　　　　　　：丁（長男乙の子（甲の孫））

2 資産状況
   ○父所有自宅敷地：400㎡，2億円
   ○その他金融資産：5,000万円

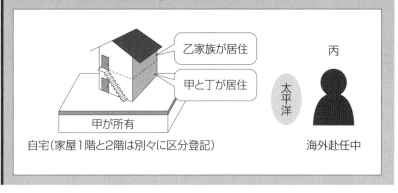

**職員** 甲様のところに行ってきました。

　以前に相続税の試算をしたときと，二世帯住宅の取扱いが変わってしまっていますから，再試算しなければならないんです。

**所長** お疲れさま。甲様のお宅は，ご長男と一緒の二世帯住宅ですね。

**職員** はあ，両世帯が別々に区分登記しているということで，平成25年度改正でひっかかってしまっているんです。

　以前は，旧租税特別措置取扱通達69の4－21で，「被相続人の居住に係る共同住宅（その全部を被相続人又は被相続人の親族が所有するものに限る。）の独立部分のうち被相続人が当該相続の開始の

直前において居住の用に供していた独立部分以外の独立部分に居住していた者がいる場合（当該被相続人の配偶者又は当該被相続人が居住の用に供していた独立部分に共に起居していた当該被相続人の法定相続人）がいない場合に限る。）において，その者について同号イに規定する当該被相続人の居住の用に供されていた家屋に居住していた者に当たる者であるものとして申告があったときは，これを認めるものとする」とされていて法定相続人が同居していなければ，二世帯住宅でも申告を要件にして特定居住用を認めてたんです。

　だから，甲様のお宅も，大丈夫だとお答えしてたんです。

**所長** そうね。原則としては，同居親族って，同じ家屋に共に起居していた者なんだけど，構造上区分されていて同じ家屋といえない二世帯住宅も取得者の意思で適用可能とするアローワンスがあったんですよね。でも，区分登記だけは，規制を受けるようになったと。

**職員** はい，区分所有建物か，それ以外か，で振り分けて，区分登記以外なら，被相続人の居住の用に供されていた一棟の建物の敷地のうち被相続人の親族の居住の用に供されていた部分を含むこととされたんです。

　平成25年度税制改正大綱では，区分登記かどうかなんて，ひとっコトも書いてなかったので，こりゃよかったですね，なんて甲様をぬか喜びさせちゃってたんです。

**所長** でも，施行令で規制されちゃったと。

**職員** 租税特別措置法施行令だって建物区分所有法の独立部分としか読めないともいえるんですよ。

　それを，租税特別措置取扱通達69の４－７の３で，被災マンション法を引っぱってきて，区分所有建物である旨が登記されている建物をいう，だなんて。被災マンション法なんて，阪神淡路大震災のときにたった２か月でこしらえたドタンバ法ですよ。それなのにっ。

**所長** そうね。もともとは区分登記されていなければ，二世帯住宅が別玄関でも内階段でも外階段でも，みんな１つの建物とみてあげるよ，というのが改正の趣旨だったんですね。

**職員** でも，何で登記で取扱いを変えちゃうんですかぁ!?

19　区分登記された二世帯住宅に対する特例適用

**所長** まあまあ，落ち着いて。分譲マンションの別々の専有部分が別々に取引されるように，区分登記は別個に売買ができちゃうので，そうした処分可能性からの発想なんでしょうね。

ところで，なんで甲様は二世帯住宅を区分登記にしたんだろうね。

**職員** はあ，なんでだったんでしょうね。

**所長** そうか。二世帯住宅でも，上下階の別区分なのね。これだと共同住宅登記になっちゃうから，マイホームの住宅ローンが使えないって言われたのかもしれないですね。

**職員** えっ，そうなんですか。そうか。上下階別区分，玄関別の外階段だから，確かにアパートだ。

**所長** タテ割りで横並びの二世帯住宅なら共有でもよかったのかもしれないけどね。確か，住宅取得資金の贈与を甲様から受けて，残りを住宅ローンになさったのね。それで区分登記にした，と。

**職員** 住宅ローン控除も受けたかった，とか。

**所長** いや，住宅ローン控除は，共有の場合でも面積計算でちゃんと考慮されるから，OKなんだけどね。

**職員** そうですか。あっ，あと固定資産税でも，1戸あたり200㎡まで課税標準が6分の1になる小規模住宅地特例が使えるとか。

**所長** 地方税はまた，登記にかかわらず，構造上区分されていれば，別個の住宅とみるんですよ。不動産取得税も固定資産税も。だからそのためだけに区分登記する必要はなし。

確かに建築時点では区分登記のメリットがあるから，それで選択している人は多いかもしれないね。

**職員** そっかー。でも，相続の時は，区分登記だと，甲様の場合は甲様との居住部分の1階に対応する部分しか甲様の居住用にならない…したがって乙様が相続しても，共に起居していなかったんだから特定居住用宅地等にならない。

**所長** 1階対応部分はね。

**職員** え？ 2階対応部分は，と，あれ？ 別区分で長男世帯が生計別の生活をしてたら適用外で，全部アウト。でも…と，2階の長男が生計一だったなら，相続開始時から申告期限まで引き続き当該宅

252　第3章　所長と職員の会話で理解する！ 複雑・難解事例へのアプローチ

地等を有し，かつ，相続開始前から申告期限まで引き続き当該宅地等を自己の居住の用に供していれば，特定居住用で OK ですね。租税特別措置法69条の4第8項2号ハです！

**所長** そうね。これからどうしていこうか。

**職員** 乙様に生計一要件の説明もします。そうだ，所長。区分登記って解消できないっすかね。共有登記にできませんか。

**所長** きましたね。

**職員** 共有を区分登記にするって，けっこう大変だと思うんですが，反対は簡単じゃないんですか。

**所長** そう思うでしょ。共有登記を区分登記にして一部処分するようなケースはあるそうだけど，反対はあまり例がないそうですよ。表示登記そのものを変更することになるのと，いったん交換して合併することになるそうで，技術的には面倒らしいけど，家屋の図面さえがあれば，そんなに費用はかからないと思うけど。

**職員** そうですか。誰に頼むんですか。司法書士かなあ。

**所長** 正しくは土地家屋調査士さんですね。司法書士さんが兼任されてることも多いけどね。でも，ローンが残ってないのかな。大丈夫かな。ローンがあれば，抵当権の設定変更が必要ですね。

**職員** ああ，そうですね。わかりました。費用とかも土地家屋調査士の先生に聞いてから，甲様と相談してみます。うわ，変えられなかったらどうしよう。

　ほら，空き家譲渡特例でも，区分所有建物はアウトですよ（措法35③）。区分登記を変えようって人，増えるんじゃないですかね。

**所長** でも，空き家特例の方で，「構造上の変更がないのに，特例の適用を受けるためにのみの目的で相続開始前に区分所有登記を変更したとしても，一棟の建物に構造上区分された部分で独立して住居等の用に供することができるものであることは明らかであるため，特例の適用はない」(『平成29年版 租税特別措置法通達逐条解説』(大蔵財務協会)) という押さえも入ってるからね。

**職員** ひぇー！

**所長** 二世帯住宅のまま相続するとして，丙様は，どうなのかな。乙

様で土地を全部取得されるのかな。

[職員] あ，そうですね。うーん，丙様は，そうです，「持ち家がない親族」またに名を「家なき子」（措法69の4③二ロ）ですよ。銀行マンで，自分の持ち家がなくて会社の社宅ばっかり2～3年ごとに転々としてますよ。

　ということは，例えば，区分所有の場合でも，土地を乙様と丙様で相続すれば，2階の対応部分は乙様が生計一ならOK，1階を丙様が取得すれば，区分登記で乙様はともに起居する法定相続人にはならないんだから，1階対応部分もOK，と。おー，イイ感じです。

[所長] そうですね。例えば，乙様の子の丁様，つまり甲様にとってはお孫様が，甲様と一緒に1階部分にいたとしたら？

[職員] え？　そうすると丙様は「持ち家がない親族」にならなくなりますか？　…ん？

[所長] そうかな？

[職員] いえ，「家なき子」の要件で，「相続開始の直前において当該被相続人の居住の用に供されていた家屋に居住していた親族がいない場合に限る」とされてる親族って，被相続人の法定相続人（措令40の2⑪）なんですから，お孫さんと1階に住んでいても大丈夫です。

　二世帯住宅で，孫がじいちゃんの所に転がり込んでくるとか，住む人が，なにげに部屋を都合しあうというのはよくありそうなケースですよね。でも，こんなことも判定してかなくちゃなんですね。

　あ，逆に，丙様が土地を全部取得しちゃうと，2階対応部分の特例適応がアウトになって。

[所長] それはあり得ない分割でしょう。乙様がお住まいなんだから。

　現実的には，もし丙様が1階部分を相続するなら，どうせなら敷地権も登記してしまえばイイのよね。

[職員] それって，それぞれが区分所有土地建物を相続すれば，その後の譲渡や貸付けも，すっきりできますね。

[所長] 上下階式の元二世帯住宅が売却できるかは分からないけどね。

　乙様が土地を相続して丙様はもう実家には戻らないかもしれないし，実家に戻ってきて，将来は兄弟が上下階で仲良く暮らすかもし

254　第3章　所長と職員の会話で理解する！　複雑・難解事例へのアプローチ

れない，あるいは人に貸して他所にマイホームを持つかもしれない，それはお客様のライフプランですよね。甲様とよくお話しして，ご子息達の意向を聞いていただいた方がいいですね。

**職員** そういえば，甲様はまだお元気ですけど，二世帯住宅の小規模宅地特例の改正の事務所ニュースをお送りしたときに，老人ホームのことも気になさってました。

所長，もし，ですよ。今の二世帯住宅から，甲様が老人ホームに入っちゃった場合は，小規模宅地の特例はどうなりますかね。なんか，聞かれる気がするんですよぉ。

**所長** どう思う？　判定のタイミングは４つになりますね。

**職員** え，タイミングですか？

**所長** そう。①老人ホーム入所時，②相続開始直前，③申告期限までの取得，④申告期限までの居住，ですね。

**職員** 普通は，②～④ですよね。①って…。

**所長** 通達の69の４－７のね。

**職員** そっか，「新たに」が入ってたんだ。被相続人の居住の用に供されなくなった＝入所の後，事業用や「新たに」被相続人等以外の者の居住の用に供された宅地等は除かれるんですね。

**所長** そうなのね。入所前から共に起居していた人がいるかどうかの①のタイミング判定が，新しく必要になりますね。

考え方の順番としては，まず，租税措置取扱通達69の４－７で，相続開始直前の被相続人等の居住用宅地かの判定，次に取得する人の承継所有要件，居住継続要件の判定をしますね。

区分登記でない場合には，被相続人等の居住用宅地は，一棟の建物の敷地の用に供されていた宅地等のうち当該被相続人の親族の居住の用に供されていた部分を含む（措令40の２④）としているので，緩やかなんだけどね。

①は，被相続人が老人ホーム入所していた場合の，相続開始直前の判定の変則ですね。

**職員** そうするとですねえ，例えば，現在の区分登記の二世帯住宅のままで，甲様が老人ホームに入所しちゃうとします。

19　区分登記された二世帯住宅に対する特例適用　255

まず，甲様と別な人が，従来から共に起居していたか，それなら他人でも入所後新たに居住じゃないからヨシ。それが孫の丁様なら，生計一の親族だから，入所前からでも入所後新たにでもヨシ，と。

**所長** そうですね。入所前からなら他人でも，というのは，里子とかのケースですね。

**職員** でしたね。その後は，通常判定になるんですね。取得者が要件を満たすかどうかですが，区分所有だから，いくら適格な人が取得しても，特定居住用にはならないですよね。

**所長** そうかな。丙様は？

**職員** そうだった。丙様が甲様の区分部分を取得されれば，甲様が老人ホームに行かれていても，さっきのように，「持ち家がない親族」として適用は可能ですかね。

**所長** さっきの丙様取得の場合だと？

**職員** そうですよ。孫の丁様は法定相続人じゃないし，生計一なら，二世帯住宅で老人ホーム入居後に「持ち家がない親族」の取得でも，1階部分は大丈夫ですね。そして2階部分は，生計一の乙様が取得すると。

　区分登記でも，ハッピーハッピー，です。

**所長** そうともいえない。片方が不適格で取得持分が2分の1だと，4分1部分にしか使えないこともあるからね。

**職員** そっか。措置法施行令40条の2第9項ですね。「取得した持分の割合に応ずる部分に限る」と。あったまイテー！

▶**ワンポイント・アドバイス**◀

　二世帯住宅の取扱いが，区分所有建物かどうかにより適用が分かれるようになりました。都市部の小さな土地で多世代が住むための二世帯住宅は増える傾向にあります。

　この場合，所有と居住の実態により，判定がさまざまに変わりますから，しっかり状況を確認して，厳密に対応すべきです。関与先が自宅の建築を行う際などには，事前に税務を有利に働かせるために打合せをするようにお話しをしておきましょう。

## 複雑・難解事例 20 逆縁による相続放棄と特例適用

### 事例の状況

1. 被相続人：丙（甲の長男）
2. 法定相続人：甲（被相続人丙の父）
3. 相続人：丁（被相続人丙の妹。離婚して賃貸マンションで息子の戊を養育）
4. 相続財産
   ○丙の自宅マンション（父甲からの相続時精算課税制度の住宅資金贈与特例を利用）：3,000万円
   ○土地：5,000万円
   ○家屋：1,000万円
   ○預貯金：1億5,000万円
   ○死亡退職金：5,000万円，会社契約生命保険金：3,000万円，受取人甲の保険金：500万円

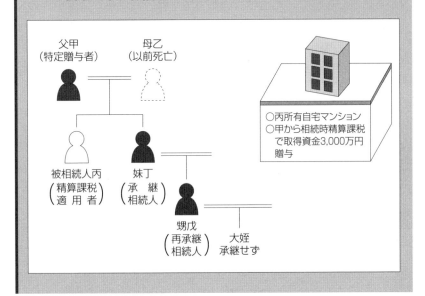

**職員** 所長，先日ご挨拶に伺った丙様のご相続の件ですが。丙様はまだ40歳代で，金融機関のディーラーとして大変なご活躍をなさっていたようでしたが，くも膜下出血で急逝されたんです。

**所長** ご子息が親御様より先に亡くなる「逆縁」ですね。親御様には自慢の息子様だったんでしょうに。すっかり気落ちなさって涙に暮れていらっしゃいましたね。妹の丁様が気丈にご葬儀を取り仕切る姿が痛々しかったですね。

**職員** はい，いたたまれなかったです。それで，ですね。丙様の会社から丙様への死亡保険金や退職金の計算書と，丙様の預貯金の通帳をお預かりしたんです。

**所長** おや，もう揃えてくださったんですか。

**職員** はい，妹の丁様が，自分がしっかりしなくちゃと。それが，かなりの遺産内容なんですね。むちゃくちゃハードワーカーだったらしくて年俸も高額ですが，ほとんどお金を使う時間もなかったんじゃないでしょうか。独身ですし。

**所長** なるほど。父上の甲様が息子の財産など要らないと，号泣しながらおっしゃっていたのはこのことですね。元々甲様は大会社の元役員で，あの高級住宅地で悠々自適の生活をなさっていますからね。

**職員** 父の甲様から被相続人丙様に自宅マンションの購入時に相続時精算課税制度を利用した贈与で住宅取得資金の贈与をなさったくらいですから。でも，丙様の相続人は親の甲様ですよね。丙様の遺産を引き継いで相続税を払って，甲様が亡くなれば丁様にまた相続税がかかることになります。二重課税ですよね。

**所長** そうですね。どうしたらいいかな。

**職員** あー，10年内なら甲様の相続のときに相次相続控除（相法20）を使うんですよね。でも，甲様が長生きしたら効果は少ないですね。

**所長** 短期間内に順番に相続があった場合を想定していますからね。他に方法はないかな。甲様達が丙様の財産をいらないというなら，放棄も選択肢ですね。

**職員** えっ，相続放棄（民法939）ですか！　だって，債務超過じゃないですよ。それに，親が相続放棄して，子の丁様は相続できるん

ですか！

**所長** 相続放棄はプラスの財産でもできるんですよ。禁じる法律はないのね。家庭裁判所の「相続放棄の申述書」の申述の理由欄を見てごらん。

**職員** おー，
① 被相続人から生前に贈与を受けている，
② 生活が安定している，
③ 遺産が少ない，
④ 遺産を分散させたくない，
⑤ 債務超過のため，
⑥ その他，
ですか。

プレプリントされて，選ぶようになってるんですね。

そっかー。甲様は②該当ですね。てぇと，第2順位の甲様が相続放棄したら第3順位の丁様が相続人ですか！　相続権のジャンプだ！

**所長** そうね。もちろん，丁様は相続税額の2割加算（相法18）の適用を受けるけどね。それに，丁様への相続は代襲相続ではなく相続権の移行ですからね。

**職員** あれ？　どうせなら，丁様も放棄して甥の戊様にジャンプさせれば！

**所長** そうはいかない。放棄者の子は代襲できないし（民法887）。

**職員** はあ，放棄して次の順位に行くんじゃないんですか。

**所長** 第4順位って，ないのね。そうなると，財産は相続財産法人に帰属して戊様が特別利害関係人として選定されればいいけど，そうでなければ国庫に帰属ね。

丁様が相続なされば，甲家としては戊様への将来的な承継が可能ですから，甲様も喜ばれるんじゃないかしらね。

**職員** うへ，わかりました。とにかく，甲様にお話しします。相続の放棄って3か月以内ですから（民法915），急ぐんですよね。でも，放棄は限定承認と違って，財産目録の調製は不要，単独でもできる

20　逆縁による相続放棄と特例適用　　**259**

んですね。簡単なんですね。

**所長** とりあえず 3 か月の熟慮期間内に放棄申述書を出しておけば，家庭裁判所から照会状が来て，放棄者の署名捺印のうえ意思の確認をして，相続放棄申述受理通知書が送られて初めて有効になるんだけどね。 3 か月以内に，丙様の遺産を使ったり処分したりしないように気を付けていただきましょう。

**職員** 丙様の遺産の一部でも使っちゃったら法定単純承認になっちゃうんですね（民法921）。債務超過の場合に 3 か月過ぎての期間の伸長をやったことありますけど，要注意ですね。

**所長** もし甲様が放棄するとして，税務はどうなるかしら。

**職員** 法定相続人はあくまで甲様 1 人ですね。相続税額の計算は 1 人としてやります。

　んー，未払税金などの債務は，丁様が承継される限り相続人として債務控除ができます（相法13）。小規模宅地特例は，と。…まず，丙様のマンションは一人住まいの自宅です。で，取得者は丁様ですが，生計一じゃなくて，あ，「持ち家がない親族」ですか。もう10年も前に前夫様と離婚して子供さんと同居，住まいは賃貸マンションですから，当該親族，当該親族の配偶者，当該親族の三親等内の親族又は当該親族と特別の関係がある法人が所有する家屋（相続開始の直前において当該被相続人の居住の用に供されていた家屋を除きます）に居住したことがない者に該当しますね。

　あれ？　かっこ書で「相続開始の直前において被相続人の居住用家屋を除く」となっていますが，ありり？　あっ，混乱しました。

**所長** この場合の被相続人は丙様であって甲様ではないですよ。大丈夫ですよ。

**職員** ですね。妹の丁様は宅地等を取得する親族ですから，特定居住用の適用は OK です。丁様が甲様のいる実家に戻らず賃貸にいるのは，離婚当時のお子様の戊様の学校の学区のためだったそうなので，戊様が上の学校に行けば，丙様のマンションに暮らすこともできますね。それまでは，賃貸しても OK ですよね。

　あれ？　申告期限を過ぎないとだめですか？

**所長** いやいや，持ち家がない親族は保有要件だけですからね。期限前に貸し付けても大丈夫ですよ。ただ，丁様の相続税額の2割加算もあるしね。

　丙様が契約者で丙様を被保険者，甲様を受取人とした保険金が下りてきますね。会社の団体生命保険で入ったようね。

**職員** でも，受取人の甲様が放棄して相続人でなくなれば生命保険金の非課税にはならないんですね（相法12①五）。会社契約の他の保険金は，相続人丁様の受取りで非課税が使えるのにな。ということは，甲様は相続放棄しても，相続税の納税義務が生じて，申告書も提出しなくちゃならないですね。一瞬，相続人は丁様だけで遺産分割は不要だし，相続税申告書も単独，と思ったのに。

**所長** それとね，このご自宅マンション。父の甲様から相続時精算課税の贈与で購入なさったのね。息子様にお金があっても，支援してあげたいものなのね。

**職員** 高級億ションですね。でも，直系尊属の住宅取得資金贈与特例の方が相続税と切り離せるから（措法70の2）有利なのに，なぜ精算課税の贈与にしたんだろ。

**所長** 取得年と贈与税申告書を確認した方がいいですね。住宅取得資金贈与の特例はこれまでも受贈者の所得制限があるから（旧措法70の3の2等，措法70の2②一），丙様は不適格だったのかもしれないですね。そもそも住宅取得資金の相続時精算課税を利用した贈与ではなかったかもしれないし，本当に精算課税贈与だったのかも含めて確認が必要ですね。

**職員** 通常の相続時精算課税贈与（相法21の9）だった可能性もあるんですね。お聞きします。

**所長** すると，相続時精算課税の受贈者が先に亡くなった場合の取扱いもチェックした方がいいですね。

**職員** はい，特定贈与者の甲様の死亡以前に相続時精算課税適用者の丙様が死亡すると，丙様の相続人が相続時精算課税の納税の権利義務を承継するんですね。ここで承継者は民法900条から902条の相続人となってますが，特定贈与者を除くとされていますから，甲様は

20　逆縁による相続放棄と特例適用　261

そもそも承継できず，今回は丁様が承継します（相法21の17）。

**所長** つまり，丁様が，甲様の相続のときに，相続時精算課税贈与を受けた受贈者として相続税の精算をするのよね。

**職員** はあ，すると丁様は，今回の丙様の相続で甲様から丙様への贈与資産を含めて相続税課税を受けて，そして，甲様の相続のときに，また精算課税で合算されるんですか。これも二重課税ですよね。調整されないんでしょうか。

**所長** そう，精算課税適用者の丙様から承継する納税の権利義務は，丙様の相続人＝承継相続人に引き継がれるけれど，債務控除の対象にもできないとされていますからね（相基通14－5）。

**職員** それじゃ二重課税のままですか。なんだかなあ。

再承継相続人の相続人になって初めて消滅するんですね。丁様が承継相続人，丁様の子の戊様が再承継相続人，その相続人が甲様の相続を受けるときって，とんでもない状態です。それでようやく解放されるということですか。

**所長** そしたら，相続時精算課税適用者の丙様が先に死亡して，その後に特定贈与者の甲様が亡くなったら，甲様の相続税はどうなるかしら。

**職員** げ。丁様が相続人になるんですよね。

でも，それも想定しなくちゃですよね。

**所長** そうなのよね。

**職員** えぇと，まず法定相続人は丁様1人なので，基礎控除と相続税額の計算は，丁様1人として計算しますね。

そこで計算した相続税額を，甲様の相続財産の課税価格と，丙様が受けた相続時精算課税の課税価格で按分して，それぞれの相続税額を出して，と。

**所長** 相続時精算課税なので，贈与税との精算計算をするのね。

**職員** はい。丙様が受贈した分の相続税額から，丙様が生前に負担した贈与税額を差し引きすると。

その合計額を丁様は負担するんですね。ふー。

**所長** そうね。贈与税負担が少なければ，相続税にそのまま税額がオ

ンされますね。

**職員** いやー，これ，ぜったい甲様に相続放棄，して頂いた方がいいですね。

せめて丁様の将来の負担を軽くした方が，いいです！

**所長** そうね。お話ししてみましょう。

### ワンポイント・アドバイス

　団塊世代やそれ以降の働き盛りの方の相続は，いわゆる逆縁のケースとして起きがちです。ご家族の心情に寄り添った法的手続と税務手続の方法として相続放棄が採用されたケースです。

---

<参考①>民法915条（相続の承認又は放棄をすべき期間

　相続人は，自己のために相続の開始があったことを知った時から3箇月以内に，相続について，単純若しくは限定の承認又は放棄をしなければならない。ただし，この期間は，利害関係人又は検察官の請求によって，家庭裁判所において伸長することができる。

<参考②>民法939条（相続の放棄の効力）

　相続の放棄をした者は，その相続に関しては，初めから相続人とならなかったものとみなす。

<参考③>相続時精算課税制度（相法21の9以下）の概要

　相続時精算課税を選択した場合には，制度選択年以降，2,500万円の特別控除を超えた場合に20%の贈与税を負担し，その贈与者が亡くなった時にその贈与財産の贈与時の価額と相続財産の価額とを合計した金額を基に計算した相続税額から，既に納めたその贈与税相当額を控除することにより贈与税・相続税を通じた納税を行います。制度選択以降，暦年課税に戻ることはできません。

　適用対象者は，贈与者は贈与の年の1月1日現在60歳（平成26年12月31日までの贈与は65歳）以上の親から贈与者の推定相続人である20歳以上の子又は孫（平成26年12月31日までは推定相続人のみ）である受贈者です。

---

20　逆縁による相続放棄と特例適用　**263**

## 複雑・難解事例 21 地積規模の大きな宅地の減額と小規模宅地特例のダブル適用

### 事例の状況

1. 被相続人：上場会社の役員
2. 相続人：妻と子2人（妻と長男（会社員）は同居。次男は米国に勤務）
3. 資産状況
   ○土地：自宅敷地1,200㎡
   ○その他，上場自社株を含む金融資産等
4. 遺言書に「自宅は全部妻に」との明記あり。

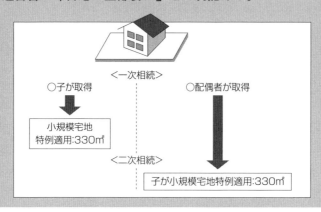

**[職員]** 所長，遺言の検認調書が届きました。

いや，今度の相続では全財産を配偶者が取得するため，分割のストレスがなくていいですね。まさか，お母様に遺留分請求する子はいませんよね。そんなことをしたら，お母様に不興をかって，二次相続で財産をもらえなくなってしまう。

**[所長]** ウーン，そうかな。

**[職員]** えっ。遺留分侵害額請求がアリですかっ⁉

**[所長]** いや，そういう意味じゃなくてね。遺言どおり，全部お母様でよいのか，っていうことよね。

**職員** 遺言どおりに分割しない方がよい，ということですか。

**所長** 資産総額が大きいのと，土地は広い自宅敷地だけだからね…。

**職員** ええ，配偶者が全部取得となった場合，二次相続でどうするのか，ですよね。税負担によっては，一次相続で子供に一定分を承継していただいた方がよいケースがありますもんネ。

**所長** 二次相続の試算はどうでしたか。ご自宅敷地の地積規模の大きな宅地評価適用がポイントでしたね。財産評価通達の改正で，平成30年1月1日以後開始相続での適用ですね。

**職員** いや，所長，「地積規模の大きな宅地」（評基通20－2）のチェックをやってみたんですがぁ。

昔の広大地評価に比べて，判断が機械的なので，ストレスがないですが要件は，っと。

① 三大都市圏500㎡以上，

② 普通住宅地区所在

③ 市街化調整区域でなくて，

④ 工業専用地域に指定されている地域でない宅地で，

⑤ 大規模工場用地でなくて…ここまではクリアしています。

問題は，⑥指定容積率が300％なんです。東京23区内なので，アウトなんですよぉ。

口惜しいなあ。

**所長** んー，大きな土地だからね，奥行も深いし。

容積率は全部300％でしたか？

**職員** へ？　えっと，この土地は奥行が40mあって，都市計画図によると，アレ？　奥の方は色が変わってる。

**所長** 都市計画図用途地域について，ウェブサイトでアップしてるから，みてごらん。

**職員** えっとぉ，あっ。道路沿いは300％ですが，道路から30mで容積率が200％になってます。

**所長** ということは？

**職員** あーーっ，容積率の異なる2以上の地域にわたる宅地ですか！

そうすると，その減額をして，あ，地積規模の大きな宅地の指定

21　地積規模の大きな宅地の減額と小規模宅地特例のダブル適用　**265**

容積率判定は，加重平均で計算すると，あーっ，容積率280％になりました。ってことは，地積規模の大きな宅地 OK ということですか。

**所長** そうだね。極端にいえば，500㎡のうち，200％地域にほんの1㎡かかっても，300％未満となるってことだね。

**職員** ほっほー，小指1本かかってればいい，と。

でも，容積率の異なる2以上の地域にわたる宅地の減額と地積規模の大きな宅地の減額って，ダブルでできるんでしょうか。

**所長** どう思う。財産評価基本通達を読んでみようね。

**職員** はい。地積規模の大きな宅地の評価（評基通20－2）では，評基通15「奥行価格補正」から評基通20の「不整形地の補正」までやった価格を減額する，と。容積率の異なる2以上の地域にわたる宅地評価（評基通20－7）では，評基通15「奥行価格補正」から評基通20－6「土砂災害特別警戒区域内にある宅地補正」までやった価額を減額する，と。つまり，全部，相乗的に減額する，ということですね。

そうか，旧広大地補正を，あたかも特例のように思って，小規模宅地特例とも併用できるのか，なん悩んだ時がありましたが，できるんですね。

**所長** うーん，財産評価は時価算定のためだから，地積規模補正も2以上容積率も，それぞれ時価算定のための補正要因の1つ，ということだね。だから併用もあり得る。

小規模宅地特例は，あくまで課税価格の特例なので，時価の補正ではないよね。算出時価を特例で減額するんだよ。

**職員** わかりました。

次回の訪問の際に，相続人様に，さらに十分に説明しましょう。

で，二次相続での試算ですが，遺言どおりに，土地全部を配偶者様が相続された場合には，ご自宅の全体が二次相続の対象になります。路線価が一次相続と同じだったとしても，二次相続での税額が大きいです。小規模宅地の特例は，地積規模補正とか各補正の適用後に，この土地で適用しています。

**所長** そうなのね，小規模宅地特例の適用対象地は自宅敷地だけなのよね。

**職員** えっと，25万円／㎡の路線価ですが，各種補正適用後で単価が19万2,500円に下がります。これに，一次相続で特定居住用宅地の特例を適用した場合の330㎡（平成26年12月31日開始相続は240㎡）に8割減額で適用できるわけです。

**所長** それで，配偶者様が全部取得すると二次相続ではどうなると思う？

**職員** えっと…もし二次相続時に路線価が変わらず，地積規模補正とかが適用できたとして，ですね…さらにご長男がお母様と同居を継続していたとして，二次相続の際の小規模宅地特例による減額は…と。アッ，二次相続でも自宅敷地の全部が相続財産なので，もう一度減額のやり直し状態になっちゃいます。これはやばい。

**所長** でしょう。一次相続での小規模宅地特例の適用減額効果が吹き飛んじゃうのよね。どうしたらよいと思う？

**職員** うーん，せめて一次相続で適用する小規模宅地特例の適用分は，一次相続で切り放せればいいんだけどなあ。つまり，一時相続で同居のご長男が宅地のうち330㎡を取得されれば，二次相続ではそれ以外の別の部分で減額特例が使える，と。でも所長，遺言ってひっくり返せるものですか。

**所長** 遺言で配偶者様に全部，とされているのだから，原則，それを覆すべきではないのですよ。被相続人様のご遺志ですからね。ただ，受遺者，つまり配偶者様の意思で遺贈の放棄があれば，遺産分割にもっていくことは可能だけどね。

**職員** 奥様はとにかく「税金を安くしろ，有利にしろ」と何度も何度も，しつこくおっしゃっていましたよね。お子様達はノンビリされていましたが。

　えっと，路線価が変わらず，地積規模補正が適用できたとして，特例による減額効果を失って，二次相続の際に，万が一でも地積規模補正適用できないと，大変な差になっちゃいます。だって，今だから容積率が低いし，周辺にマンションもないですが，将来はどう

なるか分かりませんから。この状況なら，奥様は真剣に考えるんじゃないでしょか。

所長 そう，そこが気になったの。税理士の助言義務として報告してみましょう。

職員 なるほど。ご長男は，ダイレクトに相続しちゃうわけですね。

所長 考えてごらん。もともと遺言でお母様がもらえるはずだった自宅ですから，それをご長男がもらうとなると，この自宅って，お父様からもらう，というより，お母様からもらうことになりますね。

職員 そうっすね。お母様への感謝，ってなりますか。
　　　お母様を大事にする，と。

所長 そのためにも，自宅の敷地330㎡はご長男が取得するにしても，建物は，お母様が取得なさった方がいいでしょうね。

職員 はい，親孝行税制になりますね。

### ワンポイント・アドバイス

　小規模宅地特例は，財産分割と関連するため，無理は禁物です。ただし，税務に関する可能性については，助言義務の範囲でご報告して，有利選択していただくべきでしょう。

　それが専門家責任とインフォームド・チョイスなのです。

　また，①小規模宅地の特例が特定居住用宅地として将来も適用可能かどうか，②現時点では地積規模補正の適用ができても，今後，街が発展して，容積率が高くなったら将来的には適用できるかどうか，③地価動向など，将来の不確定要素を全般的に考えた二次相続対策が必要となります。

## 複雑・難解事例 22 小規模宅地特例と譲渡特例の適用

### 事例の状況

1. 被相続人：甲（被相続人の前夫＝乙）
2. 相 続 人：丙（長女，丙の夫＝戊）
   　　　　　丁（次女）
3. 資産状況
   ○所有自宅敷地：400㎡，路線価100万円
   ○別荘：1棟
   ○その他金融資産：1億円

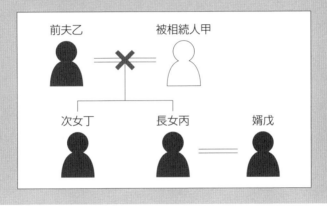

**職員** 所長！ 亡くなった甲様から相続するご自宅が売れそうだとのことで，丙様からご連絡がありました！

**所長** なるほど，良い立地ですからね。

**職員** いやー，慌ただしいですね。分割協議も，一部分割で進めてるんですが。

**所長** 亡き甲様と丙様ご夫妻が同居なさっていたのよね。

**職員** はい，丙様のご主人の戊様は，丙様が甲様のお世話をするために，甲様ともう20年もご夫婦で一緒に暮らしていたんですね。"マスオさん状態"ですね。

**所長** なるほど。甲様は由緒あるお家柄だから，戊様も姑様や奥様を配慮なさったんでしょうね。大変でしたね。

**職員** でも，もう甲様亡き後は，古くなった戸建てよりは，便利な都心で住みたいとのことで，買換えを希望なさってたんです。丙様が自宅は全部相続して，居住用財産の譲渡特例（措法35）を使って譲渡して，そのお金で共同相続人の丁様に代償資金を渡して，その残りと金融資産の自分の取得分で自宅を買うという資金計画です！

**所長** うんうん。共有相続してから売却すると，居住用財産の譲渡の特例が丙様相続部分にしか使えないから手取りが減ってしまいますからね。早くも買主が見つかったのね。よかったですね。

**職員** それが，喜んでる場合じゃないんですよ。買主候補の方があと1週間で契約してほしいって言ってきてるそうなんですが，相続税の申告期限がまだずっと先ですから，契約しちゃっていいんですか？　小規模宅地特例が使えなくなっちゃいませんか。

**所長** そう？

**職員** えっと，特定居住用宅地等ですから，相続で取得する被相続人等の居住の用に供されていた宅地等で，今回の場合，親族が相続開始の直前において当該宅地等の上に存する当該被相続人の居住の用に供されていた家屋に居住していた者であって，相続開始時から申告期限まで引き続き当該宅地等を有し，かつ，当該家屋に居住していること，ですよね。

**所長** そうね。申告期限前に契約しても，そのまま居住を継続して，「申告期限後に引渡し・所有権の移転」⇒「買換え先の住宅に引越し」をすれば，要件は満たしますね。

　ただね，このところ居住や事業を継続せず，申告期限経過直後に譲渡するケースは不適切だと会計検査院や税調が指摘してるの。

　3年以内取得土地等についての規制は，令和元年8月27日の東京地裁判決で，相続税対策資産が相続開始3年程度前に取得されているからだけでなく，直後譲渡も問題意識が持たれているからなのね。そのあたりも注意が必要なのだけど。

**職員** そうですか。じゃ，譲渡契約と同時並行で，一部分割で相続登

記までは進めてしまって，申告期限後に引渡しと所有権移転登記を
するようにします。

　ところで所長，この相続不動産ですが，登記簿を見たら昭和60年
代に財産分与で甲様が取得なさってるんです。

**所長** なるほど，あまりこのあたりは詳しく伺わずに来たけど，前夫
である乙様との離婚の際の財産分与でもらった財産なんですね。と
いうことは，今回の譲渡の取得費って，どうなります？

**職員** うっ，財産分与ですか。えっと，「民法第768条財産分与の規定
による財産の分与により取得した財産は，その取得した者がその分
与を受けた時においてその時の価額により取得したこととなること
に留意する」（所基通38−6「分与財産の取得費」）ですか。ってこ
とは，この分与時の時価って…。

**所長** 分与時の時価ですよ。土地はその時の時価，建物の取得費はそ
の時の時価から償却後の取得費ですね。

**職員** うへ。そのころの離婚の協議書なんか残ってないっすよね。残
ってたって，価格が書いてあるとは限らないですよね。

**所長** もともとは昭和30年代に購入された不動産ですから，元ご主人
の乙様は，財産分与に当たって，居住用財産の譲渡の申告をなさっ
ている可能性はあるけど，閲覧申請は難しいでしょうね。

**職員** 元ご主人に聞くとか，ってわけにはいきませんよね，はい。じ
ゃっ，どうすんですか。今回は譲渡価格の5％の概算取得費でやる
しかないんですかね。

**所長** おいおい，昭和60年代の時価ですよ。

**職員** あっ，昭和バブル経済のまっ盛りだ。じゃ，逆に値下がりして
る可能性だってありますよ。買換特例を使おうかと話してたんです
が，損失の可能性もあるんですよね。

　でも取得費が不明な場合は，概算取得費でなくていいんですか。

**所長** そこは誤解が多いよね。譲渡対価の5％相当額（概算取得費）
によることとされているのは，昭和27年12月31日以前から引き続き
所有していた土地建物等を譲渡した場合なのね（措法31の4）。そ
してこの概算取得費控除の特例は，昭和28年1月1日以後に取得し

22　小規模宅地特例と譲渡特例の適用　**271**

た土地建物等に適用しても差し支えない，としてる（措通31の4－
1）だけであって，むしろ昭和28年1月1日以後は概算取得費5％
によらず実額計算をするのが原則なのね。

**職員** ほんとだ。不明な場合は，概算取得費を使えとはどこにも書か
れていません！

**所長** 昭和60年代の分与日の取得日の時価が合理的に算定でき，かつ
それが5％を超えるようであれば，調べてみるべきだし，その努力
をしなければ，税理士としては注意義務違反ですね。

**職員** はっ，はい。でも，どうやって調べましょう。そもそも，実際
の売買価格ではなくて，「分与時の時価」って，現実には存在しな
い抽象的な数字ですよね。鑑定評価をとるしかないんでしょうか。

**所長** そうね。鑑定以外にアプローチするとしたら，次の方法かしらね。

①　㈶日本不動産研究所の「市街地価格指数全国木造建築費指数」
　　の土地指数から算定……昭和60年以前は全国6大都市のデータの
　　みだけです。

②　㈱東京カンテイの土地価格データ……昭和60年以降のデータが
　　保有されています。

③　REINS（レインズ＝不動産流通標準情報システム）の土地取
　　引データ……平成4年以降のデータが保有されています。

④　当時の相続税路線価の公示価格比準価額を算定……ただし，当
　　時の路線価（公示価格の約7割）や公示価格（実勢時価の約7割）
　　は実勢時価に比べ低かったことも参酌しながら算定すべきなので，
　　上の方法の補完程度です。

⑤　建物は，国税庁が昭和40年以降なら「建物の標準的な建築価格
　　表」を公開しているからそこから計算できますね。

**職員** はい，これでみると，うわ，やはり土地で思い切り損失ですね。
建物は，償却が終わってますね。これで，譲渡損失が認められるん
ですか。

**所長** どう思う？

**職員** うーん，これで他にも不動産を譲渡して，そちらの益とこの損
を通算するとかいうと，税務署に睨まれるかなー。

[所長] それは判断基準としておかしいですよ。仮に国税さんがこの算定時価を否認しようとしたら，不動産鑑定価格を採るか，独自に計算しようとするでしょうけど，その場合の不動産鑑定士さんたちが鑑定評価に使うデータは，上の①～⑤のデータなんだから。

[職員] 近からずとも遠からずの価格が出る可能性は高いってことですか。よほど，ウチが出した数字が異常でないかぎりは，否認しにくいということですね。

[所長] それにもし国税さんが算定した数字とズレがあって，譲渡益が出たらどうする？

[職員] あ，仮に譲渡益になっても，3,000万円までは非課税にできるんですから，価格の誤差があっても3,000万円のバッファがあるということですね。わはは。計算，やってみます！

[所長] 相続財産の譲渡だから，これ以外に適用できる特例といえば？

[職員] ええ，取得費加算の特例（措法39）も適用しようかと思ってたんです。でも，損失になっちゃうんじゃ，出る幕ないですね。

[所長] そうね。別荘をお持ちだし，申告期限から3年以内に譲渡する可能性もあり得るんだから，キープしておけばいいでしょう。

[職員] 取得費加算の特例も，平成27年以降は不動産の譲渡については厳しくなっちゃいましたからね。

[所長] 買換特例も同じく要件が強化ね。今回の譲渡では対価要件でアウトね。

[職員] わっ，そうだ，平成26年1月以降は，譲渡対価1億円超だと買換特例が使えなくなったんですよね。せちがらいなあ。

　すると所長，スケジュールは，こんな感じでしょうか。

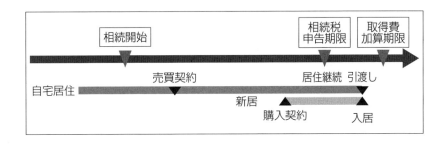

**所長** うんうん。

**職員** 相続税法だけでなく他の税法や法律が絡むんですもんね。複雑だなあ。まあ，単純なケースなら悩むこともないか。

① 相続税の小規模宅地特例は申告期限まで保有と居住継続

② 利益が出るようなら居住用財産の譲渡特例，あるいは居住用財産の買換特例なら譲渡年の前年から翌年末までに取得して1年以内に居住開始

③ 相続税額の取得費加算の特例は相続税申告期限から3年内

と，全部に期限が設定されているんで，もう，スケジュール管理に尽きます！

### ◤ワンポイント・アドバイス◢

相続手続は，タイムスケジュールが最大ポイントです。単に制度の期限のみならず，相続人の検討や合意など，不確定な要素が多いため，着手時からスケジュールを作成して，相続人の方々全員と共有しながら，確実に進めていくことが重要です。

---

＜参考①＞長期譲渡所得の概算取得費控除（措法31の4）

　個人が昭和27年12月31日以前から引き続き所有していた土地等又は建物等を譲渡した場合における長期譲渡所得の金額の計算上収入金額から控除する取得費は，所得税法第38条及び第61条の規定にかかわらず，当該収入金額の100分の5に相当する金額とする。ただし，当該金額がそれぞれ次の各号に掲げる金額に満たないことが証明された場合には，当該各号に掲げる金額とする。

　一　その土地等の取得に要した金額と改良費の額との合計額

　二　その建物等の取得に要した金額と設備費及び改良費の額との合計額につき所得税法第38条第2項の規定を適用した場合に同項の規定により取得費とされる金額

---

274　第3章　所長と職員の会話で理解する！ 複雑・難解事例へのアプローチ

<参考②>昭和28年以後に取得した資産についての適用（措通31の4-1）

　措置法第31条の4第1項の規定は，昭和27年12月31日以前から引き続き所有していた土地建物等の譲渡所得の金額の計算につき適用されるのであるが，昭和28年1月1日以後に取得した土地建物等の取得費についても，同項の規定に準じて計算して差し支えないものとする。

<参考③>租税特別措置法第35条

　個人の有する資産が，居住用財産を譲渡した場合に該当することとなつた場合には，その年中にその該当することとなつた全部の資産の譲渡に対する第31条又は第32条の規定の適用については，次に定めるところによる。

一　第31条第1項中「長期譲渡所得の金額（」とあるのは，「長期譲渡所得の金額から3,000万円（長期譲渡所得の金額のうち第35条第1項の規定に該当する資産の譲渡に係る部分の金額が3000万円に満たない場合には当該資産の譲渡に係る部分の金額とし，同項第2号の規定により読み替えられた第32条第1項の規定の適用を受ける場合には3,000万円から同項の規定により控除される金額を控除した金額と当該資産の譲渡に係る部分の金額とのいずれか低い金額とする。）を控除した金額（」とする。

二　第32条第1項中「短期譲渡所得の金額（」とあるのは，「短期譲渡所得の金額から3,000万円（短期譲渡所得の金額のうち第35条第1項の規定に該当する資産の譲渡に係る部分の金額が3,000万円に満たない場合には，当該資産の譲渡に係る部分の金額）を控除した金額（」とする。

2　前項に規定する居住用財産を譲渡した場合とは，次に掲げる場合（当該個人がその年の前年又は前々年において既に同項（次項の規定により適用する場合を除く。）又は第36条の2，第36条の5，第41条の5若しくは第41条の5の2の規定の適用を受けている場合を除く。）をいう。

一　その居住の用に供している家屋で政令で定めるもの（以下この項において「居住用家屋」という。）の譲渡（当該個人の配偶者その他の当該個人と政令で定める特別の関係がある者に対してするもの及び所得税法第58条の規定又は第33条から第33条の4まで，第37条，第37条の4，第37

22　小規模宅地特例と譲渡特例の適用　**275**

条の8若しくは第37条の9の規定の適用を受けるものを除く。以下この項及び次項において同じ。）又は居住用家屋とともにするその敷地の用に供されている土地若しくは当該土地の上に存する権利の譲渡（譲渡所得の基因となる不動産等の貸付けを含む。以下この項及び次項において同じ。）をした場合

二　災害により滅失した居住用家屋の敷地の用に供されていた土地若しくは当該土地の上に存する権利の譲渡又は居住用家屋で当該個人の居住の用に供されなくなつたものの譲渡若しくは居住用家屋で当該個人の居住の用に供されなくなつたものとともにするその敷地の用に供されている土地若しくは当該土地の上に存する権利の譲渡を，これらの居住用家屋が当該個人の居住の用に供されなくなつた日から同日以後3年を経過する日の属する年の12月31日までの間にした場合

3　相続又は遺贈（贈与者の死亡により効力を生ずる贈与を含む。以下第5項までにおいて同じ。）による被相続人居住用家屋及び被相続人居住用家屋の敷地等の取得をした相続人（包括受遺者を含む。以下この項において同じ。）が，平成28年4月1日から平成35年12月31日までの間に，次に掲げる譲渡（当該相続の開始があつた日から同日以後3年を経過する日の属する年の12月31日までの間にしたものに限るものとし，第39条の規定の適用を受けるもの及びその譲渡の対価の額が1億円を超えるものを除く。以下この条において「対象譲渡」という。）をした場合（当該相続人が既に当該相続又は遺贈に係る当該被相続人居住用家屋又は当該被相続人居住用家屋の敷地等の対象譲渡についてこの項の規定の適用を受けている場合を除く。）には，第1項に規定する居住用財産を譲渡した場合に該当するものとみなして，同項の規定を適用する。

一　当該相続若しくは遺贈により取得をした被相続人居住用家屋（当該相続の時後に当該被相続人居住用家屋につき行われた増築，改築（当該被相続人居住用家屋の全部の取壊し又は除却をした後にするもの及びその全部が滅失をした後にするものを除く。），修繕又は模様替に係る部分を含むものとし，次に掲げる要件を満たすものに限る。以下この号において同じ。）の政令で定める部分の譲渡又は当該被相続人居住用家屋とともにする当該相続若しくは遺贈により取得をした被相続人居住用家屋の敷

地等（イに掲げる要件を満たすものに限る。）の政令で定める部分の譲渡

イ　当該相続の時から当該譲渡の時まで事業の用，貸付けの用又は居住の用に供されていたことがないこと。

ロ　当該譲渡の時において地震に対する安全性に係る規定又は基準として政令で定めるものに適合するものであること。

二　当該相続又は遺贈により取得をした被相続人居住用家屋（イに掲げる要件を満たすものに限る。）の全部の取壊し若しくは除却をした後又はその全部が滅失をした後における当該相続又は遺贈により取得をした被相続人居住用家屋の敷地等（ロ及びハに掲げる要件を満たすものに限る。）の政令で定める部分の譲渡

イ　当該相続の時から当該取壊し，除却又は滅失の時まで事業の用，貸付けの用又は居住の用に供されていたことがないこと。

ロ　当該相続の時から当該譲渡の時まで事業の用，貸付けの用又は居住の用に供されていたことがないこと。

ハ　当該取壊し，除却又は滅失の時から当該譲渡の時まで建物又は構築物の敷地の用に供されていたことがないこと。

4　（以下略）

---

### ＜参考④＞特定の居住用財産の買換えの場合の長期譲渡所得の課税の特例（措法36の２）

　個人が，平成５年４月１日から平成27年12月31日までの間に，その有する家屋又は土地若しくは土地の上に存する権利で，その年１月１日において第31条第２項に規定する所有期間が10年を超えるもののうち次に掲げる譲渡資産の譲渡（譲渡所得の起因となる不動産等の貸付けを含むものとし，当該譲渡資産の譲渡に係る対価の額が１億円を超えるもの，当該個人の配偶者その他の当該個人と政令で定める特別の関係がある者に対してするもの，第33条から第33条の４まで，第37条，第37条の４，第37条の７，第37条の９の４又は第37条の９の５の規定の適用を受けるもの及び贈与，交換又は出資によるものその他を除く。）をした場合において，平成５年４月１日（当該譲渡の日が平成７年１月１日以後であるときは，当該譲渡の日の

属する年の前年1月1日）から当該譲渡の日の属する年の12月31日までの間に，当該個人の居住の用に供する家屋又は当該家屋の敷地の用に供する土地若しくは当該土地の上に存する権利で，政令で定めるもののうち国内にある買換資産の取得（建設を含むものとし，贈与又は交換によるものその他を除く。）をし，かつ，当該取得の日から当該譲渡の日の属する年の翌年12月31日までの間に当該個人の居住の用に供したとき，又は供する見込みであるときは，当該個人がその年又はその年の前年若しくは前々年において第31条の3第1項，第35条第1項，第41条の5又は第41条の5の2の規定の適用を受けている場合を除き，当該譲渡資産の譲渡による収入金額が当該買換資産の取得価額以下である場合にあつては当該譲渡資産の譲渡がなかつたものとし，当該収入金額が当該取得価額を超える場合にあつては当該譲渡資産のうちその超える金額に相当するものとして政令で定める部分の譲渡があつたものとして，第31条の規定を適用する。

---

### <参考⑤>相続財産に係る譲渡所得の課税の特例（措法39，措令25の16）の概要

　相続又は遺贈・死因贈与による財産の取得（相続又は遺贈による財産の取得とみなされるものを含む。）をした個人で当該相続又は遺贈につき相続税額（生前贈与加算の適用がある場合には，贈与税の額を調整して計算した金額とし，控除される金額がある場合には，当該金額を加算した金額とする。）があるものが，相続の開始があつた日の翌日から当該相続に係る期限内申告書等の提出期限の翌日以後3年を経過する日までの間に当該相続税額に係る課税価格等の計算の基礎に算入された資産（みなし譲渡の適用資産を除く。）を譲渡した場合における譲渡所得については，取得費は，当該取得費に相当する金額に当該相続税額のうち次の金額を加算した金額とする。

(1)　平成26年12月31日以前開始相続

　①　土地等を譲渡した場合…その者が相続したすべての土地等に対応する相続税額

$$\text{その者の相続税} \times \frac{\left[\begin{array}{l}\text{その者の相続税の課税価格の計算}\\\text{の基礎とされた土地等の合計額}\end{array}\right]}{\left[\begin{array}{l}\text{その者の相続}\\\text{税の課税価格}\end{array}\right]+\left[\begin{array}{l}\text{その者の}\\\text{債務控除額}\end{array}\right]} = \text{取得費に加算する相続税の額}$$

② その他の資産を譲渡した場合…譲渡した資産に対応する相続税額

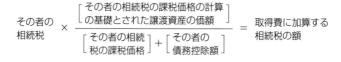

(2) 平成27年1月1日以後開始相続…譲渡した資産に対応する相続税額

$$\text{その者の相続税} \times \frac{\left[\begin{array}{l}\text{その者の相続税の課税価格の計算}\\\text{の基礎とされた譲渡資産の価額}\end{array}\right]}{\left[\begin{array}{l}\text{その者の相続}\\\text{税の課税価格}\end{array}\right]+\left[\begin{array}{l}\text{その者の}\\\text{債務控除額}\end{array}\right]} = \text{取得費に加算する相続税の額}$$

複雑・難解事例 23 **使用貸借通達適用地と特例適用**

### 事例の状況

1. 被相続人：乙（89歳）
2. 相続人：丙（58歳。乙の長男，会社員，同居中）
   丁（53歳。乙の長女，他家に嫁いでいる）
   （甲（被相続人乙の夫。以前に死亡））
3. 資産状況
   ○甲自宅敷地A：300㎡，路線価200万円
   ○甲所有貸家敷地B：200㎡，路線価100万円
   ○その他：甲金融資産1億円

職員　今日のご相談の乙様の相続案件ですが，話を伺っていて，途中で分からなくなっちゃいました。

所長　まあまあ，このご相続のポイントはどこでしょう。全体像をつかむのが先ね。

職員　はい。土地の権利関係が動いていますね。

　相続税申告も，土地が誰のものなのか，土地の権利の帰属による気がします。それによって，2つの土地のうち，小規模宅地の特例をどちらで使うかによって全体像が決まりますね。

所長　そうよね。時系列で整理してみましょう。

職員　はい。書き出してみました。

昭和30年　被相続人の夫甲が借地

昭和45年　長男丙が地主より底地買取り

昭和55年　甲の相続開始

平成 2 年　家屋全焼

平成 3 年　乙が建替え後に居住を継続

平成19年　乙の相続開始

　　丙様たちは，税務上の手続は甲様の遺産分割も含め，これまで何にもやっていないと…。

[所長]　いくつか，権利変更を行うポイント時点があったのですね。

[職員]　そうです。まず，昭和45年に丙様が自宅底地を地主から買い上げています。

　　その後は地代の支払いは行われていないようですから，使用貸借になっているんですよね。

　　父親の甲様の借地権が長男丙様の底地と混同を起こして，甲様から丙様に借地権の贈与が行われたとして，贈与税課税になるんですね。

[所長]　現在の取扱いではね。使用貸借通達を確認してみましょう。

[職員]　はい，昭和48年11月 1 日付の直資 2 － 189外 2 課合同「使用貸借に係る土地についての相続税及び贈与税の取扱いについて」ですね。

　　アッ，この時点で「借地権者の地位に変更のない旨の申出書」を提出すれば，贈与税課税は避けられるんですね（使用貸借通達(5)）。

　　ただ，申出書は出していないということですから，子に贈与税課税が行われるべき，ということでしょうか。でも，昭和45年での贈与なので，もう時効ってことですか。あれえ？

[所長]　そう。今回の底地買取りの期日は，昭和45年よね。

[職員]　あ，この通達の発遣前ですね。エー！　従前の取扱いでは，借地権部分については課税されていなかったため，甲様の死亡時には，建物だけが相続税の課税対象とされ，借地権部分は課税されない（使用貸借通達(7)）とあります。

　　つまり，昭和55年の甲様の相続の際の課税対象は建物だけで，その建物が乙様・丙様・丁様に共同相続されたということですか。

[所長]　そうね。だから，結果オーライなのかもしれませんね。

23　使用貸借通達適用地と特例適用　　281

**職員** このあと，自宅敷地は，全部丙様のものとして丙様の相続のときの課税対象になるのでしょうか。

**所長** 同通達(7)では，建物の所有者が異動して，借地権相当額の課税が行われていなければ自用地価額となるのですね。

**職員** これは面白いです。仮に底地取得者の丙様が父甲様より先に亡くなった場合は底地課税，その後の甲様の相続時は建物課税だけで済んで，最後的には建物への課税はないことになるんですね。

**所長** 昭和48年11月1日というのは通達発遣日なので，取扱いは実際には平成17年1月1日となるわ。

**職員** どっちにしても，乙様の今回の相続税課税対象から，自宅敷地は外れるんですね。うわァ，コワイなァ。

　ということは，小規模宅地特例は，貸家敷地に適用ということですね。

**所長** ところで，その後の火事や建替えはどうなると思う？

**職員** 旧建物の相続は完了していなかったんですよね。でも，焼失して，乙様が建て替えた，と。共有建物の持分も焼失ですか。

　このあたりで権利が転変するかと思いましたけど，えーこれは，新通達後ですから，もうバリバリ使用貸借ですよね。丙様の土地の上に母上の乙様が建て替えても，地代の授受がなければ，使用貸借でいいんですよね（使用貸借通達(1)）。

**所長** ここで何か手続しなければならないことはありますか。

**職員** あれ？　なんだか特になさそうですね。

　うーん，使用貸借通達って，こうしてみると生活感覚に合った取扱いなんですね。

### ◤ワンポイント・アドバイス◢

　被相続人様の家系の長い歴史のなかで，土地の権利関係が転変している場合があります。小規模宅地特例は適用ミスがなければ，選択宅地の変更ができない以上，相続財産としての存否や権利帰属にも，重々注意したいものです。

複雑・難解事例  **配偶者への居住用財産贈与特例土地に対する特例適用**

### 事例の状況

1 甲の家族構成：配偶者乙，子2人（丙（甲・乙と同居）・丁）
2 資産状況
　○賃貸併用住宅：土地2億円，家屋1,000万円，自宅床面積20％
　○その他：貸付用土地，4億円
　○金融資産：8,000万円

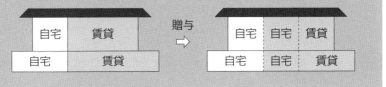

**職員** 甲様の奥様から電話でヤンヤの催促なんです。「自宅の贈与を早く！」って。

**所長** そうですね。先回，この制度の説明をした際に，ずいぶん乗り気でしたものね。

**職員** そうなんですよォ。乙様は専業主婦で，自分の資産って全くお持ちじゃないですから。
　居住用財産の配偶者への贈与の特例について，婚姻期間が20年以上の配偶者から居住用財産又は取得金銭の贈与を受けた場合に，基礎控除110万円以外に，2,000万円が控除される制度（相法21の6）だと説明したら，もう目を輝かせてしまわれて。

**所長** 「スイート20ダイヤモンドね！」と仰ってましたね。甲様の場合，約1,000万円も相続税を先延ばしできますからね。

**職員** そこで，甲様のご自宅の財産評価をしてみたのですが，賃貸併用住宅になっていて，区分登記されていません。貸家建付地評価後の土地家屋を約2,110万円の贈与評価額に収まるように持分を決め

たいです。

**所長** なるほど，それが全体の20％に当たるんですね。

**職員** この併用住宅は，2割がご自宅部分で，8割が賃貸部分なんです。区分登記をされていないので，贈与では，建物と土地のそれぞれの持分の贈与をせざるを得ないわけで，贈与持分のなかに居住用部分と非居住用部分が取り込まれちゃわないかって，気になったんです。

**所長** どうでした？　これは通達で手当てされてますね。

**職員** そうなんです。こうした場合，贈与持分と居住用部分割合のいずれか少ない割合だけを切り取っての贈与が可能なのです。

　つまり，申告段階で贈与された持分は居住用部分であると申告すれば，贈与持分2,000万円は，全部居住用不動産2,000万円とできるんです（相基通21の6－3）。優遇制度ですよね！

**所長** そう。贈与を受けた共有部分が優先的に居住用部分として使用していると考えて，配偶者控除を拡大利用できるようにしているのね。

**職員** はいっ。今回は，居住用部分がちょうど贈与持分なので，残るのは，非居住用部分と。

　あれっ。これで甲様に相続が起きたら，もう非住宅用部分しか残ってないので，特定居住用の小規模宅地特例は適用できないじゃないですか！

　そりゃマズイですよね。贈与部分には，もう小規模宅地特例は使えないんですから。

**所長** あら，そう思う？　この配偶者控除制度って，とにかく配偶者の財産形成貢献を認めて，かつ二次相続でいずれ課税できるからと，相当な配慮がされているの。読み取ってみて。

**職員** え，そうなんですか？　アッ，あります！　小規模宅地特例の通達で手当てされてたんだ！

　つまり，配偶者控除で店舗併用住宅の居住用を切り取り，贈与を受けた後でも，被相続人の居住の用に供していた部分の判定は，相続開始時の現況に基づく，と（措通69の4－9）。

贈与後の土地建物持分について，相続時の居住用割合と非居住用割合に応じて評価した上で，小規模宅地特例が扱えるなら，残った8割部分を居住と貸付けに用途区分できますね。

　そして，甲様の相続時に丙様が甲様土地家屋の居住用部分を相続すれば，その部分にも特定居住用特例で8割減が適用できます！

　これで安心して配偶者控除は進められますけど，でも，優遇しすぎじゃないですか？　だって，居住用持分は贈与で相続から切り離しちゃうのは事実ですから。

[所長]　そこが日本の配偶者税制なんでしょうね。配偶者の財産形成に対する法の考え方ね。ところで関連諸費用はどうですか？

　贈与税は非課税ということで，税金はみんな非課税だと思い込んで，あとで費用がかかって驚かれる方が多いですよ。

[職員]　土地と建物を同じ比率にして，自己居住用不動産の取得として，不動産取得税・登録免許税が最小になるようにします。

　奥様は専業主婦なのに受贈者として諸費用負担が必要ですから，ご自分の貯金を取り崩されるか，甲様に負担していただくかですね。もし甲様負担なら，それも含めて2,110万円にしなくちゃです。来年に贈与なら，今年は諸費用分だけ110万円以内で贈与を受けてしまうというのもアリですね。あのチャッカリ奥様なら，絶対にそうするでしょうね，うん。

[所長]　そう，来年に路線価が上がらなければね。

### ◤ワンポイント・アドバイス◢

　相続税の増税対策として路線価の回復や上昇により，贈与が見直されています。また消費拡大のために贈与税制は年々緩和されています。相続や贈与のように制度をクロスオーバーした部分は検討が漏れがちですから，その後の展開に対する手当てと準備が必要です。

　また，相続税対策のために急に多額な贈与を行うケースが散見されます。配偶者控除のような少ない負担による無理のない贈与で，ウォーミング・アップの経験をしていただくことで，納税者の方にとっては，より理解を深めた贈与ができるようになるでしょう。

24　配偶者への居住用財産贈与特例土地に対する特例適用　　285

複雑・難解事例 25 **非居住無制限納税義務者の相続宅地への適用の可否**

### 事例の状況

1. 被相続人：甲（東京在住）
2. 相続人：甲の長女：乙（米国在住）
3. 資産状況
   ○甲所有自宅敷地：400㎡，4億円（東京）
   ○甲所有自宅建物：5,000万円（東京）
   ○金融資産：36億円（東京）

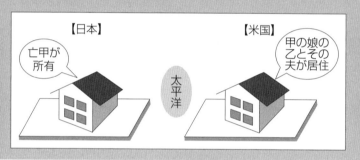

**職員** 甲様のご葬儀は立派でしたね。さすが上場会社創業者の家系だけありますね。

**所長** ほんとうに。一人っ子のご長女の乙様が全部取り仕切って，甲様のご生前のご関係先をご招待なさったようですね。

**職員** 乙様はカッコよかったですね。米国留学からずっとシアトル。ご結婚されて現在はシアトルで米国人のご主人と大邸宅住まいだそうで。

**所長** そうねえ，甲様のご理解があったのね。

**職員** うーん，甲様の財産て，どうなっちゃうんでしょう。乙様が唯一の相続人ですよね。遺言書は寄附項目だけと聞いてますから，遺産分割の手間なしですね。

**所長** これこれ。まず，乙様の相続税は？ 納税義務者になるかしら。

## ＜相続税の納税義務者＞

| 被相続人 ＼ 相続人・受遺者 | | 国内に住所あり | | 国内に住所なし | | |
|---|---|---|---|---|---|---|
| | | | 一時居住※1 | 日本国籍あり | | 日本国籍なし |
| | | | | 相続開始前10年以内に国内に住所あり | 相続開始前10年以内に国内に住所なし | |
| 国内に住所あり | | | | | | ○ |
| | 一時的住所※1 | | 居住制限納税義務者 | | 非居住制限納税義務者 | |
| 国内に住所なし | 10年以内に国内に住所あり | | | 国内外ともに課税 | | |
| | 相続税　外国人　贈与税　短期滞在外国人※2　長期滞在外国人※3 | | | | 国内財産のみに課税 | |
| | 10年以内に住所なし（国籍の有無を問わない） | | | | | |

※1　出入国管理及び難民認定法別表第1の在留資格の者で，過去15年以内において国内に住所を有していた期間の合計が10年以下の者
※2　出国前15年以内において国内に住所を有していた期間の合計が10年以下の外国人
※3　出国前15年以内において国内に住所を有していた期間の合計が10年超の外国人で出国後2年を経過した者

（出典）　財務省HP「平成30年度税制改正の解説」より作成

**職員**　非居住無制限納税義務者（相法1の3二ロ）です。

納税義務者の判断（相法1の3）の基本となる「住所」の意義については，「法に規定する『住所』とは，各人の生活の本拠をいうのであるが，その生活の本拠であるかどうかは，客観的事実によって判定するものとする。この場合において，同一人について同時に法施行地に2箇所以上の住所はないものとする（相基通1の3・1の4共－5）」とされていました。

しかし，その「本拠」を判定する「客観的事実」が何かは，定義がありません。

被相続人の甲様は日本国内に住所があり，そして乙様は，米国男性と結婚してグリーンカードを取得後，市民権をとって，自動的に日本国籍は喪失になったんだそうです。

**所長**　ご主人が国家の研究職だから配偶者も米国籍が義務付けられた

とのことね。そうすると，課税対象になるのは？

**職員** はい，上の表のように…と，あ，あれぇ。

**所長** そうですね。相続税の納税義務者の規定は，平成12年，25年，29年，30年と税制改正で変わっているので要注意ですね。

**職員** はい，平成12年で，相続贈与税の納税義務者と課税対象財産が国籍と住所の有無の5年履歴で判定されるようになったんですよね。T消費者金融元会長の贈与については，最高裁で納税者が勝訴になって，生活の本拠が滞在期間のカウント重視で決まったんです。

**所長** そう。それまでは国外財産の制限納税義務者への贈与は課税対象にならなかったのを，平成11年の事件を契機に改正されたのね。

**職員** 穴だらけだったんですね。信じられないっす。この判決の「住所」については，贈与前後の期間の65.8％を香港で過ごし業務に従事していたということで，日米租税条約の183日ルール（14条2項(a)）のように滞在日数重視になったんですね。んで，平成25年度の税制改正で，うーん。

**所長** これも「中央出版事件」がきっかけね。

**職員** 日本の親が，国外居住の外国籍の子に国外財産を贈与や相続した場合，それまでは贈与税の納税義務なしとされたのに，アメリカで生まれて米国籍のみを持つ孫を受益者として，5億円に近い生命保険へ投資する信託契約を作成したところ，国税から贈与税の納税義務ありとされ，結果，平成23年3月24日名古屋地裁で納税者勝訴となっちゃった，平成25年4月3日名古屋高裁で国税側が勝ったものの，「抜け穴をふさげ！」と裁判の進行中に法律を改正しちゃうんだもんなあ。

**所長** それが相続税法1条の3第2号ロですね。

**職員** 外国籍で日本に住んでいなくても，日本に住んでた人から相続や贈与を受けると，全世界課税ですか。うわあ。外国人が日本で亡くなったら大騒ぎですね。乙様も，それまでは制限納税義務者だったのになあ。

**所長** 甲様は，国外に財産をお持ちだったのかしら。

**職員** もしあれば，課税ですが，5,000万円以上だったら平成25年末

以降は，国外財産調書を出すんですが，その必要はなかったんです。もしあれば，評価も現地時価を調べることになりますネ。

**所長** そうね。ところで，日本の甲様の自宅は，小規模宅地特例の評価減って使えるかな。

**職員** えっと，そもそも，「個人が相続開始の直前において被相続人の居住の用に供されていた宅地等で」（措法69の4①）という規定ですから，制限納税義務者も排除していないんですね。ふうん。

**所長** じゃ，特定居住用はどう？

**職員** えーっ，配偶者でも，同居親族でもないっすから，無理じゃないですか。えっとぉ，後は"持ち家のない親族特例"（措法69の4③二ロ）ですね。乙様は，3年内は結婚して米国人のご主人の家に同居，だからダメっす。

**所長** 3年内に住んでいないという要件は，「相続税法の施行地内にある当該親族，当該親族の配偶者，当該親族の三親等内の親族又は当該親族と特別の関係がある法人が所有する家屋」なのよね。

**職員** えっ。つまり，「日本にある自分や三親等内の親族や同族法人の家屋に住んでいない」のが要件なので，配偶者の家屋に住んでいても，国外家屋ならいいんですか！　わぉ！

**所長** ちょっと待ってね。かっこ書の「財務省令で定める者を除く」というのは？

**職員** 「措置法69条の4第3項第2号ロに規定する財務省令で定める者は，1条の3第1項1号若しくは2号の規定に該当する者又は同項4号の規定に該当する者のうち日本国籍を有しない者とする」（措規23の2④）と。

あっちゃぁ，ここでドンデン返しですね。外国籍だから特定居住用はダメと。うーん，日本国籍だったら制限納税義務者でもOKということですかぁ。

**所長** そういうことですね。日本国籍だったら，国外にいても，とにかく戻れるところを確保してあげようという趣旨かしらね。

**職員** しかーし，外国籍でも全世界課税されちゃって，でも，小規模宅地特例は使わせない，というと，踏んだり蹴ったりじゃないですか。

**所長** 寄附はどうなってましたか。

**職員** 甲様の創業会社の研究財団に20億円ということでした。奨学金の特定目的と聞いてます。公益財団ですから，全額非課税になります（措法70①）。

**所長** いわゆる節税策はまったくやらずに，ほんとに足跡を残されたのね。

**職員** そういえば，乙様がご自分の遺言や信託について相談したいって，おっしゃっていました。ご主人との当初の結婚契約書を書き直すんだそうです。あちらって，夫婦でもキッチリしてるんですね。

### ▶ ワンポイント・アドバイス ◀

生活圏がグローバルになっており，相続税の納税義務者も課税対象も拡大しています。

小規模宅地特例は，その中でも適用できる場合がありますので，規定ぶりをよく確認して遺漏のないようにしましょう。

### <参考：財産の所在の判定表>

| 財産の種類 | 所在の判定 |
|---|---|
| 動産 | その動産の所在による。 |
| 不動産又は不動産の上に存する権利<br>船舶又は航空機 | その不動産の所在による。<br>船籍又は航空機の登録をした機関の所在による。 |
| 鉱業権，粗鉱権，採石権 | 鉱区又は採石場の所在による。 |
| 漁業権又は入漁権 | 漁場に最も近い沿岸の属する市町村又はこれに相当する行政区画による。 |
| 預金，貯金，積金又は寄託金で次に掲げるもの<br>(1)銀行，無尽会社又は株式会社商工組合中央金庫に対する預金，貯金又は積金<br>(2)農業協同組合，農業協同組合連合会，水産業協同組合，信用協同組合，信用金庫又は，労働金庫に対する預金，貯金又は積金 | その受入れをした営業所又は事務所の所在による。 |
| 生命保険契約又は損害保険契約などの保険金 | これらの契約を締結した保険会社の本店又は主たる事務所の所在による。 |
| 退職手当金等 | 退職手当金等を支払った者の住所又は本店若しくは主たる事務所の所在による。 |
| 貸付金債権 | その債務者の住所又は本店若しくは主たる事務所の所在による。 |

| 社債，株式，法人に対する出資又は外国預託証券 | その社債若しくは株式の発行法人，出資されている法人，又は外国預託証券に係る株式の発行法人の本店又は主たる事務所の所在による。 |
|---|---|
| 合同運用信託，投資信託及び外国投資信託，特定受益証券発行信託又は法人課税信託に関する権利 | これらの信託の引受けをした営業所又は事業所の所在による。 |
| 特許権，実用新案権，意匠権，商標権等 | その登録をした機関の所在による。 |
| 著作権，出版権，著作隣接権 | これらの権利の目的物を発行する営業所又は事業所の所在による。 |
| 上記財産以外の財産で，営業上又は事業上の権利（売掛金等のほか営業権，電話加入権等） | その営業所又は事業所の所在による。 |
| 国債，地方債 | 国債及び地方債は，法施行地（日本国内）に所在するものとする。外国又は外国の地方公共団体その他これに準ずるものの発行する公債は，その外国に所在するものとする。 |
| その他の財産 | その財産の権利者であった被相続人の住所による。 |

## ＜納税義務者の判定と持ち家がない親族の制限＞

| 　　　　相続人<br><br>被相続人 | 国内に住所あり | | 国内に住所なし | | |
|---|---|---|---|---|---|
| | | | 日本国籍あり | | 日本国籍なし |
| | 一時居住者以外 | 一時居住者 | 10年以内に国内に住所あり | 10年以内に国内に住所なし | |
| ① 下記②以外 | ○<br>（一イ）<br>居住無制限<br>全　財　産 | ○<br>（一ロ）<br>居住無制限<br>全　財　産 | ○<br>（二イ⑴）<br>非居住無制限<br>全　財　産 | ○<br>（二イ⑵）<br>非居住無制限<br>全　財　産 | （二ロ）<br>非居住無制限<br>全　財　産 |
| ② 一時居住被相続人又は非居住被相続人 | ○<br>（一イ）<br>居住無制限<br>全　財　産 | 居住制限<br>在内財産のみ | ○<br>（二イ⑴）<br>非居住無制限<br>全　財　産 | ○<br>（四）<br>非居住制限<br>在内財産のみ | （四）<br>非居住制限<br>在内財産のみ |

※　○は，小規模宅地特例の適用可能を表す。カッコ内は相続税法１条の３の号番号。

## 複雑・難解事例 26 複数の居住用宅地に対する特例適用

### 事例の状況

1. 相談者：甲
2. 推定相続人：長男・乙（S区で甲と同居），次男・丙（シンガポール赴任中）
3. 資産状況
   ○戸建て自宅敷地：400㎡，2億円
   ○マンション自宅敷地：60㎡，3億円
   ○マンション建物：5,000万円
   ○上場有価証券等：12億円
   ○別荘：借地権と建物，1,500万円

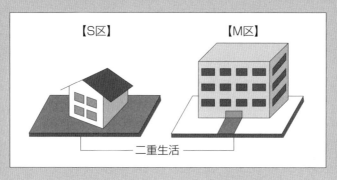

**職員** 所長，甲様の相続税の試算依頼ですが，財産内容のヒヤリングで，困っています。

**所長** ああ，A社会長の甲様ですね。相変わらずお元気のようね。

**職員** 元気過ぎちゃって。ご自宅はS区に戸建てでお持ちなんですが，このところ，都心のM区のタワーマンションの最上階を購入なさって，二重生活なんです。以前からの別荘を合わせると三重生活です。それで自宅はもちろん自宅，マンションも，自分にとっては自宅だって，言い張るんですよ。

所長 なるほど，なるほど。それは伺っていますよ。

職員 所長ぉ〜，納得しないでくださいよ。自宅以外は，セカンドハウスですよ。

　それで，小規模宅地特例の適用は，戸建て自宅で適用しようと思うんですが，甲様，また何かおっしゃるんじゃないかと思って。

所長 そうね。甲様は，純粋にそう信じていらっしゃるのね。アクセスはいいし，バリアフリーで，脳梗塞で足が一時不自由になられたので，住みやすいんでしょうね。実態として，所在日数はどうですか。

職員 日数はM区の方が少し多いようです。住民票はS区です。あれ？　うーん，どっちがセカンドハウスだろう。

所長 そうね，そこね。佐賀地裁判決はチェックしましたか？　もう，確定した判決だけどね。

職員 エッ，佐賀地裁ですか。平成20年5月1日の佐賀地裁平成18年（行ウ）第10号相続税更正処分等取消請求事件（全部取消し）の納税者勝訴判決ですか！

　うわ，生活の拠点が2つの場合，居住用宅地として2か所でも適用あり，で納税者勝訴ですか！

所長 平成18年6月6日の国税不服審判所では「納税者が被相続人の居住の用に供されていた宅地等は，相続人等の生活基盤の維持に必要なものに限定されるべきであり，被相続人が生前に居住用の宅地を複数保有していた場合であっても，まさに相続開始の直前において現に居住の用に供していた宅地の部分に限られる」との裁決で否認されたのね。それに対する訴訟ですよ。原告は税理士先生ですね。

　二審の福岡高裁では「居住の実態」が重視され，「マンションが生活の拠点として使用されていたとは認められない」として逆転敗訴したんだけど。

　地裁から論点をみてみましょ。

職員 はい。第一の論点として立法趣旨です。裁決では，「特例の立法趣旨からすれば，本件特例の対象となる被相続人の居住の用に供されていた宅地等は，相続人等の生活基盤の維持に必要なものに限

26　複数の居住用宅地に対する特例適用　293

定すべきである」という議論なんですね。

**所長** つまり，居住用は2つあっても，処分されたら困るものを1つだけ確保するのが法律趣旨だということね。

**職員** でも1つとは法文には書いていないです。二番目が，生活拠点の定義です。

　相続税法基本通達1の3・1の4共－5「住所」の意義では，「各人の生活の本拠をいうのであるが，その生活の本拠であるかどうかは，客観的事実によって判定するものとする。この場合において，同一人について同時に法施行地に二か所以上の住所はないものとする」とされているんですね。それで課税庁は租税特別措置法の適用も一か所だと主張しています。

**所長** でも，住所の定義をそのまま小規模宅地に準用するのは弱いと思ったのかしらね。課税庁は地裁では，住所の定義によらず，昭和50年6月20日付「事業又は居住の用に供されていた宅地の評価について」の個別通達の「該当する宅地が二以上ある場合には，相続開始時において被相続人が主として居住の用に供していた宅地をいう」に論拠を変更しているのね。そして，この「主として」の文言が現行の措置法からは削除されていても，その趣旨は承継されていると。

　でもこれは，旧通達の雰囲気だけ引っ張っても，法に明示されてない以上，主張は難しいよね。

**職員** それで第三点，所得税の援用と非援用です。判決では，相続税と所得税の特例という違いはあるものの，所得税の場合には，措置法31条の3第2項に「居住の用に供している（家屋）」という文言があり，これについて規定する措置法施行令20条の3第2項において，「その者がその居住の用に供している家屋を二以上有する場合には，これらの家屋のうち，その者が主としてその居住の用に供していると認められる一の家屋に限るものとする」と規定しているために，居住用宅地は1つとされそうですが，しかし，原告は逆に，この規定によって「居住の用に供されていた宅地」は，2か所以上あり得るとしているんですね。

**294** 第3章　所長と職員の会話で理解する！　複雑・難解事例へのアプローチ

**所長** 結論として佐賀地裁は，これを租税法律主義に照らして旧通達のように「主として」と定義して数を限定していない以上，面積要件さえ満たせば，複数存在することも許容されていると解するのが相当である，としたのね。

**職員** 課税庁がこれを主張するには，法律が不備ということですか。

**所長** そうね。いわゆる法の欠缺（けんけつ＝抜け落ち）ね。そしてもし法の不備だとみるなら，この裁判は，課税庁にとっては厳しいよね。そしたら四点目の論点ね。

**職員** うーん，法律論で難しければ，事実認定が争点とされる可能性もありますね。

佐賀地裁の事件は，2か所目の自宅については，相続開始までの期間が短かったことから，平成13年6月に購入，平成14年3月頃までの，臨時的な利用だとみているんですね。でも事実認定で，ということは，法の不備を国税が認めるってことになっちゃいますよね。

**所長** そこで，二審の平成21年3月2日の福岡高裁ね。

福岡高裁の石井宏治裁判長は，「被相続人が生活の拠点を置いていたかどうかにより判断すべきであり，事実を総合勘案して判断されるべき」とし，親のマンションの利用状況から「マンションにおいてほとんど生活していなかったのであり，（中略）本件特例の"居住の用に供されていた"宅地に当たるとは認められない」と指摘して，納税者の敗訴としたんだけど。

**職員** わぁ，同じ判決で問題の「居住の用に供されていた土地等」については，「当裁判所も，『主として居住の用に供していた宅地等』に限られないものと判断する」と断言しちゃっているじゃないですか。

**所長** で，国税が最高裁に上告したけど，平成22年2月5日，最高裁がこの上告を不受理としたため福岡高裁判決が確定，と。納税者は事実認定では負けてるけど，論点では勝ったのね。

**職員** でも，平成22年4月1日以降の改正では，居住の用に供されていた宅地等が2以上ある場合は，主として居住の用に供していた一の宅地等，って制限が入っちゃったんですよね（措法69の4，措令40

26　複数の居住用宅地に対する特例適用　　**295**

の 2 ⑪)。

**所長** そうね。被相続人の居住の用に供されていた宅地等についての
この点は，高裁判決で決まりでしたからね。最高裁の判断は見えて
いるので，判決の前に平成22年度税制改正大綱で，この「一の宅地
等」への規制を盛り込んで法改正してしまったのね。

**職員** 負け戦は，とっとと撤退，かぁ。そして転進！，と。

結局，甲様には，1つだ，とご理解いただくしかないですね。

あ，でも，生計一の親族の居住の用に供している宅地等もあれば，
甲様の居住用宅地も生計一親族の居住用宅地等も，2以上の宅地が
特定居住用になるんですね。へぇ。そういえば，ご次男様は，そろ
そろシンガポール赴任から戻るんじゃないかな〜。

**所長** これこれ。誘導は禁物ですよ。別居の場合，原則的には生計別
ですから，生計一の実態判断は厳密ですからね。

▶ **ワンポイント・アドバイス** ◀

他規定からの準用・援用による法解釈の危険の好例です。居住用宅
地等についての複数宅地への適用については，主として居住用に限ら
れます。

**複雑・難解事例 27　3年以内取得準事業不動産の二次相続取得者による貸付事業用特例適用**

### 事例の状況

1. 一次相続被相続人：父
2. 二次相続被相続人：母
3. 二次相続に係る相続人：長女・二女
4. 相続財産
   ○自宅：父所有→母所有→長女相続
   ○6室の賃貸アパート：15年前に父が取得，母が相続
   ○賃貸用分譲マンション：平成27年10月取得

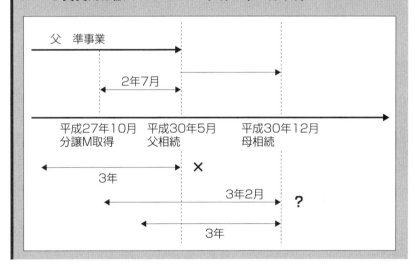

職員　所長ぉ，A先生のご相談のお話なんですが。

所長　ああ，平成30年改正の貸付事業用宅地等の3年規制の件でしたね。

職員　A先生が，顧問先様から急かされて大変なようなんです。
　　　準事業のお客様が相続で引き継いで3年経たずに相次相続になったら3年取得になっちゃって小規模宅地特例が使えないなんて，絶

27　3年以内取得準事業不動産の二次相続取得者による貸付事業用特例適用

対おかしいって。

所長 うん，整理してみよう。

職員 えっと，まず父上は6室のアパートを15年前に取得して賃貸していて，平成27年に分譲マンションを購入したそうです。最初は，東京の学校に通う二女様の通学のため，ということだったそうなんですが，二女様が急に進路変更して介護士になりたいと，寮付きの別な学校に編入したのでその部屋が空いちゃったそうです。その分譲マンションは再開発でずいぶん安く購入できたんで，賃貸にしたんですね。

所長 でも，平成30年5月，3年経たずにお父様が亡くなられたのね。

職員 はい。で，一応母上が不動産を全部引き継いで，登記までしちゃったそうなんですが，同じ年の12月に，父上を追いかけるように母上が亡くなって，今回，A先生がお二人の相続税申告を受任なさって。

所長 申告期限がお父様の分の相続税申告期限も，お母様の相続税申告期限の令和元年10月まで延長されて（相法27②），そこでご両親それぞれの小規模宅地特例の適用というわけね。

職員 です。それでですね。A先生が気にしているのは，父上が平成27年に取得した分譲マンションは，父上の死亡日が平成30年5月で，父上の不動産賃貸は6室で5棟10室以下の準事業なので，平成30年度税制改正の3年以内規制を受けて小規模宅地特例の対象にならない，それはわかる。でも，それを母上が相続したら，通算したら分譲マンションの賃貸は3年超なのに，父上からの相続取得から半年しか経ってないのでやはり3年規制にひっかかって小規模宅地特例が適用できないのは，おかしい，ということなんです。

所長 ふむ。そう考える根拠は何でしょね。

職員 はあ，A先生がおっしゃるには，税務専門誌に税理士先生の意見が掲載されてたそうなんですね。

　　それによれば，平成30年度改正で政令に盛り込まれた「特定貸付事業を行っていた被相続人が，その特定貸付事業の用に供する宅地等を前の相続により取得してから3年以内に死亡したときは，先代

が特定貸付事業を行ってきた期間は，被相続人が特定貸付事業の用に供していた期間と通算するって規定です（旧措令40の2⑰，措令40の2㉑）。

で，務専門誌では，それを裏読みして，被相続人が特定事業でない，つまり準事業だった場合は，その二次相続での取得者は一次相続の先代被相続人の貸付事業期間を承継せず，新たに取得して3年規制をカウントする，と。通算するのは，事業的規模だけの取扱いで，そうでない場合はこのような取扱いはない，とバッサリ切り捨ててるんです。

他にも，著名な先生の参考書で平成30年度改正について同様の解釈をなさってるものもありました。

で，A先生は，準事業であろうが，例えば被相続人が長年継続してきた貸付けを，相続で取得して3年経たなければ貸付事業用宅地等にならないなんて，そんな馬鹿な，とおっしゃるんです。

**所長** 相続は自然承継だからね。

財務省主税局さんは，「措令だって特定事業について言及しているだけで，特定事業以外は通算しないとは言ってない」という回答でしたね。

**職員** はい。んで，だったらちゃんと書いてくれって，A先生が強烈に要望したところ，主税局が令和元年度改正で入れる，と約束してくれて。

**所長** そうだったね。でもねぇ…。

**職員** また，A先生激怒，なんですよ。だって，令和元年度の改正政令を見たら，令和元年度改正で新たに導入された特定事業用宅地等の3年内規制にからめて，相続取得の場合は新たに事業の用に供された宅地等に該当しない，としたんです。

---

措令40の2⑨

被相続人が相続開始前3年以内に開始した相続又はその相続に係る遺贈により法第69条の4第3項第1号に規定する事業の用に供されていた宅地等を取得し，かつ，その取得の日以後当該宅地等を引き続き

---

27　3年以内取得準事業不動産の二次相続取得者による貸付事業用特例適用

同号に規定する事業の用に供していた場合における当該宅地等は，同号の新たに事業の用に供された宅地等に該当しないものとする。

　そして，なんとその20項で，貸付事業用宅地等の規定をこれに準用すると。

　　上記の規定は，被相続人の貸付事業の用に供されていた宅地等について準用する。この場合において，同項中「第69条の４第３項第１号」とあるのは，「第69条の４第３項第４号」と読み替えるものとする。

　つまり，平成30年度の規定を令和元年度の規定に準用する，という法律の順番からいえば，逆転しちゃってるんです。確かに，あり得ないっす。

**所長**　うん。そうね。

**職員**　平成30年度改正は平成30年４月１日から施行，令和元年度改正は平成31年４月１日から施行ですよね。でも，相続取得供用宅地等を新たな貸付事業供用宅地等とみない，というのは，令和元年４月からの取扱いになるので，んじゃ，租税法律主義に従えば，平成30年４月１日から平成31年３月31日までに開始した相続の場合は，この適用がない，隙間に落っこちちゃうだろう，って。

**所長**　なるほど。

**職員**　ね，ひどいっすよね。

　結果的に，準事業アウトとしてた議論が正しかったってなりませんか。すげー，違和感あるんですけど。

**所長**　国税さんは，この政令の９項は，従来からの相続は自然承継だからという認識の確認規定だと捉えていると聞いてるけどね。

**職員**　そうでしょうか。このケースの場合，母が相続取得して貸し付けた分譲マンション敷地を貸付事業用宅地等として特例適用したら，否認とかされないんでしょうか。

**所長**　うん，そのためというわけではないんだろうけど，経過措置があったよね。

300 | 第３章　所長と職員の会話で理解する！　複雑・難解事例へのアプローチ

職員 えっ。あれ，あれれれ。

　あ，3年以内であっても平成30年3月31日以前から事業供用して
いた宅地については特例適用が可能！（所得税法等の一部を改正す
る法律附則118）っすね。

　すると，今回のケースは，平成27年から貸付事業供用してるので，
旧規定適用となって，準事業でもオッケーとなりますか，やった！

所長 法律上もね。本則から考えれば，自然承継としての相続取得だ
から OK という考えだと思うけど。

職員 すると，こぼれ落ちるのは，平成30年4月1日以後に貸付事業
供用して相続取得された宅地等ってことですか。

所長 うーん，その場合も，措置法施行令40条の2第9項を確認規定
と認識してるという課税庁の考えからは，あまり問題にしたくない
んだと思うけどね。

### ワンポイント・アドバイス

　法改正ですべての事象を漏れなく取り込み規定化するのは，無理が
あるでしょう。

　当初の法律起草段階では想定外の事象が起きる可能性もあり，それ
らの取扱いが通達等に委ねられることになりますが，それこそが，制
度が活きている証左ともいえるのです。

　税理士としては，顧客の事情を深く理解したうえで，法律の立場で
丁寧に対応する必要があります。

## 【執筆者紹介】

飯塚　美幸（いいづか　みゆき）

　松木飯塚税理士法人代表社員

　税理士・中小企業診断士

　事業承継協議会委員，公財）不動産流通推進センター不動産コンサルティング
　　登録技能士試験委員，一社）賃貸不動産経営管理士協議会常任講師，公社）
　　日本証券アナリスト協会 PB 教育委員会委員

●経歴

　静岡生まれ。

　静岡大学人文学部卒業。

　平成 7 年エクスプレス・タックス㈱代表取締役・飯塚美幸税理士事務所設立後，
　平成25年松木飯塚税理士法人を設立し，代表社員就任。

　資産税関係のコンサルティングを中心業務とする。

●著書

　「平成30年度税制改正対応版　目的別　生前贈与のポイントと活用事例」（新
　日本法規出版）

　「税理士のための相続税の実務 Q&A　贈与税の特例」（中央経済社）

　「財産を殖やす相続対策プログラム」（日本法令）

　＜共著＞

　「平成11年～31年度各年度版　よくわかる税制改正と実務の徹底対策」（日本
　法令）

　「平成27年～令和元年度各年度版　不動産税制の手引き」監修（不動産流通推
　進センター）

　「税制改正と資産税の実務 Q&A」（清文社）

　「最新相続税物納実務の取扱い事例 Q&A」（日本法令）

●事務所

　松木飯塚税理士法人

　　〒107-0051　東京都港区元赤坂 1 丁目 3 番10-1910号

　　（ホームページ）http://mi-cpta.com/index.html

　　（ブログ）資産税の税理士ノート　http://expresstax.exblog.jp

| 新版　小規模宅地特例　実務で迷いがちな複雑・難解事例の適用判断 |
|---|

2019年12月　9日　発行

著　者　　飯塚　美幸　Ⓒ

発行者　　小泉　定裕

発行所　　株式会社　清文社

東京都千代田区内神田 1 - 6 - 6　（MIF ビル）
〒101-0047　電話03（6273）7946　FAX03（3518）0299
大阪市北区天神橋 2 丁目北 2 - 6　（大和南森町ビル）
〒530-0041　電話06（6135）4050　FAX06（6135）4059
URL　http : //www.skattsei.co.jp/

印刷：神谷印刷㈱

■著作権法により無断複写複製は禁止されています。落丁本・乱丁本はお取り替えします。
■本書の内容に関するお問い合わせは編集部までFAX（03-3518-8864）でお願いします。
＊本書の追録情報等は，当社ホームページ（http : //www.skattsei.co.jp）をご覧ください。

ISBN978-4-433-62609-9